언어 · 교육 · 예술

훔볼트의 언어철학 III

언어 · 교육 · 예술

이 성 준

Laudatio

『언어 · 교육 · 예술』(훔볼트의 언어철학 Ⅲ)은 고려대학교 인문대학 독일문화학과 이성준 교수가 2014년 8월로 다가오는 정년퇴임을 맞이하여 출간하는 의미 있는 저작이다. 첫째로는 교수로서 본인의 정년을 학술서적으로 마감하는 데 그 의의가 있고, 둘째로는 학자로서 본인이 평생 연구한 분야를 적절한 시기에 일단 총괄적으로 정리해 본다는 데 그 의의가 있다. 이성준 교수는 경남대학교 독어독문학과 조교수를 역임한 다음, 고려대학교에 초빙되어 30여 년 동안 교육과 연구에 매진해 왔다.

레오 바이스게르버의 언어관에 대한 연구로 시작된 이성준 교수의 연구활동은 불세출의 언어사상가 빌헬름 폰 훔볼트를 접하면서 그의 독창적인 언어사상에 심취하게 되었다고 한다. 이후 이성준 교수는 난해하기로 정평이 나있는 훔볼트적 언어철학의 본질을 규명하는 작업에 전념했다. 그동안 이성준 교수는 『언어내용이론』(국학자료원, 1993) 및 3부작 『훔볼트의 언어철학 Ⅰ』(고려대학교 출판부, 1999), 『훔볼트의 언어철학 Ⅱ, 인간과 언어의 정신활동』(푸른사상사, 2007), 『훔볼트의 언어철학 Ⅲ, 언어 · 교육 · 예술』(푸른사상사, 2013)을 비롯한 4권의 저서와, 공역을 포함한 4권의 번역서를 출간한 바 있다. 특히 언어철학에 관한 40편의 논문은 그의 학문적 업적을 대변한다.

무엇보다도 이성준 교수가 "훔볼트의 언어철학" 연구에 몰두하여 인문계의 전문학술서에 속하는 『훔볼트의 언어철학』 I, II, III권을 시리즈로 발간했다는 것은 학자로서 학계에 의미심장한 성과를 뚜렷하게 남긴 것으로 평가된다. 교수로서 한 분야를 집중적으로 연구한 결과물을 저술로 집대성하면서 대학을 떠난다는 것도 후학들에게 본받을 만한 사례로 남을 것이다. 이는 기존의 학회에 새로운 전통을 제시하는 것이자 학자들 스스로에게는 자강불식(自强不息)의 계기가 될 것으로 기대된다.

2013. 12
고암독일학회 회장 서 장 원

머리말

19세기의 위대한 언어사상가이자 언어철학자인 빌헬름 폰 훔볼트(W. v. Humboldt, 1767~1835)는 언어의 본질적 성향에 대해 매우 사려 깊게 통찰했던 인물이었다. 그의 언어사상은 수많은 언어들에 대한 그 자신의 경험적 분석을 통해 형성된 선각자적인 언어구상이라고 일컬을 수 있다. 물론 훔볼트의 사상체계는 도이칠란트의 전통적, 관념철학적 흐름, 특히 칸트의 비판철학과 밀접하게 연관성이 있는 것은 사실이지만, 상이한 어족에 속하는 다양한 언어들에 대한 철저한 경험적 지식이 없고서는 그 자신의 독특한 언어관이 형성되기는 어려웠을 것이다.

훔볼트는 베를린-대학과 김나지움의 창시자로서 근대 도이칠란트의 교육제도에 적지 않게 영향을 끼쳤던 교육행정가이기도 했으며, 신인문주의 이념을 제도상으로 사려 깊게 언어와 교육분야에 응용했다는 점에서 신인문주의의 대표자로 일컬어지기도 한다. 또 다른 편으로 훔볼트는 미학의 본질을 인간의 주관적인(선험적인) 창작능력으로 규정하고, 이것을 예술의 현상형식들과 연관시켜서 객관적인 미적 작용의 가능성으로 파악하려고 했다. 훔볼트의 미학적 견해는 주관적인 시각과 객관적인 시각을 하나의 통합된 현상으로 조화시키려고 했다는 점에서 의미 있는 시도였다. 이것은 그에 의해 표명된 언어의 객관화 기능과도 맥락을 같이 한다.

훔볼트는 언어의 기능을 단순히 대상의 표기와 의사소통의 도구로만 정의하는 전통적 견해에 반대했다. 물론 훔볼트도 언어를 매개체로 하여 필요한 정보들이 전달되며, 인간과 인간 사이에서 소박한 의사소통이 실행된다는 것을 부인하지는 않았다. 다만 그에 있어서 의사소통이란, 언어라는 현상이 지니는 본질적인 주요 기능에 속하는 것은 아니며, 단순히 일상적인 삶의 욕구들 중의 하나로 인식되었던 것이다. 언어에 대한 훔볼트의 접근방식은 그와 같은 소박한 언어현실주의적인 관점을 극복한 것으로 평가된다. 그에 있어서 언어는 인간의 사유행위와 연관되어 끊임없이 새롭게 작용하는 정신활동의 과정으로 인식된다. 왜냐하면 훔볼트는 요컨대 정신의 현존이 오로지 활동 속에서만, 그리고 활동 그 자체로 사유될 수 있다고 보았기 때문이다. 말하자면 훔볼트는 언어를 죽어 있는 산물, 즉 작품(에르곤)으로 간주하는 정적인 언어관을 극복하고, 생산, 즉 활동(에네르게이아)으로서의 동적인 언어관을 철저하게 부각시켰다. 그에 있어서 언어는 문법과 어휘목록 속에 수록되어 있는 체계로 간주되는 것이 아니라, 세계를 내적인 정신활동을 통해 사상의 표현으로 바꾸어놓는 동적인 변형으로 간주된다.

훔볼트에 의하면, 언어는 명백히 인간만이 소유하는 이성의 기관으로서 인간의 모든 사유세계를 이끌어 나갈 뿐만 아니라, 감성적 인간의 행위에서도 주도적인 역할을 수행한다. 말하자면 인간이 세계를 이해하는 모든 행위 자체가 언어를 통해 실현될 수밖에 없다고 보는 것이 훔볼트의 고유한 언어관이라고 정의할 수 있을 것이다. 달리 말하면, 인간이 객관적으로 주어져 있는 외부세계를 직접적으로 인식할 수는 없다는 것이며, 다만 언어라는 통로를 거쳐서 인식한다는 것이다.

  훔볼트는 일찍부터 언어와 사고가 밀접한 관계를 맺고 있다는 점에 주목하고, 언어가 사상을 형성하는 기관이며, 작용하는 힘인 동시에 유기적인 조직체라는 점을 연구의 출발점으로 삼았다. 그에 따르면, 개개 민족(언어공동체의 구성원)들은 전통적으로 문화가 서로 다르고, 사물을 관조하는 일정한 형식들이 저마다 상이하다. 말하자면 언어를 통해 세계를 바라보는 관점(언어의 세계관)이 서로 다르기 때문에 민족과 민족 간의 완벽한 상호 이해는 거의 불가능할 정도이다. 훔볼트의 이 특유한 세계관 개념은 그의 다른 주요 개념들(이를테면 내적 언어형식, 종합 행위, 유기적인 분절사상 등)처럼 그 다음 세대에서는 시대적인 상황으로 인해 그 중요성에 상응하는 대우를 받지 못했다. 그럼에도 훔볼트의 사려 깊은 통찰은 현대의 언어연구에서 여전히 빈번하게 인용되고 응용될 정도로 현대 언어학에 매우 의미심장한 영향을 끼쳤다. 훔볼트의 언어사상은 1930년대부터는 도이칠란트의 '언어내용' 연구가들(신훔볼트학파)에 의해 다시금 크게 주목을 받으면서 그의 언어이념(언어철학)에 대한 보다 합리적인 고찰이 시도되었다. 그 결과 일군의 현대 언어학자들은 훔볼트를 일반 언어학의 창시자로 평가하기도 한다. 훔볼트가 오로지 인간에게만 예속되어 있는 사유의 법칙을 말할 때는 언제나 칸트의 선험주의가 반영될 정도로 칸트의 선험적 '범주'와 '오성'의 개념은 훔볼트적 사고의 원천이다. 비록 칸트가 언어를 도외시하고 '범주' 자체를 중요시했지만, 의심할 여지없이 훔볼트는 선험적 주체가 사고의 기초라는 칸트의 견해를 수용하고 있다고 말할 수 있다.

이 책의 제1장에서는 낭만주의자들에게 적지 않게 영향을 끼쳤음은 물론이고, 훔볼트의 언어사상과도 밀접하게 연관성을 갖고 있는 것으로 평가되고 있는 요한 고트프리트 헤르더(J. G. Herder, 1744~1803) 고유의 언어기원론을 다루었고, 훔볼트의 언어발생론과의 유사점과 상이점을 알아보았다. 제2장에서는 몇몇의 연구논문들에서 훔볼트의 주요 개념들을 부분적으로 자신의 언어체계에 수용했다고 스스로 기술한 바 있는 노암 촘스키(N. Chomsky)의 언어발생론과 훔볼트의 관점을 비교하면서 양자 사이의 중요한 차이점들을 조명해보았다. 제3장에서는 언어의 힘과 동적인 작용방식을 기술했으며, 제4장에서는 인간의 말을 하는 행위와 이해하는 행위를 훔볼트의 언어철학적 관점에 기초하여 서술했다. 제5장에서는 언어적인 '종합' 행위에 대해 기술하고 칸트적 의미에서의 '종합' 행위와 비교하여 고찰했다. 제6장에서는 훔볼트의 언어이념을 바탕으로 '인간존재'와 인간교육의 본질을 인류학적 관점에서 다루었다. 마지막으로 제7장에서는 훔볼트의 예술관을 토대로 인간 고유의 '상상력'에 대한 본질을 심도 있게 다루었다.

* * *

훔볼트의 언어철학(언어학)에 의미심장하게 접근하는 문제는 그가 남긴 저작들이 보여주는 형이상학적인 고도의 난해성이 증명하듯이 어려움을 겪을 수밖에 없다고 본다. 그럼에도 불구하고 필자는 본질적으로 인류학적인 관점에 기초하여 언어를 통찰했던 이 선각자적인 탁월한 사상가의 언어이념에 심취하여, 25년이 넘게 줄곧 이 방향에 대한 본질적인 탐구에 매진해왔다. 그러나 필자의 부족한 연구능력 탓으로 그의 사상(언어철학)을 심도 있게 분석하는 일은 너무나도 난해한 작업이었다. 다만 연구목적으로 도이칠란트에 갔을 때마다 거의 매일 뮌스터-대학과 부퍼탈-대학의 도서관에 체류하면서 서고를 검색하는 일에(때로는 다른 대학의 도서관에도 의뢰하여) 몰두하였던 것은 이제는 아련한 추억으로 남아 있다. 아무튼 이로 인해 필자에게 대단히 유익한 수많은 연구자료들이 수집되었다. 그리고 이 자료들이 필자에게 결정적으로 중요한 연구기반이 된 것은 두말할 필요가 없을 것이다. 필자는 그동안 『훔볼트의 언어철학 I』과 『훔볼트의 언어철학 II, 인간과 언어의 정신활동』을 내놓은 바 있다. 필자는 앞서 발간된 I, II권에 비해 기술한 분량이 현저하게 부족하긴 해도 정년퇴임을 앞두고 나름대로 훔볼트의 언어철학을 일단 마무리해본다는 의미에서 만용을 부려 『훔볼트의 언어철학 III, 언어·교육·예술』을 발간하게 되었다. 물론 지금까지 필자가 다룬 부분들은 훔볼트의 언어철학 전체를 조명하고 있는 것은 결코 아니다. 여전히 연구해야 할 부분들이 적지 않게 남아 있다. 비록 대학이라는 든든한 연구기관에서는 은퇴하지만 기회가 주어지는 대로 훔볼트에 대한 더 많은 연구영역에 도전해 볼 생각이다.

끝으로 이 책이 출간될 수 있게 지원해 주신 푸른사상사의 한봉숙 사장님께 진심으로 고마운 마음을 전한다.

2013. 12. 31
글쓴이

언어 · 교육 · 예술

Laudatio • 5
머리말 • 7

1. 헤르더의 언어기원론과 훔볼트 • 17
   1.1. 도입 • 17
   1.2. 언어기원의 문제제기 • 19
   1.3. 헤르더의 언어발생론 • 23
   1.4. 헤르더와 훔볼트의 비교 • 37

2. 훔볼트의 언어발생론과 촘스키 • 52
   2.1. 도입 • 52
   2.2. 훔볼트의 언어발생론 • 54
   2.3. 촘스키의 언어습득이론 • 67
   2.4. 훔볼트와 촘스키의 상이점 • 73
      2.4.1. 언어의 창조성 • 73
      2.4.2. 언어습득 • 79

차례

3. 언어의 '힘'과 '작용방식' • 89
   3.1. 도입 • 89
   3.2. 인간의 언어능력과 사유능력 • 90
   3.3. 언어의 힘 • 99
   3.4. 언어의 작용방식 • 105

4. 대화과정에서의 '말하기'와 '이해하기' • 112
   4.1. 도입 • 112
   4.2. 사고의 의식화로서의 언어 • 114
   4.3. '말하기'의 개념규정 • 119
   4.4. 대화의 객관화 • 125

5. 언어의 '종합' 행위 • 142
   5.1. 도입 • 142
   5.2. 언어와 사고 • 143
   5.3. '종합'에 대한 본질규정 • 148
   5.4. 칸트의 '종합' 개념과의 비교 • 167

6. 언어와 인간교육 • 178
  6.1. 도입 • 178
  6.2. 언어와 세계 • 179
  6.3. 언어와 인간 • 190
  6.4. 언어와 교육 • 197

7. 훔볼트의 미학적 관점에서 본 '상상력' • 211
  7.1. 도입 • 211
  7.2. 현실세계와 상상력 • 213
  7.3. 상상력과 이상화 • 216
  7.4. 상상력의 객관화 • 233

훔볼트의 연대표 • 241
참고문헌 • 245
찾아보기 • 261

1. 헤르더의 언어기원론과 훔볼트

1.1. 도입

종교와 신화는 대부분 언어에 관한 이야기를 포함하고 있다. 이집트의 신화에는 토스(Thoth)라는 신이, 바빌로니아 신화에는 나부(Nabu)라는 신이, 그리고 인도의 신화에는 사라스바티(Sarasvati)라는 신이 인간에게 언어를 만들어 준 것으로 기록되어 있다. 이것은 예로부터 인간이 언어의 기원에 대해 관심을 두어 왔으며, 언어의 기원은 신화로밖에 설명할 수 없을 정도로 난해한 사안이었음을 말해 준다.[1]

그리스의 철학자 아리스토텔레스 이래로 서구문명에서는 수많은

---

1) 김진우(2002: 37) 참조.

언어사상가들에 의해 언어에 관한 다양한 견해들이 표명되었다. 특히 18세기 말의 언어학적 문제에서는 언어기원에 관한 논쟁이 가장 큰 관심사 중의 하나였다. 이즈음 핵심적인 토론의 대상은 언어가 신에 의해 인간에게 직접 주어진 것인지, 아니면 전적으로 인간 자신에 의해 고안된 것인지의 문제였다. 전자는 지구상의 수많은 언어들이 모두 신으로부터 하사받은 단일 언어에서 유래했다고 보는 견해였는데, 이는 구약성서에 나오는 바벨탑 사건의 영향으로 크리스트교 문명권에서 드물지 않게 회자되어 왔던 이야기이다.

종종 현대 언어철학의 창시자로 간주되기도 하는 요한 고트프리트 헤르더(J. G. Herder, 1744~1803)는 18세기 말엽에 젊은 시절의 괴테(J. W. v. Goethe, 1749~1830)에게 영향을 끼치면서 '질풍과 노도(Sturm und Drang)' 운동으로 이어지는 도이치문학의 개혁을 선도한 사람이었다. 뿐만 아니라 그의 언어기원론은 19세기 초 도이칠란트의 독창적인 언어사상가였던 빌헬름 폰 훔볼트(W. v. Humboldt, 1767~1835)에게도 적지 않은 영향을 끼쳤다. 또한 헤르더는 바이마르 고전주의의 특징이었던 인문주의 사상의 대표자로 인식될 정도로 일세를 풍미한 사상가이기도 했다. 헤르더는 본질상 그때까지 제시된 입장들과는 다른 언어기원론을 피력했다. 그에 의하면, 언어는 동물적인 감성에서 기원하는 것처럼 보일 수 있지만, 본디 다른 생물체들은 지니고 있지 않는 인간 고유의 '자의식(Besonnenheit)'으로부터 발생한 것으로 정의된다.

바야흐로 이 단원에서는 헤르더 특유의 언어기원론을 개괄적으로

서술하고, 훔볼트의 언어발생론과의 유사점 및 상이점을 조명해 보는 데에 중점을 둔다.

1.2. 언어기원의 문제제기

18세기에 있었던 언어기원에 관한 논쟁의 중심지는 의심할 여지없이 〈베를린-학술원〉이었다. 이 학술단체가 1769년에 공모한 현상논문의 제목에서 인지되는 언어기원 문제의 관심사를 보면, 곧바로 분명해지는 것이 있다. 그것은 도이칠란트에서 발생한 이러한 연구방향의 근원이 직접적으로 프랑스의 합리주의적 사고에 바탕을 둔 계몽주의에 있었다는 점이다. 프로이센의 국왕 프리드리히 2세는 1746년에 프랑스의 철학자인 모페르튀(P. L. de Maupertuis, 1698~1759)를 이 학술원의 원장으로 초빙했다. 이후 모페르튀의 주도하에 1756년 5월 베를린에서 강연회가 열렸는데, 그 주제는 인간이 자신의 생각을 말로 표현하기 위해 이용해 온 수단들에 관한 것이었다. 모페르튀의 강연은 인간에 의한 의사소통의 첫 단계를 감정이 표출되는 과정, 즉 분절되어 있지 않은 자연스러운 음성표현으로부터 전개되었다고 보았던 콩디야크(E. B. de Condillac, 1715~1780)의 견해를 토대로 한 것이었다. 그의 강연은 언어기원 문제에 대한 다수의 논문들과 함께 학술원의 강연들이 잇달아 열리게 되는 서막을 알리는 것이었다. 우선 같은 해 10월에는 신학자였

던 쥐스밀히(J. P. Süßmilch, 1707~1767)가 언어기원에 대한 강연을 열었다.[2]

그 후 비교적 단기간에 〈베를린-학술원〉의 회원들은 거듭해서 언어기원의 문제를 언급하기 시작했다. 사실 1769년에 제시되었던 현상논문의 과제는 이미 논쟁 중에 있던 테마를 수면 위로 끌어낸 것에 불과했는데, 그만큼 그 시대의 사상가들은 '언어기원'이라는 테마에 관심을 두고 있었다. 쥐스밀히는 두 개의 학술회의에서 모페르튀와 대비되는 언어기원론을 발표한 바 있는데, 당시로서는 그의 견해도 적지 않게 주목을 받은 바 있다. 왜냐하면 그의 명제는 신에 의한 언어기원을 합리적으로 규명하려고 했기 때문이다. 그러나 그의 견해는 수상작으로 선정된 헤르더의 논문에서 격렬하게 비판을 받게 된다. 쥐스밀히의 언어기원론에 따르면, 언어는 일단 우연히 발생할 수는 없으며, 필연적으로 이성을 통해 생성되었다고 보지 않으면 안 된다. 그런데 이처럼 언어가 인간의 이성을 통해 발생했다고 가정한다면, 자칫 언어와 이성이 상대편을 서로 필요로 할 수밖에 없다는 루소(J. J. Rousseau, 1712~1778)의 순환론에 빠지기 쉽다는 게 쥐스밀히의 생각이었다. 말하자면 이성이 언어의 전제조건일 수는 없다는 것이었다. 그러므로 쥐스밀히는 오로지 초인간적인 이성의 가능성, 즉 신적인 언어기원만이 존재할 수 있다고 보았던 것이다. 그는 인간의 언어가 오로지 신에 의한 교시를 통해

---

[2] Franzen(1996: 186) 및 Schneider(1995: 46) 참조.

발생했을 것이라는 가설을 주장한 대표적인 학자였다.[3]

　언어의 신적인 기원에 대해 입증하려는 쥐스밀히의 시도는 무엇보다도 그 이후의 학술원 토론이 콩디야크의 견해를 토대로 한 관점과 쥐스밀히의 관점을 대비시키는 방향으로 진행된 이유를 설명해준 셈이었다.[4]

　그 당시의 이러한 상황은 아무튼 1769년에 언어기원의 테마가 학술원이 표방한 현상논문의 과제로 선택되었던 중요한 동기부여였을 것이다. 이미 계몽주의 성향을 띤 연구기관으로 알려져 있었던 〈베를린-학술원〉은 공식적으로 표명된 문제제기에서 이미 순수 인간적인 언어기원에 초점을 맞추고 있었다. 이것은 학술원의 현상논문에 대해 헤르더가 응모하기로 결심한 중요한 동기였을 것이다. 헤르더는 현상논문의 주제를 알고 난 후 1769년 10월에 하트크노흐(J. F. Hartknoch, 1740~1789)에게 쓴 편지에서 "완전하고 위대한, 그리고 진실로 철학적인 질의가 내 앞에 제기된 것 같다"고 피력한 바 있다. 그는 몇 번의 수정을 거친 후에 1770년 말 슈트라스부르크에서 논문을 완성했다. 1771년 6월에 그의 논문은 수상의 영예를 안았으며, 1772년에는 학술원의 위임에 따라 단행본으로 출간되었다. 물론 이 논문은 그 시대의 문예사조와 연관되어 있음을 부인할 수 없다. 무엇보다도 이 논문은 방법론에 있어서는 계몽주의 정신을

---

3) Werlen(1989: 34) 참조.
4) Schneider(1995: 47) 참조.

보여주었던 것이다. 헤르더는 쥐스밀히와는 다르게, 그리고 콩디야크와 유사하게 인간적인 언어기원에 대해 합리적인 증명을 시도했다. 그렇긴 해도 그가 프랑스의 계몽주의와는 다른 결과를 얻어냈다는 점에 주목해야 한다. 특히 헤르더는 언어를 통해 인간적인 언어형식과 동물적인 언어형식 사이의 점진적인 상이성뿐만이 아니라 질적인 상이성도 사려 깊게 고찰했다.[5]

  헤르더에 있어서 언어의 문제는 곧바로 언어기원의 문제로 제기되었다. 그에 의하면, 언어기원의 문제는 언어기원을 역사적인 경험에 의해 인지하거나, 철학적으로 해명하는 방식, 그리고 언어의 기원을 언어의 유기적인 성장 및 쇠퇴와 관련지어 시적으로 가정하는 방식[6]으로 다루어질 수 있다. 먼저 헤르더는 가장 확실한 방도로 제시될 것 같은 역사적인 문제는 제외했다. 왜냐하면 이 경우 사유하는 것, 말하는 것, 심지어 쓰는 것조차도 이미 전제되어야 할 것이므로 언어기원에 대한 정보 자체를 사실상 얻어낼 수 없다고 보았기 때문이다. 그에 있어서 문제시되어야 하는 것은 언어가 어떻게 발생했느냐가 아니라, 어떻게 발생할 수 있었느냐에 초점이 맞추어진다. 말하자면 헤르더의 언어기원 문제는 시간을 초월하여 사유되며, 궁극적으로 언어의 구성적 원리들을 규명함으로써 언어의 본질을 파악하는 데에 중점을 두었던 것으로 보인다. 따라서 그

---

5) Schneider(1995: 48) 참조.
6) 헤르더에 있어서는 운문의 시가 원초적이며, 산문으로 된 언어는 발전과정에서 연역된 것이다(Werlen, 1989: 33 참조).

에게는 철학적인 해명만이 인간의 언어기원이라는 명제의 확증에 이르게 되며, 다른 두 가지 방식은 단지 보완적으로 예증에 도입될 뿐이었다.[7]

1.3. 헤르더의 언어발생론

〈베를린-학술원〉이 주관하여 모집한 현상논문의 수상작인 『Abhandlung über den Ursprung der Sprache(언어의 기원에 대한 논고)』(1772)의 서두가 "이미 동물로서 인간은 언어를 소유하고 있다"라고 다소 자극적인 표현으로 시작하는 점이 흥미롭다. 이 문구는 인간과 동물 사이의 차이점을 바야흐로 언어에 근거하여 확증하고자 하는 의도에서 첫 번째 단원의 발제로 표기된 것 같다. 헤르더는 오로지 인간만이 동물과 같은 생명체로서 이미 언어적 존재라는 것을 처음부터 단호하게 강조했던 것이다.[8]

물론 표현상의 모순은 곧바로 해명이 가능하지만, 이미 서두에서 이 추상적인 개념규정이 명확하게 규정되지 않으면 안 될 것이다. 왜냐하면 헤르더는 '언어'라는 낱말을 여러 가지 의미로 사용했기 때문이다. 그에 있어서 "인간 특유의 언어"라고 말할 때의 '언어'는 인간과 동물 사이를 구별해 주는 징표이다. 그러나 그의 논문의 첫

---

7) Seebaß(1981: 22) 참조.
8) Gipper/Schmitter(1979: 68) 참조.

번째 문구에서 언급된 '언어'는 인간과 동물이 공유하는 언어이다. 물론 외부로 표출한다는 의미에서 보면, 동물과 인간의 언어는 근본적으로 동일하다.[9]

인간도 모든 동물과 마찬가지로 고통스러울 때 끙끙대며 신음하게 하는 감각기관을 가지고 있다. 말하자면 인간 내부에 잠재하는 '동물'은 자연어(Natursprache)를 지니고 있는 것이다. 이 경우 '동물'은 인간을 인간으로 만들어 주는 모든 요소와는 무관한 인간을 뜻한다. 그러므로 헤르더의 첫 번째 문구는 철저하게 시간개념으로 이해될 수 없다. 이것은 인간이 동물과 유사했던 그 시절을 의미하는 것이 아니다. "동물로서의 인간"은 일반적인 피조물 상태로서의 인간을 표기한 것이다. 그렇기 때문에 이 문구는 의식적으로 현재시제로 묘사되어 있다. 물론 잘 다듬어진 오늘날의 언어에서도 감탄사의 경우처럼 자연어의 흔적은 발견된다.

헤르더의 견해에 따르면, 인간과 언어의 결정적인 차이는 인간만이 소유하고 있는 두 번째 언어에 있다. 그에 있어서 인간의 언어는 콩디야크와 루소가 주장한 것처럼 결코 자연에서 발생할 수 없다. 왜냐하면 그는 '오성(Verstand)'이 감각적인 소리를 의도적으로 사용하는 것이 아니라면 원래의 자연법칙에 따라 인간적인 것, 즉 자유의지적인 언어가 어떻게 형성되는지를 알 수 없다고 생각했기 때문이다.[10]

---

9) Schnebli−Schwegler(1965: 70) 참조.
10) Schneider(1995: 49) 참조.

프랑스의 계몽주의자들과 달리 헤르더는 본능적인 앞 단계가 계속해서 발전하면서 인간의 언어가 자연스럽게 발생할 수 있다고 보지 않았다. 그에 있어서는 음성의 자의적인 사용을 가능케 하는 '오성'의 개입이 인간 언어의 결정적인 발생기준이 된다. 따라서 언어는 '오성'의 자연스런 기관이 되며, 인간의 영혼이 내재하는 감각적 기능을 갖게 된다.[11] 말하자면 헤르더는 처음부터 언어를 '오성'(또는 이성)과 가장 밀접하게 연관시킴으로써 단순히 생리학적인 문제제기를 다루어 왔던 언어기원론의 수준을 한걸음 더 격상시켰던 것이다.[12]

인간은 '오성'을 좀 더 많이 지닌다든가 또는 좀 더 적게 지닐 수는 없다. 그렇기 때문에 언어의 기원을 단계적으로 도출해내는 것은 의미가 없다. 결국 헤르더는 계속적으로 진화한다는 콩디야크의 언어발생 모델을 부인하고 인간의 언어가 지니는 전혀 다른 특성을 강조하려고 했던 것 같다. 이제 헤르더는 자연스럽게 철학적인 인류학의 단서에 방향을 맞추게 된다. 왜냐하면 그는 우선 인간과 동물 사이의 상이점의 실체가 근본적으로 무엇인가를 설명하지 않으면 안 되었기 때문이었다. 이를 위해 그는 동물다운 삶과 인간다운 삶을 비교함으로써 언어발생을 가능케 하는 포인트를 찾아내려고 했다. 헤르더는 우선 인간이 본능의 강도와 확실성 면에서 동물보

---

11) Herder(1772: 43) 참조.
12) Schmidt(1968: 37) 참조.

다 훨씬 뒤떨어지며, 심지어 인간은 수많은 동물들에게 존재하는 생득적인 기교를 전혀 갖추고 있지 않다는 점에 주목했다.[13]

바야흐로 헤르더는 인간이 본능적인 면에서 한편으로는 동물들에 비해 불리한 입장이지만, 다른 편으로는 이러한 결점이 언어를 통해 보완될 수 있는 조건이 된다는 것을 간파했다. 그는 인간이 어떤 의미에서 결점이 있는 존재로 되어 있는가를 해명하기 위해 '동물들의 영역(Sphäre der Tiere)'이라는 개념을 도입한다. 말하자면 모든 동물은 자신의 삶 속에 받아들이는 모든 수용적인 '인상(Eindruck)'들 중에서 그의 삶에 중요하면서도 자신의 영역으로 간주될 수 있는 인상(느낌)을 본능적으로 골라낸다는 것이다. 그의 견해에 따르면, 언어발생의 문제에서 이 '영역'의 문제는 동물의 자연어와 밀접하게 연관될 수 있으므로 중요시된다.[14]

헤르더는 본능이란, 주체-객체 사이에서 행해지는 상호작용과 직접적인 관계에 있는 것이라고 생각했다. 말하자면 주체(동물)의 활동영역(객체)에서 객체가 작으면 작을수록 그만큼 주체의 본능이 강해진다는 것이다.[15] 따라서 동물의 활동영역이 제한되어 있으면 있을수록 동물은 언어를 그만큼 덜 필요로 하게 된다는 것이다. 그렇다면 인간은 이러한 '영역-모델'에 어떻게 적응하고 있는 것인가? 헤르더에 따르면, 인간의 경우 상황이 완전히 달라진다. 인간은

---

13) Herder(1772: 20) 참조.
14) Schneider(1995: 50) 및 Herder(1772: 22 이하) 참조.
15) Schnebli-Schwegler(1965: 70) 참조.

동물처럼 협소한 영역을 가지고 있지 않다. 바야흐로 영역의 크기가 언어에 대한 척도가 되는 헤르더의 모델에서 인간은 극단적인 위치를 차지한다.[16] 왜냐하면 미발달된 단순한 의사소통 형태만이 존재하면서 제한된 영역에서의 삶만을 누릴 수 있는 동물 특유의 본능은 인간에게 존재하지 않기 때문이다. 그런 관점에서 보면, 인간은 결함이 있는 존재로 이해될 수 있다. 아무튼 동물들은 특정한 삶의 영역에 맞게 세분화된 천부적인 본능을 미리부터 갖추고 있다. 그렇지만 인간에게는 이러한 본능이 결여되어 있다는 것은 일단은 단점으로 작용한다.[17] 헤르더는 바야흐로 결함이 있는 인간은 세상에서 살아남을 수 있기 위해 질적인 도약을 통해 모든 동물적인 의사소통 방식들과 대비되는 인간의 언어를 필요로 했다고 가정했다.[18] 말하자면 인간의 언어는 더 이상 확고하게 경계가 그어진 제한된 동물의 영역과 같은 것이 아니라, 오히려 인간의 언어는 그 다양성으로 인해 인간으로 하여금 무한한 삶을 가능하게 해주는 필연적 요소로 되었다는 것이다.

동물과는 달리 인간에게는 일단 본질적인 것과 비본질적인 것이 구분되지 않는 세계, 즉 개관될 수 없는 세계가 펼쳐져 있다. 그렇지만 인간의 언어는 인간으로 하여금 사고상으로 세계를 구조화할 수 있게 해주는 역할을 한다. 따라서 언어는 동물에 비해 본능이 빈

---

16) 영역이 제한되지 않는 자유로운 위치.
17) Seebaß(1981: 27) 참조.
18) Schmidt(1968: 38) 참조.

약한 존재인 인간을 위해 방향을 잡아주는 '보상(Kompensation)'의 역할을 수행한다. 그렇긴 해도 헤르더가 부족한 인간의 본능 때문에 타고난 인간의 언어가 보정적 역할을 해준다고 단순하게 가정한 것만은 아니라는 점에 주목해야 한다. 왜냐하면 원래부터 타고났다고 규정하는 언어의 선천성 자체가 다시금 언어를 본능의 차원으로 설정할 수도 있기 때문이다.[19]

헤르더에 있어서 인간의 언어는 동물의 언어와는 달리 아무런 본능적 자질이 아니다. 앞서 언급한 인간의 본능은 빈약하지만 동물과는 달리 구속을 받지 않고 인간으로 하여금 스스로 세계에 접근할 수 있게 해주는 '본능의 자유(Instinktfreiheit)'라고 하는 신의 선물을 통해 보완된다.[20] 의심할 여지없이 인간은 언어를 창조할 수 있게 해주는 '자의식'(성찰)과 같은 정신적 힘들을 이미 지니고 있다. 말하자면 헤르더의 관점에서는 결핍상태를 보상하기 위한 능력은 그 어떤 다른 생물도 지니고 있지 않으며, 언어의 기반이 되는 인간 특유의 '자의식' 속에 존재한다. 이것은 동물의 경우와 비교하여 인간의 언어가 단순히 단계적으로 나타나는 어떤 차이점만을 가리키는 것은 아니며, 질적으로 다른 양상을 띠고 있음을 의미한다.[21] 헤르더에 의하면, "인간은 인간에게 고유한 자의식의 상태에 놓여 있는데, 인간은 이 자의식을 최초로 자유롭게 작동시키면서 언어를

---

19) Schneider(1995: 51) 참조.
20) Gipper/Schmitter(1979: 69) 참조.
21) Werlen(1989: 35) 참조.

고안했다."[22] 이것은 '자의식'과 '언어'의 밀접한 연관성을 표명한 것이다. 그에 있어서 '자의식'과 '자유롭게'라고 하는 낱말들의 개념은 특별한 위치를 점유하고 있다. 왜냐하면 이들이 바야흐로 언어형성의 전제조건이 되기 때문이다.[23] 그러나 헤르더에 의한 「수상 논문」의 논증범위 내에서 핵심개념인 '자의식'의 위치는 여전히 논란이 되고 있다. 심지어 이에 대한 몇몇 해설들은 헤르더의 언어기원론에 대한 비판을 야기시켰다. 그런데 이 경우 빈번하게 간과되고 있는 것은, 헤르더가 인간의 '자의식'을 그저 단순한 의미로 설정한 것은 아니며, 인간 본능의 결핍상태를 제시하면서 매우 공감이 가도록 도출해 냈다는 사실이다.[24]

헤르더에 있어서 '본능의 결핍'이란, 말하자면 동물보다 부족한 인간의 연약한 본능뿐만 아니라 본능으로부터의 해방을 동시에 지적하고 있다. 인간이 본능으로부터 자유로운 상태이기에 주변세계와의 관계에서 거리를 둘 수 있는 것은 인간 본성이 지니는 완전한 성찰행위에 속한다. 헤르더는 이것을 '자의식'이라고 불렀던 것이다. 바야흐로 그에 있어서 '자의식'은, 인간으로 하여금 수없이 등장하는 현상들의 물결로부터 거리감을 유지하고, 경험하게 되는 대상들을 지각할 뿐만 아니라, 인식하고, 재인식할 수 있게 해주는

---

22) Der Mensch, in den Zustand von Besonnenheit gesetzt, der ihm eigen ist, und diese Besonnenheit zum erstenmal frei wirkend, hat Sprache erfunden(Herder, 1772: 31).
23) Evans(1967: 11) 참조.
24) Schneider(1995: 52) 참조.

'성찰' 능력이다.[25]

헤르더는 동물을 본능에 따라 살아가는 존재로 표기하고, 인간을 '자의식'(성찰)이 있는 유일한 존재로 인식했다. 그의 관점에서 보면, 인간은 이 '자의식'이 없으면 사고행위 자체가 불가능하다. 그의 견해대로 '자의식'으로부터 언어가 직접 발생했다면, '자의식'은 인간 역사의 도상에서 일어난 사건이 아니라, 인간 역사의 시작이다. 따라서 언어가 인간의 절대적인 기준이 된다.[26]

헤르더에 있어서 '자의식'은 언어를 창조하는 힘으로 입증되기 때문에 동물의 본능과 구별된다. 물론 이 "인간적인 자질의 기원이 무엇인가?"라는 의문은 제기된다. 그렇지만 이 질문은 본능의 유래를 묻는 것과 마찬가지로 명쾌한 답변을 얻을 수는 없을 것이다. 따라서 '자의식'의 기원에 대한 배경을 묻지 않고 자연적 질서에 근거하는 것으로 보면서 '자의식'이 진화의 발전단계로 해석된다든가, 아니면 헤르더처럼 '자의식' 속에서 신의 작업이 인지된다고 말할지라도 그것은 이 자리에서 다루어지는 논제와는 상관없다. 왜냐하면 헤르더는 오로지 인간 특유의 성향으로부터 언어가 발생할 수밖에 없었다는 것만을 제시하려고 했기 때문이다. 그에 있어서 언어가 자연스럽게 필연적으로 고안되었다는 것은 인간이 자명하게 처음부터 인간이었던 것만큼이나 자연스러운 현상이다.[27]

---

25) Gipper/Schmitter(1979: 69) 참조.
26) Schmidt(1968: 38) 참조.
27) Herder(1772: 34) 참조.

물론 미지의 것(언어)을 또 다른 미지의 것(자의식)으로부터 추론하는 것처럼 보이는 헤르더의 해명이 비판받을 수는 있다. 그렇지만 그는 인간과 동물 사이의 상이성으로 시작되는 사고과정의 범주내에서 얻어질 수 있는 언어발생의 결정적인 시점을 탐구하기 위해 시종일관 귀납적 연구에 몰두했다. 언어발생의 시점이 보여주는 모호성으로 인해 헤르더 역시 비판받아야 한다는 견해에 동의하기 어렵다. 왜냐하면 이러한 모호성은 지금까지 등장한 모든 언어기원론들에서도 나타났던 근본적인 과제에 속하기 때문이다. 그렇긴 해도 언어기원론의 문제에서는 모호한 출발점의 선택 자체가 용인될 수 있도록 합리적인 방도는 제시되어야 할 것이다.[28]

헤르더에 따르면, 인간에 있어서 지각의 순간에 이 지각에 대해 숙고할 수 있는 것을 가능케 하는 것은 본디 '자의식'의 작용방식으로 간주된다. 인간은 '자의식'을 통해 본능에 구속받지 않고 사물들과 거리를 둘 수 있기 때문에 감각적인 느낌으로부터 어떤 '특징(Merkmal)'을 골라낼 수 있다. 또한 인간은 이러한 과정을 성찰할 수 있기 때문에 그것을 또한 언어적으로 구체화할 수 있게 된다. 헤르더는 이 과정을 다음과 같이 서술한 바 있다:

> "인간이 지닌 영혼의 힘이 자유롭게 작동하면서 모든 감각을 관통하고 지나가는 느낌의 바다 전체 속에서 하나의 물결을 분리해내고, 정지시키며, 그것에 주의를 기울이는 동시에 물결이 표기하는 것을 의식할 수 있다

---

[28] Schneider(1995: 53) 참조.

면, 인간은 성찰을 입증하는 셈이다. 인간은 그의 감각을 스쳐지나가는 영상들인 떠돌아다니는 완전한 몽상으로부터 깨어 있는 일순간에 정신을 집중할 수 있고, 어떤 영상에 자발적으로 머무를 수 있으며, 보다 차분하고 명료하게 이것에 대해 주목할 수 있는 동시에, 이것이 다른 대상이 아닌 바로 그 대상이라면서 특징을 분리해낼 수 있다면, 인간은 성찰을 입증하는 셈이다. 그러므로 인간이 모든 특징들을 명백하고도 생동감 있게 인식할 수 있을 뿐만 아니라, 한 가지나 여러 가지 특징을 변별적 속성으로 스스로 인식할 수 있다면, 인간은 성찰을 입증하는 셈이다."[29]

인간은 첫 번째 성찰과정에서 우선 어떤 '특징'을 인식한다. 두 번째 과정에서는 이것에 대한 의식화가 수행된다. 인간은 이제 분리된 '특징'을 대상에 대한 기호로 사용할 수 있게 스스로 작용한다. 그와 동시에 이미 인간의 정신 속에는 비록 아직은 소리로 발화된 것은 아닐지라도 이미 낱말이 생성된다. 헤르더의 관점에서 보면, 스스로 분별하는 인간의 '성찰' 행위를 통해 얻어진 최초의 '특징'이 바로 인간 영혼의 낱말이 되었던 것이다. 말하자면 그에 있어

---

[29] Der Mensch beweist Reflexion, wenn die Kraft seiner Seele so frei wirkt, daß sich in dem ganzen Ozean von Empfindungen, der sie durch alle Sinnen durchrauscht, eine Welle, wenn ich so sagen darf, absondern, sie anhalten, die Aufmerksamkeit auf sie richten und sich bewußt sei kann, daß sie aufmerke, Er beweist Reflexion, wenn er aus dem ganzen schwebenden Traum der Bilder, die seine Sinne vorbeistreichen, sich in ein Moment des Wachens sammeln, auf einem Bilde freiwillig verweilen, es in helle ruhigere Obacht nehmen und sich Merkmale absondern kann, daß dies der Gegenstand und kein andrer sei. Er beweist also Reflexion, wenn er nicht bloß alle Eigenschaften lebhaft oder klar erkennen, sondern eine oder mehrere ais unterscheidende Eigenschaften bei sich anerkennen kann(Herder, 1772: 32).

서는 특징을 분류하고 개념화하는 인간의 행위가 곧바로 언어의 발명으로 된 것이다. 결국 대상의 '특징'이 '표식어(Merkwort)'의 역할을 하게 된다. 그런 측면에서 언어는 그 어떤 의미에서의 기호체계로 이해되는 것이 아니며, '표현된 말(Aüßerung)'로 이해되어 있지도 않다. 언어는 철저하게 내면적인 '특징'을 지니게 된다는 것이다. 예를 들면 인간은 우선 동물인 어떤 '양'을 보고 다른 현상들과 구별하기 위해 '특징'을 탐색한다. 그리고 마침내 '양'의 울음소리인 *blöken*(매애)에서 그 '특징'을 발견한다. 따라서 "Ha, du bist das Blökende!(하, 너 매애하고 우는 동물이구나!)"라고 헤르더가 제시한 예문은 아무런 의성어적인 표현은 아니다. 오히려 '특징'이 어떠한 감각을 통해 얻어지게 되는지와는 상관없이 특징 그 자체로서의 추출이 중요하다. 헤르더의 명제는 바로 이 내면적인 '특징'의 형성과 함께 언어가 고안되었다는 데에 초점을 맞춘다. 그에 있어서 언어적 존재로서의 인간은 이성적인 동시에 '특징'을 만드는 존재로 입증된다. 따라서 헤르더의 언어기원은 인간에 의한 자기실현 이외에 아무것도 아니다.[30]

헤르더에 있어서 언어적 요소란, 인식과 재인식의 도구이다. 따라서 그는 한편으로는 숲 속에서 홀로 살아가는 미개인이 결코 언어로 말을 하지 않았다고 해도 그 자신을 위해 언어를 고안할 수밖에 없었을 것이라고 생각했다. 또 다른 편으로 헤르더는 언어의 발

---

[30] Seebaß(1981: 27) 참조.

명이 '표식어'로 인해 '계통발생적' 과정으로 해석될 수 있을 뿐만 아니라, '개체발생적'[31]으로도 유사한 방식에 따라 실행될 수밖에 없다고 단정했다. 결국 헤르더는 모든 어린아이가 마음속에 '표식어'들을 만들고 있기 때문에 언어를 습득한다고 보았으며, 부모는 오로지 말에 대한 일정한 낱말기호(Wortzeichen)들을 수단으로 아이들에게 사물들의 차이점만을 환기시켜준다는 견해를 내세웠다. 따라서 이미 기존하는 언어는 개개 인간으로 하여금 주변세계에 대해 스스로 구조화하는 것을 막아주는 것이 아니라, 오로지 근거점의 역할을 할 수 있는 것이다.[32]

헤르더의 언어발생 모델에서 언어는 인간을 위해 부여된 기본적인 기능의 역할을 맡고 있다. 즉 언어는 감각적으로 수용된 인상들을 구별하고, 세계구조(Weltstruktur)를 만들어내며, 동물에 비해 본능이 빈약한 존재인 인간으로 하여금 현실세계와의 관계를 맺을 수 있도록 해주는 것이다.[33]

헤르더도 로크(J. Locke, 1632~1704)와 콩디야크의 전통에서 감각을 통해 얻어진 지각을 끊임없이 언어의 출발점으로 인식했다고 본다. 그럼에도 그 당시 헤르더의 사상은 사실상 언어기원의 문제에

---

31) 개체발생적 연구는 한 사람이 출생하여 죽음에 이르기까지의 기간에서 언어 습득의 과정을 연구하는 것이며, 언어 전체의 역사적 연구를 의미하는 계통발생적 연구와 대비된다.
32) Herder(1772: 37) 및 Schneider(1995: 54 이하) 참조.
33) Schneider(1995: 55) 참조.

서 음성의 형성에 대한 다양한 방법들에 대한 기술이었다기보다는 인간이 타고난 능력에 따라 언어를 독자적으로 발명할 수밖에 없었다는 것,[34] 즉 언어의 필연성에 대한 인류학적 근거설정으로 인식된다. 그는 인간의 타고난 능력을 연구의 출발점으로 설정한 다음, 그가 묘사하는 인간의 형상으로부터 무조건적으로 언어가 발생했다는 것을 인간 중심으로 제시하려고 했다고 볼 수 있다.[35]

헤르더의 언어기원론은 무엇보다도 언어발생에 있어서 신과의 관련성이 불필요하다고 제시함으로써, 쥐스밀히가 주장했던 신에 의한 언어의 직접적인 교시의 가정을 부정했을 뿐만 아니라, 언어기원을 합리주의적으로 설명하려고 했던 프랑스의 계몽주의자들을 논박하는 데까지 이르게 될 것이다. 그렇지만 헤르더가 실제로 언어발생에 관해 이들과 완전히 상반된 견해를 주장했다고 보는 것은 오해를 불러일으킬 수도 있다. 무엇보다도 콩디야크와 헤르더의 이론은 여러 가지 면에서 유사한 면을 보여주는 부분도 분명히 있다. 두 사람은 언어발생에 있어 감수성의 중요성뿐만 아니라 인간의 인식능력을 인간의 언어성(언어구사능력)과 연결시키고 있다는 점에서는 일치한다. 본질상 헤르더의 비판은 인간이 '성찰' 없이 사용되는 이전 시대의 의사소통 형식으로부터 언어가 유래되었다고 보는 콩디야크의 기본입장에 대한 것이었다.[36]

---

34) Herder(1772: 5) 참조.
35) Werlen(1989: 35) 참조.
36) Schneider(1995: 56) 참조.

헤르더의 관점에서 보면, 언어는 신에 의한 직접적인 선물이 결코 아니다. 그러나 언어는 신으로부터 부여받은 인간 본성(자의식)의 필연에서 생겨난 인간의 작품이다. 또한 다른 한편으로 헤르더가 신의 창조행위를 보다 분명하게 제시하려고 했다는 견해도 있을 수 있다. 왜냐하면 그는 신에 의해 하사된 인간의 영혼을, 인간 스스로 언어창조에 관여할 수 있게 해주는 힘으로 설정했기 때문이다.[37] 이런 관점에서 보면, 헤르더의 언어기원론은 인간적·신적 언어기원이라고 정의할 수도 있다. 언어기원에 대한 헤르더의 시각은 다음에서 의미심장하게 표명되고 있다:

> "인간적인 기원은 가장 찬란한 광채를 지닌 신의 모습을 드러낸다. 신의 작품인 인간의 영혼은 독자적으로 언어를 창조하고, 또 창조한다. 왜냐하면 언어는 신의 작품인 인간의 영혼이기 때문이다. 인간의 영혼은 바로 이성의 참다운 의미를, 창조자로서의 신이 실재하는 모습으로 구축한다. 그러므로 언어의 기원은 이것이 인간적인 한, 오로지 이에 상응하는 방식으로 신적인 것이 된다."[38]

---

[37] Gipper/Schmitter(1979: 67) 참조.
[38] Der menschliche Ursprung zeigt Gott im größten Lichte: sein Werk, eine menschliche Seele, durch sich selbst eine Sprache schaffend und fortschaffend, weil sie sein Werk, eine menschliche Seele ist. Sie baut sich diesen Sinn der Vernunft als eine Schöpferin, als ein Bild seines Wesens. Der Ursprung der Sprache wird also nur auf eine würdige Art göttlich, sofern er menschlich ist(Herder, 1772: 123).

1.4. 헤르더와 훔볼트의 비교

언어기원에 대한 훔볼트의 시각을 헤르더의 시각과 비교하는 것은 매우 흥미롭다. 훔볼트의 관점은 한편으로는 본질상 헤르더의 이념에 바탕을 두고 있으며, 단지 세부적인 항목에서만 헤르더의 관점과 구별된다. 그러나 또 다른 편에서 보면 이 사소한 차이점들이 훔볼트에 의한 언어이해의 핵심요소들을 보다 명료하게 드러낸다고 볼 수 있다. 그러나 두 사상가의 직접적인 비교를 다소 어렵게 하는 것은 훔볼트가 자신이 피력한 서술의 그 어디에서도 헤르더의 언어관을 명백하게 다루지 않았다는 점이다. 물론 1830년에 작성된 쉴러(F. v. Schiller, 1759~1805)에 관한 훔볼트의 기술에는 헤르더에게 경의를 표한 부분은 있다. 그렇긴 해도 그는 자신의 언어철학을 전개하는 과정에서 헤르더의 선도적 역할을 언급한 적이 없다. 두 사람은 물론 가깝게 교류한 적은 없으나, 서로 알고 지내는 사이였던 것으로 추측된다.[39]

훔볼트는 아마도 헤르더의 「수상 논문」에 수록된 내용에 대해 이미 정통하고 있었을 것이다. 양자 간의 유사성의 증거는 「훔볼트 전집」의 편집자인 라이츠만(A. Leitzmann, 1867~1950)이 『Über Denken und Sprechen(사고와 말하기에 대하여)』(1795~96)이라고 제목을 붙여 준 초기의 단편에서 이미 드러난다. 16개의 명제로 구성된 이 단편의

---

[39] Schneider(1995: 284) 참조.

명제 7은 대단히 흥미롭다. 훔볼트는 이 부분에서 언어가 직접 최초의 '성찰' 행위와 함께 곧바로 주어진다고 기술했으며, '성찰' 행위 후에 비로소 시작된다고 보지 않았다. 그는 "주체가 객체를 얽어매는 욕망이라는 공허함으로부터 인간이 자의식으로 깨어나는 것처럼 언어 역시 그렇게 존재한다"고 보았던 것이다.[40] 훔볼트의 이러한 견해표명은 '자의식'의 최초 특징이 "영혼의 낱말이었으며, 이것으로써 인간의 언어가 고안되었다"고 언급한 헤르더의 문구를 떠올리지 않고서는 설명할 수 없을 정도로 유사하다.[41]

훔볼트와 헤르더의 일치점은 포괄적 의미에서 보면 인간을 처음부터 언어적 존재로 정의한다는 데에 있다. 의심할 여지없이 인간과 언어 사이의 불가분성은 두 사상가의 기본적인 입장이었다. 왜냐하면 이들은 오로지 인간은 명백히 동물과 같은 생명체이긴 하지만 이미 언어적 존재라는 시각을 공유하고 있었기 때문이다. 따라서 양자는 모두 인류학적인 관점을 토대로 인간의 언어구사능력을 명백하게 해명하려고 했던 것이다.[42]

앞에서 언급했듯이 헤르더는 특정한 삶의 영역에서 생득적인 동물의 본능처럼 세분화되어 있는 능력 자체가 없는 인간 존재, 말하자면 본능의 강도와 확실성 면에서 동물에게 훨씬 뒤쳐져 있는 존재로서의 인간관을 전개했다. 그러나 훔볼트는 인간이 결함 있는

---

40) Humboldt(1795~96: 581 이하) 및 Ramischwili(1979: 611) 참조.
41) Herder(1772: 32) 참조.
42) Schneider(1995: 285) 참조.

부족한 존재로서 주변세계와 원만하게 교제할 수 없기에 언어를 필요로 했다는 헤르더의 견해에 동의하지 않았다. 프랑스의 계몽주의자들뿐만 아니라 헤르더도 곤경과 부족함을 해소하기 위해 언어가 실현시키는 외적인 목적을 강조했던 것은 명백한 사실이다. 그런 관점에서 훔볼트가 본질적인 언어발생의 동기를 인간이 "대화하는 것을 즐기는 것"에 있다고 단언했을 때, 이는 헤르더의 보상이론과 배치된다고 볼 수 있다.[43)]

또한 이러한 견해표명에서 훔볼트와 헤르더 사이의 또 다른 상이점이 발견된다. 즉 언어발전에 있어서 대화상대방의 중요성에 대한 평가가 시사되어 있다는 점이다. 헤르더에 있어서 언어는 이미 내적인 형성과 함께 생성되었다. 다른 사람에게로의 전달은 본질적으로 더 이상 언어에 속하는 부분이 아니었다. 왜냐하면 '표식어(Merkwort)' 형성의 내적인 과정은 말로 구체화하는 것을 필요로 하지 않기 때문이다. 헤르더에 있어서 언어의 의사소통적 가치는 결정적인 내적 과정에 속하는 또 하나의 부차적인 성찰일 뿐이었다. 그에 있어서 주체가 파악하는 첫 번째 특징은 주체를 위해서는 '표식어'가 되고, 다른 사람에게는 '전달어'가 된다는 것이다.[44)]

이와는 달리 훔볼트는 언어가 특성상 대화적 현상이라는 점에 초점을 맞추었다. 그의 언어이론의 배경에는 대화에 바탕을 둔 진리의 개념이 기초로 되어 있다. 이러한 진리의 인식, 보다 정확히 말

---

43) Humboldt(1824~1826: 378) 및 Schneider(1995: 286) 참조.
44) Herder(1772: 43) 참조.

하면 대화의 객관화를 위해 다른 사람의 존재는 필연적인데, 인간이 본질적으로 사회생활을 영위한다는 점에서 볼 때 이것은 자명하다는 것이다. 따라서 인간과 인간의 교제를 구체화하고, 행위와 인식에서의 공통점을 실현시키기 위해서는 언어가 대화의 수단으로서 절대적으로 필요한 존재였던 것이다. 결국 헤르더에 의해 서서히 약화되었던 언어의 사회적 측면이 대화상대방에 대한 관점을 토대로 훔볼트에게는 중점적 위치에 놓이게 되고, 언어발전의 동인으로 되었던 것이다. 말하자면 훔볼트의 관점에서 언어는 오로지 사회적으로만 발전되는 것으로 정의되었던 것이다.[45]

언어의 세계중개적 기능은 헤르더와 마찬가지로 훔볼트에 있어서도 강조된다. 훔볼트에 있어서 언어는 무한한 자연과 유한한 자연 사이의 중개자로 인식된다. 말하자면 현상세계와 지적 세계가 결코 중개되지 않고 대립되어 있는 것이 아니라, 언어를 통해 중개되어 있음을 뜻한다.[46] 의심할 여지없이 두 사상가에 있어서 언어는 현실세계를 사고행위에 적절한 형식으로 바꾸어 주는 매개체로 인식된다. 훔볼트 사상의 토대가 되는 이러한 사상은 이미 헤르더의 '표식어' 이론에서 상세하게 시사되어 있다. 심지어 양자의 진술을 거

---

[45] Burkhardt(1987: 148) 및 Humboldt(1830~35: 55) 참조.
[46] 칸트의 용어를 빌리면 무한한 자연은 지적 세계이며, 이것은 시간과 공간이라는 직관형식 속에 주어져 있는 게 아니라, 모든 경험 이전에 전제로 되어 있는 사물 자체의 세계이다. 이와는 달리 유한한 자연은 경험세계나 현상세계와 같은 것을 가리킨다(Benner, 1990: 125 참조).

의 문자대로 적용시켜 보면, 헤르더의 중심사상이 다시금 재현된 느낌마저 든다. 훔볼트의 다음과 같은 견해표명은 이들 간의 유사점을 극명하게 보여준다:

"낱말은 관념에 형태를 밀어 넣는다. 그리고 구체적인 대상에서는 대상이라는 현실 전체를 도외시하게 되는데, 그것은 낱말이 대상을 어떤 특징에 고정시키고, 대상에게는 생소한 어떤 것, 즉 소리를 통해 대상의 특징을 표기하기 때문이다."[47]

그러므로 헤르더처럼 훔볼트 역시 음성을, 지각된 대상의 본질적 특징에 대한 표기로 해석했음을 알 수 있다. 훔볼트는 카비어(Kawi‑Sprache)에 대한 연구의 서문으로 작성한 언어철학적인 서술에서도 언어가 낱말탐색(Wortfindung)에서 "가장 의미 있는 특징을 추출해낼 수 있다면" 그것은 언어가 지닌 장점일 것이라고 기술한 바 있다.[48] 그럼에도 불구하고 헤르더의 견해와의 유사점이 헤르더가 훔볼트에 직접적으로 영향을 주었다는 근거가 될 수는 없다. 오히려 이 경우는 훔볼트가 라이프니츠(G. W. Leibniz, 1646~1716)의 사상에 의존했다고 말할 수 있을런지도 모른다. 라이프니츠의 저술

---

47) Denn es schiebt der Idee eine Gestalt unter, und abstrahiert bei dem körperlichen Gegenstand von der Totalität seiner Wirklichkeit, indem es ihn an einem Merkmale fest hält, und ihn in diesem durch etwas, ihm fremdes, einen Ton, bezeichnet(Humboldt, 1824~26: 428).
48) Humboldt(1830~35: 19) 참조.

에는 이미 '표식어' 이론이 시사되어 있기 때문이다.⁴⁹⁾

우리는 두 사상가 사이에는 세부항목에서 일치하는 점도 있지만 상이점도 존재한다는 사실에 주목할 필요가 있다. 헤르더의 '보상이론'에 대한 훔볼트의 거부라든가 혹은 언어가 지니는 대화적 특성에 대한 훔볼트의 강조만이 양자의 상이점을 드러내는 것은 아니다. 헤르더는 명백히 기호체계의 발생론을 기피하고 인간 내부에서의 기호형성 쪽으로 방향을 돌림으로써 언어기원의 문제에 대한 새로운 지평을 열었다. 바야흐로 그는 기원의 문제를 역사적 조건으로부터 분리시키는 선도적 역할을 했다고 볼 수 있다. 말하자면 언어기원의 문제는 그의 '표식어' 모델에서 이미 역사적 지식보다는 언어의 본질에 대한 고찰에 예속되어 있는 문제로 이해되었던 것이다. 그 후 학술원에 의해 헤르더의 「수상 논문」이 간행된 후 50년이 채 안 되어서 훔볼트는 역사적 관점에서 출발했던 통례적인 방식을 완전히 도외시했다. 그리고 선험적 방식으로 매번 말을 하는 행위에서 실행되는 오성의 행위를 언어기원론에서 다루어야 할 본질적인 문제로 설정했다. 바야흐로 훔볼트는 헤르더에 의해 전개된 사상을 다시금 화제의 실마리로 삼았던 것이다. 그러나 이 부분에서 두 사상가 사이의 또 다른 중요한 차이점이 발견된다.⁵⁰⁾

헤르더도 물론 언어발생에 관한 자신의 모델을 언어의 본질에서

---

49) Schneider(1995: 287) 참조.
50) Schneider(1995: 288) 참조.

도출해내고, 개체발생(Ontogenese) 쪽으로 유도하긴 했다. 하지만 그는 언어기원의 문제가 말을 하는 모든 행위마다 되풀이된다는 훔볼트의 결론을 곧바로 이끌어내진 못했다. 바로 이 부분에 차이점이 있다. 우선 헤르더는 피상적 느낌을 주는 자신의 「수상 논문」을 모든 어려운 점들이 해소된 것처럼 완결된 언어발생이론으로 제시한 반면, 훔볼트는 언어발생에서의 모호한 측면들을 과감하게 환기시켰다는 점에 주목할 필요가 있다. 이러한 상이점에서는 순수 방법론적 차이나 또는 문체상의 차이 이상의 것이 고찰될 수 있다. 결국 훔볼트로 하여금 헤르더와 구별되는 결론을 이끌어내게 한 것은 그의 예리한 문제의식에서 비롯된다. 보다 정확하게 표현하면 '의미구성(Sinnkonstitution)'의 어려움이 어떻게 극복될 수 있는지의 문제에서 양자 간에 상이점이 존재한다.

훔볼트에 있어서 '의미구성'은 '음성'과 '사상'의 종합적인 결합에서 발생한다. 왜냐하면 이 경우 '개념'의 경계가 설정되는 동시에 '개념'이 '음성'을 통해 표현되기 때문이다.[51] 그에 반해 헤르더의 경우 '의미'는 '대상'(또는 표상)과 '표식어'의 결합에서 발생한다. 왜냐하면 결합의 순간에 '표식어'는 그 자체를 넘어서는 어떤 것을 의미하기 때문이다. 결국 헤르더는 '특징'과 '표상' 사이의 결합을 '자의식'의 힘에 의해 설명할 수 있다고 주장한 셈이다. 그에 반해 훔볼트에 있어서는 본디 '사상'이 언어와 결합되는 방법은 신비에

---

51) 5.3. 참조.

속하고, 무에서 유를 창출해내는 것과 같다. 따라서 헤르더의 서술에서는 '자의식'의 작용이 '의미'의 생성에 대한 충분한 해명으로 제시된 반면, 훔볼트는 확증의 어려움으로 인해 '의미'의 생성원인, 즉 의미심장한 언어발생의 기원은 본래 도출될 수 있는 부분이 아니며, 인간의 언어형성은 언제나 이미 선재하는 인간의 언어적 성향에 바탕을 둔다고 생각했던 것이다.[52]

훔볼트의 관점에서 보면, 인간은 처음부터 언어를 '배아(Keim)'상태로 소유하고 있음에 틀림없다. 말하자면 언어는 정신적 조직체로서 '말하기'와 '듣기'라는 오성의 소박한 행위를 확고하게 하는 기본적 유형의 모습으로 존재한다. 그렇기 때문에 '자의식'과 '언어유형(Sprachtypus)'에 대한 가정 사이의 상이점은 헤르더와 훔볼트 사이의 상이점으로 인식될 수 있다. 헤르더는 '의미'를 내포하는 언어의 발생이 적절하게 도출될 수 있는 인간적인 자질을 인류학적 고찰로부터 연역해낼 수 있다고 보았다. 따라서 헤르더는 '의미'의 생성을 해명하기 위해서는 명백히 '본능의 자유(Instinktfreiheit)'만으로도 설명의 조건이 충족된다고 보았던 것이다. 그런 반면 훔볼트는 언어의 인류학적 중요성은 물론 인정하지만 '의미'의 발생에 대해서는 명확하게 해명할 수 없다고 보았던 것이다. 바야흐로 이와 같은 훔볼트의 시각이 그로 하여금 언어 자체는 이미 인간 속에 선재하는 배아적 자질로 존재한다고 가정하게 만든 것 같다.

---

52) Schneider(1995: 289 이하) 참조.

훔볼트에 있어서 언어는 암석 속에 깊이 잠복하고 있는 불꽃으로 비유된다. 그에 있어서 최초의 언어는 인간으로 격상되는 "동물과 같은 인간"에 의해 창조되는 것이 아니라, 바야흐로 인간의 본질 속에 내재하는 '언어불꽃(Sprachfunke)'이 인간을 처음부터 동물보다 우위에 설정하면서 인간 존재의 핵심을 형성하고 있다.[53] 따라서 훔볼트는, "동물처럼 본능에 구속받지 않기에 자유롭다"고 보면서 인간의 '자의식'에 의해 언어발생을 해명하는 헤르더의 견해에 동의하지 않았다고 보아야 한다. 훔볼트의 관점에서는 '성찰'을 행하는 인간의 '자의식'은 언어의 기원에서 전제될 수 없으며, 음운형성에서도 아무런 창조적인 힘을 지니지 못한다.[54] 1820년에 개최된 〈베를린-학술원〉의 강연에서도 훔볼트는 자신의 입장을 직접 헤르더의 입장과 대비시킨 바 있다. 그는 언어가 직접적으로 인간에게 내재되어 있는 것으로 간주되어야 한다고 보고, 언어는 명확한 의식 속에 있는 인간 오성의 작품만으로는 결코 해명될 수 없다는 점을 분명히 했다.[55]

훔볼트의 관점에서 보면, 헤르더가 표명한 '자의식'은 의미심장한 기호의 생성문제가 모호하기 때문에 언어발생의 해명에 충분하지 않다. 물론 '자의식'의 명제가 인간이 인식의 대상으로부터 어떤 '특징'을 분리해 낼 수 있는 이유라든가, 또는 표기를 위해 어느 것

---

53) Humboldt(1801~1802: 596) 참조.
54) Humboldt(1830~1835: 157) 참조.
55) Humboldt(1820: 14) 참조.

을 선택하고 있는지에 대해 설명할 수는 있다. 그러나 헤르더에 의한 '자의식' 개념은 인간이 '특징'과 '표기대상' 사이를 정신적으로 어떻게 결합하고 있는가를 설명해 주지 않는다. 만약 '의미구성' 자체의 선험적 기관이 인간 정신의 언어적 구조로 전제된다면, 말하자면 언어의 종합적 과정에서 이와 같은 결합을 실행하는 훔볼트의 '유형' 개념이 연구의 기점으로 설정된다면, 언어기원 문제에서 발생하는 이 본질적 어려움이 완화될 수 있을 것이다. 의심할 여지없이 훔볼트에 있어서 언어의 창조는 인간이 모든 언어고안에 앞서서 이미 소지하고 있는 언어의 기본유형에 따른다. '언어유형'은 적용되는 것이 아니라, 사고의 조직 속에 이미 형성되어 있다. 따라서 말을 하는 사람은 무의식적으로 '언어유형'에 따르게 된다.[56] 물론 이로써 언어발생의 현상이 원천적으로 해명되는 것은 아니지만, 언어발생의 근원이 발생가능성의 조건에 일관성 있게 맞추어질 수 있다. 헤르더는 의심할 여지없이 이미 언어적 상태로서의 인간의 자질을 가정하지 않았다. 그런 반면 훔볼트는 정신적 언어구조들이 미리 정해져 있다는 점을 가정하는 데에 주저하지 않았던 것이다.

언어의 문제에 대한 두 사상가의 상이한 입장은 칸트 철학에 대한 시각에서도 반영된다. 칸트(I. Kant, 1724~1804)의 저술을 근거로 헤르더는 칸트가 인간 의식에 있어서의 언어의 중요성을 너무 소홀

---

56) Humboldt(1801~02: 597) 및 Schneider(1995: 222) 참조.

히 여겼을 뿐만 아니라, 전반적으로 오성의 구조들을 선험적으로 전제했다고 비판한 바 있다.[57] 그러나 헤르더가 자신의 「수상 논문」에서 이 선험적인 가정으로부터 탈피하여 자신의 언어기원론을 구성하려고 했을 때, 이미 그는 프랑스의 계몽주의자들의 의미에서 논증하고 있었다고 볼 수 있다. 그에 반해 훔볼트는 칸트의 관점에서 인식의 과정을 설명할 수 있기 위해서는 경험주의와 합리주의가 결합되어야 한다는 것을 간파했다. 훔볼트는 칸트를 계승하여 두 개의 인식능력, 즉 감성과 오성을 구별하였는데, 인식이 실현되기 위해서는 이 두 가지 능력이 필연적으로 공동작용한다는 것을 확신하고 있었던 것이다.[58]

그런 관점에서 언어가 세계중개적 기능을 지닌다면, 언어는 단순히 선천적으로 타고난 자질만을 토대로 발생할 수 없으며 오로지 감성을 통해서만 생성될 수도 없다. 오히려 언어를 발생시키기 위해서는 정신적 구조로서 세계이해의 기반이 되면서 감성과 결합되는 언어 특유의 자질이 존재하지 않으면 안 되었던 것이다.

훔볼트가 물론 헤르더에 의한 「수상 논문」의 기본사상을 토대로 삼았다고 가정할 수는 있다. 그러나 훔볼트가 주요한 부분에서 헤르더의 사상을 수정했거나 최소한 명확하게 규정했다는 점을 부인할 수 없을 것 같다. 뿐만 아니라 훔볼트가 언어생성의 문제를 역사

---

57) Schneider(1995: 291) 참조.
58) Pérez(1993: 89, 97) 참조.

적 차원에서 분리시킨 것이 이미 헤르더에 의해 예비되었다는 견해도 좀 더 확증되어야 한다. 물론 훔볼트를 통해 비로소 언어생성의 문제에 대한 역사적 이해에서 궁극적으로 벗어날 수 있었다는 것은 의심의 여지가 없다. 아무튼 훔볼트에 의한 '언어유형'의 제시는 선험적으로 새롭게 표현된 언어기원의 문제에 대한 적절한 해답으로 이해될 수 있다. 그런 관점에서 무엇보다도 헤르더와 칸트의 논증은 훔볼트에 의한 상세한 해명의 배경으로 인식될 수 있다.[59]

헤르더의 서술에는 언어기원 문제에 대한 선험적인 새로운 표현을 모색하기 위한 본질적 단계들은 이미 구축되어 있었다고 볼 수 있다. 다시금 훔볼트는 '선험적 종합(transzendentale Synthesis)'을 언급함으로써 기본적인 모형(언어유형)을 주요개념으로 등장시켰다. 훔볼트는 이 개념을 구체적으로 응용하면서 칸트를 극복하고 '인식'에 기초한 언어기능을 설명할 수 있었다. 바야흐로 훔볼트는 언어기원의 문제와 '유형' 개념을 상호 연관시킴으로써 서로 다른 사상적 전통들을 하나로 결합했다. 말하자면 훔볼트는 문제제기에서 헤르더에 의존하지만 해법을 제시할 때에는 칸트의 입장에 있다고 보아야 한다.

물론 훔볼트는 플라톤, 괴테 등을 비롯한 앞선 시대의 사상가들로부터 영향을 받았을 것이다.[60] 그러나 그의 언어이론에는 자신에

---

59) Schneider(1995: 292 이하) 참조.
60) Schneider(1995: 150~159) 참조.

의해 초기에 독창적으로 전개되었던 신념들도 일관성 있게 반영되어 있다. 요컨대 다양한 언어들에 대한 연구를 방법론적인 토대로 삼고 있는 훔볼트의 '유형' 개념은 인류학에서 전개된 그의 '보편성' 개념[61]과 맥락이 같다고 볼 수 있다. 훔볼트의 '유형' 개념은 오로지 개별적인 변화를 겪으면서 나타나는 보편적인 기본모형으로 이해된다. 따라서 그의 관점에서 보면, 동질성과 다양성은 방법론상으로나 내용상으로도 상호간에 결합되어 있는 것이다.[62]

훔볼트에 의하면, 궁극적으로 각각의 언어는 본래 인간의 보편적 특성을 개체화한 것이며, 언어 전반에 딸려 있는 원천적 특질의 모사(Abbild)로 간주된다.[63] 따라서 보편적 '언어유형'의 개별화는 본질상 언어의 일반적 조작방식이 변형된 것을 의미한다. 의심할 여지없이 순수 언어개념에 대한 훔볼트의 후기 서술에서는 정신사적으로 영향을 끼쳐 온 자신의 초기 성과에 대한 재수용이 조화롭게 반영되어 있다.

총괄해 보건대, 헤르더와 훔볼트는 인간을 처음부터 언어능력의 자질을 지닌 존재, 즉 인간과 언어 사이의 불가분성을 인식했다는 점에서는 공통적이다. 또한 언어가 세계를 중개하는 기능을 지닌다는 점에서, 즉 현상세계와 지적 세계가 직접적으로 대면하고 있는

---

61) 오로지 다양하게 표출된 현상들(개별 인간이나 개별 언어) 속에서만 보편적인 것이 인식될 수 있다는 개념.
62) Humboldt(1824~26: 394) 참조.
63) Humboldt(1830~35: 256) 참조.

것이 아니라 언어를 통해 중개되어 있다고 본다는 점에서도 양자는 일치한다. 아울러서 두 사람 모두가 언어기원의 문제를 역사적 차원에서 분리시켰다는 점에서도 유사점이 발견된다. 그럼에도 두 사람에게는 견해를 달리하는 부분들이 존재한다. 양자의 상이점은 다음과 같이 요약될 수 있다:

1. 헤르더에 있어서 언어의 의사소통적 가치는 결정적으로 내적 과정에 속하는 부차적 성찰이었음에 반해, 훔볼트에 있어서 언어는 특성상 대화적 현상이라는 점이 중요시된다. 말하자면 언어의 사회적 측면이 대화상대방에 대한 관점을 토대로 중요시되고, 언어발전의 동인으로 되었다는 것이다.

2. 헤르더에 있어서 '의미'는 '대상'과 '표식어'의 결합에서 발생한다. 따라서 '의미'의 발생은 동물처럼 구속을 받지 않기에 자유로운 인간 고유의 본성, 즉 인간의 '자의식'을 통해 해명될 수 있는 것으로 정의될 수 있다. 그 반면에 훔볼트에 있어서 '의미'는 '음성'과 '사상'의 '종합적 결합'에서 발생하며, 그 결합방법은 여전히 신비에 속한 사안이다. 그렇지만 그는 '의미'의 발생 자체는 인간에게 이미 내재하고 있는 언어적 성향에 바탕을 두고 있다는 것을 확신하고 있었다.

3. 헤르더에 있어서는 아마도 신적인 언어기원과의 구별이 우선

중요시되었기 때문에 언어적 상태로서의 인간의 자질은 고려되지 않았음에 반해, 훔볼트에 있어서는 인간 스스로가 이미 '언어유형'이라는 정신적 구조들을 소지하고 있다는 점이 강조되었다.

2. 훔볼트의 언어발생론과 촘스키

2.1. 도입

　인간 사회가 동물계와 구별되는 첫 번째 요인은 인간만이 언어를 구사할 수 있다는 데에 있다. 언어는 모든 인간의 문화적 발전에 필수불가결한 요소이며, 어린 시절부터 자연스럽게 숙지되는 강력한 사회적 도구이다. 언어가 후천적으로 오로지 인간에게 부과되는 훈련과 교육을 통해서만 습득되는 것인지(경험주의), 아니면 대부분 인간 고유의 선천적 능력에 의해서 획득되는 것인지(합리주의)의 문제를 규명하는 일은 인간 자체에 대한 본질규정에서 빈번하게 논란이 되어온 중요한 사안에 속한다. 전자에 따르면, 실증주의적 경험이 모든 인식의 기초로 설정되며, 어린아이의 언어습득은 완전히 비어 있는 백지상태에서 시작되는 동시에, 언어체계의 구성은 오로지 경험에 의해서만 결정된다. 이러한 견해는 영국의 로크(J. Locke,

1632~1704), 버클리(G. Berkeley, 1685~1753) 및 흄(D. Hume, 1711~1776) 등을 비롯한 수많은 경험주의자들에 의해 주장되어 왔다. 후자는 17세기의 데카르트(R. Descartes, 1596~1650), 라이프니츠(G. W. Leibniz, 1646~1716)의 합리주의적 방향을 이어받은 헤르더, 훔볼트, 촘스키(N. Chomsky) 등에 의해 수용되었다. 이 경우 어린아이의 언어습득은 인간 특유의 천부적 자질과 선험적 지식을 통해 성취되며, 인간은 본질적으로 오성을 통해 사유행위를 하는 실체로 규정된다.

훔볼트에 있어서 언어는 새로운 순간의 산물이며, 정신활동을 통해 끊임없이 작용하는 영원한 창조행위에 속한다. 그의 관점에서 보면, 언어기원(언어발생)의 문제는 인간의 정신활동과 언어를 같은 맥락에서 관조하는 훔볼트 자신의 언어본질론과 밀접한 연관성을 가질 수밖에 없다. 20세기를 대표하는 언어학자의 한 사람으로 평가되는 촘스키의 이론은 바야흐로 '언어습득이론'으로써 심리 언어학 분야를 지배해 왔다. 그에 따르면, 어린아이는 어떠한 언어적 환경에 노출만 되어도 언어습득이 가능한 언어습득장치(LAD)라는 보편적 능력을 선천적으로 지니고 있다고 한다. 그러나 이미 훔볼트는 19세기에 언어란, 말을 하는 사람으로 하여금 "유한한 수단들을 무한하게 활용"[1]할 수 있게 해주는 생성체계라고 언급한 적이 있었다. 그 시기에 이르기까지 훔볼트의 언어관 이외의 그 어떤 사상도 유한한

---

1) Humboldt(1830~1835: 99).

수단들을 이용하여 무한한 것을 극복하는 일이 언어에 부과된 기본적인 과업이라고 명확하게 통찰한 적은 없었다. 그에 있어서는 이러한 과제의 설정이야말로 본질적으로 언어의 특성을 규정하는 일이었다.[2] 20세기에 와서 촘스키는 몇몇의 연구논문에서 훔볼트의 이 문구를 비롯하여 훔볼트의 주요 개념들이 부분적으로 자신의 언어적 사고체계 속에 수용되어 있다고 기술한 바 있다.

물론 촘스키에 있어서도 인간의 정신구조는 언어의 구조에 부합되고 있다. 따라서 언어능력은 경험주의적, 행동주의적 방식으로 확증되는 것이 아니라, 선험적으로 확증된다. 이와 같이 선험적으로 설정되는 언어능력이 촘스키의 근본적인 사상적 토대라는 점에서 촘스키는 훔볼트의 주요 사상을 부분적으로 이어받았다고 말할 수 있을런지도 모른다. 그렇지만 촘스키에 의해 수용되었다고 하는 훔볼트의 개념들이 본래의 뜻과는 다르게 해석되었다는 점이 또한 관심사로 떠오른다.

이 단원은 언어발생(언어기원)의 측면에서 훔볼트와 촘스키 양자 간의 중요한 상이점을 조명해 보는 데에 의의를 둔다.

2.2. 훔볼트의 언어발생론

앞 장에서 언급되었듯이 헤르더의 견해에 따르면, 인간의 언어는

---

2) Bossong(1979: 6) 참조.

동물들이 내는 소리처럼 본능적이고 생득적인 능력에서 발원한 것이 아니다. 그에 있어서 언어는 인간 고유의 자의식(성찰)으로부터 연원한다. 인간은 그 기본조직 속에 선천적으로 언어를 부여받고 있는 것이 아니라, 언어를 만들어낼 수 있는 가능성만을 부여받고 있는 것이다. 말하자면 인간은 '자의식'을 자유롭게 작동시키면서 언어를 고안했다는 것이 헤르더의 언어발생론이었다. 헤르더의 언어기원론은 낭만주의자들뿐만 아니라, 훔볼트의 언어사상에도 적지 않은 영향을 끼쳤다. 훔볼트는 헤르더와 마찬가지로 언어가 직접적으로 인간 자체에서 발원했다는 견해를 가지고 있었다. 그러나 그는 프랑스의 '감각론(Sensualismus)'[3]에서 주장되었던 점진적인 언어발생론에는 반대 입장을 표명했다. 왜냐하면 점진적인 언어발생론에서는 언어가 본질상 하나로 형성된 전체를 이루고 있어야 한다는 것이 인식되지 않기 때문이다. 바야흐로 훔볼트에 있어서 인간은 헤르더처럼 언어적 존재로 이해되기 때문에, 언어는 처음부터 한결같이 유기적인 전체로서 존재한다. 따라서 그로서는 언어가 처음에는 아마도 덜 인간적이었을 것이라고 사유하는 것 자체가 전혀 불가능한 일이었을 것이다.[4]

인간과 언어성(언어구사능력)을 하나로 묶는 것, 즉 인간은 언어를 통하여 비로소 인간다워진다고 보는 훔볼트의 확고한 신념은 명

---

3) 로크, 콩디야크 등에 의해 주장된 방법론으로서 인식이란, 감각의 분석을 통해 얻어질 수 있다고 보는 연구방향임.
4) Evans(1967: 17) 참조.

백하게 하만(J. G. Hamann, 1730~1788)과 헤르더의 사상적 전통과 연결된다. 말하자면 인간과 언어는 분리될 수 없다는 것인데, 이 경우 인간에 의한 '오성'의 행위(지적 활동)는 언어발생의 본질적 역할을 담당한다.[5] 훔볼트에 있어서 언어기원의 전제조건은 언어의 본질 전반에 대한 개념정의를 토대로 탐구된다. 따라서 언어기원의 본래의 문제에서는 인간의 오성이 활동함으로써 정신적 내용을 야기시킬 수 있는 음성들이 어떻게 산출되고 이해되느냐에 초점이 맞춰진다.[6]

훔볼트는 언어고안(Spracherfindung)의 실제적인 난해성이 언어의 이해와 창조에 수반되는 "오성의 소박한 행위"라고 하는 헤아리기 어려운 심오한 영역에 있다고 생각했다. 그에 있어서는 최초의 언어고안이 일어날 때의 역사적 상황이 문제시되는 게 아니다. 언어기원을 다룰 때에 실제로 해명되어야 하는 부분은 지적(오성적) 활동인 언어창조의 소박한 행위이다. 훔볼트에 따르면, 지적 행위는 인간이 말을 할 때마다 발생한다. 그러므로 언어기원을 탐구하는 본질적인 문제, 즉 말을 할 때마다 실행되는 언어기원의 해명은 과거의 역사적 상황에 의존할 필요가 없다.[7] 오히려 언어기원을 역사적으로 고찰하는 것은 문제의 핵심을 잘못 설정하는 것이다. 왜냐하면 훔볼트는 '오성'의 소박한 행위가 과거시대에도 당연히 발생

---

5) Schneider(1995: 123) 및 Humboldt(1820: 15) 참조.
6) Droescher(1980: 103) 참조.
7) Humboldt(1820: 16) 참조.

할 수밖에 없었겠지만, 근본적으로는 언어행위가 있을 때마다 새롭게 발생한다고 보았기 때문이다.

훔볼트가 언어사상가로서 1820년에 〈베를린-학술원〉의 강연에서 낭독한 발표문에는 그가 19세기 초부터 명확하게 구상하여 그의 언어사상의 전면에 등장시키게 되는 동적(dynamisch) 언어개념이 이미 시사되어 있다. 훔볼트가 언어기원을 끊임없이 새롭게 일어나는 사건으로 규정하는 것은 그 자신에 의한 본래의 언어개념, 즉 "영원히 되풀이되는 정신활동"에서 나온 필연적인 결과로 인식될 수 있다. 훔볼트는 이미 형성되어 있는 정적인 체계로서의 언어보다는 내적인 정신활동을 통해 외부세계를 사상의 표현으로 개조하는 동적인 변형으로서의 언어에 중점을 두었다.[8]

훔볼트에 의하면, 본질적인 면에서 언어는 만들어져 있는 '작품'(에르곤)이 아니라, 매 순간순간 지나가버리는 '활동'(에네르게이아)으로 정의된다. 그런 관점에서 언어기원의 문제는 작품으로서의 기원에 따라 규정되는 언어의 역사적 발생과 더 이상 관련되는 것이 아니다. 오히려 언어기원의 문제에서는 항상 새롭게 되풀이되면서 언어적인 것이 발생하는 정신활동의 조건과 과정에 초점이 맞추어진다. 언어기원에 대한 훔볼트의 이와 같은 새로운 시각은 언어개념에 대한 새로운 해석, 즉 정신적 관점으로서의 그의 언어관을 반영하고 있다.[9]

---

[8] Werlen(1989: 50) 참조.
[9] Humboldt(1830~35: 44) 및 Schneider(1995: 125) 참조.

훔볼트는 선험적으로 주어진 지적 개념과 사유 범주의 실재라는 측면에서 완전히 칸트의 이론을 받아들인 것으로 평가된다. 그러나 칸트의 사상적 전제는 언어를 고유의 정신적 세계로 발견하는 과정에서 오히려 걸림돌이 되는데, 그것은 칸트가 언어적인 예비조건 없이는 사실상 사유될 수 없는 것을 선험적으로 주어진 것이라고 판단했기 때문이다. 말하자면 칸트의 "순수 이성의 비판"의 체계 속에 언어는 구성요소로 포함되어 있지 않았던 것이다.[10]

훔볼트는 바야흐로 칸트가 제시한 명제들의 정당성을 언어에 근거하여 검증했다고 볼 수 있다. 이 경우 칸트에 의한 순수 오성의 선험적 형식은 훔볼트의 관점에서는 언어에 해당된다. 칸트의 영향은 훔볼트의 언어철학 전반에서 드러난다. 칸트의 관점에서 보면 '기원(Ursprung)'의 문제는 두 가지 방식으로 제기될 수 있다. 하나는, 시간상으로 '시작'에 대한 문제이고, 또 다른 면은 '기원'이라는 낱말이 함축하고 있는 '도약(Sprung)'의 방식과 조건, 즉 '발원'에 대한 문제이다. 칸트에 있어서 '발원'에 대한 문제는 '시작'을 고려하지 않고 숙고될 수 있으며, 실제의 경험과는 무관하게 연구될 수 있는 인식능력 자체를 목표로 삼는다. 이 부분을 훔볼트의 언어기원론에 적용하면 언어기원론은 시간상으로 언어의 출발점을 묻지 않고 언어의 발원을 다룰 수 있다. 요컨대 훔볼트의 언어기원론에 있어서는 언어의 '시작'이 중요한 게 아니라, 매 언어행위마다

---

10) Gipper(1965: 4) 및 5.4. 참조.

표명되는 언어발생의 방식이 중요하다.[11]

각각의 언어마다 최초의 출발이라는 의미에서의 '시작'은 18세기 기원론의 테마였다. 그렇지만 훔볼트의 관점에서 보면 언제나 인간과 세계의 만남에서 언어가 시작된다는 점이 중요시된다. 이런 방식의 언어의 시발점은 그로 하여금 언어기원에 대해 심도 있게 관심을 표명하는 동기가 되었다. 이제 언어의 발원은 언어철학적 기원론의 본질적인 문제가 된다. 말하자면 언어가 매번 말로 실행될 때마다 어떻게, 무엇으로부터 발원하는가가 문제시될 수 있다. 그러므로 훔볼트에 있어서는 '인간'이라는 종(Gattung) 속에서 언어고안의 원인을 탐구한다든가, 실제로 행해지는 말의 동기를 탐구하는 것은 중요한 게 아니다. 오히려 인간이 끊임없이 새롭게 세계를 만나면서 언어를 돌출(생성)시키기 위해서는 어떠한 전제조건들이 충족되고 있는지를 해명하는 게 중요했다.[12]

훔볼트는 〈베를린-학술원〉 강연에서 세계에 대한 언어적 반작용이라는 "오성의 소박한 행위"를 설정함으로써 언어기원 문제의 방향전환을 시도했다. 칸트의 용어를 빌리면 이것은 선험적이라고 말할 수 있다. 의심할 여지없이 언어기원에 대한 훔볼트의 이해는 선험적이라고 표기할 수밖에 없는 언어발생의 방식을 문제로 삼고 있기 때문이다.[13] 이 경우 칸트의 선험철학에 적용하면 언어의 역할

---

11) Schneider(1995: 126) 참조.
12) Schneider(1995: 127) 참조.
13) Schneider(1995: 128) 참조.

은 주체(인간)에 의한 관찰의 대상이 아니라, 대상들을 경험할 수 있는 가능성의 조건에 속한다고 말할 수 있다.[14]

사실 훔볼트 스스로는 매번 발생하는 언어의 기원을 결코 '기원(Ursprung)'으로 표기한 적이 거의 없었으며, 대부분은 언어의 '발생(Entstehen)'이라고 표현했다. 그가 그의 저술들에서 명백하게 '언어기원'이라고 표기했던 경우는 거의 대부분 언어의 계통발생적(phylogenetisch) 기원[15] 내지는 민족어의 기원을 염두에 둘 때였다. 따라서 그에 있어서도 아마 18세기의 관행에 따른 언어기원의 개념이 완전히 도외시된 것은 아니었을 것이다. 그렇지만 아마도 끊임없이 등장한다고 보는 새로운 '언어발생'에 대한 그의 서술에서 언어기원론을 인지하는 것은 혁신적인 사고가 아닐 수 없다. 왜냐하면 훔볼트처럼 언어기원론의 본질적 동인을 오로지 언어창조에 필수불가결한 "오성의 소박한 행위"에서 인식한다면, 오성의 행위가 첫 번째로 일어나는지, 아니면 반복해서 일어나는지의 문제는 부차적이기 때문이다. 실제의 창조 행위에서 중요시되는 것은 원천적인 생산이 아니라, 오로지 낱말을 끊임없이 만들어낼 수 있는 능력에 의한 재생산이다. 이런 관점에 보면 훔볼트에 있어서 정신활동이란, 순수하게 생산하는 행위가 아니라 개조하는 행위이다. 언어의 창조행위에서 끊임없이 반복되는 언어발생은 일거에 산출되는 '도

---

14) Simon(1996: 233) 참조.
15) 언어의 생성에 대한 통시적 기원으로서 언어 전체의 역사적인 고찰을 수용한다.

약(Sprung)'을 의미한다. 왜냐하면 유기적인 의미를 내포하는 언어가 서서히 발생할 수는 없기 때문이다. 결과적으로 언어를 생산하는 과정에서는 동일한 종류의 그 어떤 것도 그 언어보다 먼저 존재하지 않기 때문에 그것이 곧바로 언어의 기원이 되는 것이다.[16]

앞에서 언급했듯이 언어기원의 문제에 대한 훔볼트의 이해는 1820년 〈베를린-학술원〉에서 행한 강연을 통해 비로소 명확하게 인식될 수 있다. 그러나 그 이전에 이미 시사된 적은 있다. 훔볼트가 1812년 『Essai sur les langues du nouveau Continent(신대륙의 언어에 관한 수필)』에서 비록 말을 할 때 일어나는 오성의 행위에 대한 중요성을 이미 언급했다고 할지라도 그 경우는 오로지 어린아이의 개체발생적(ontogenetisch) 언어습득[17]과 관계된 것이었다. 의심할 여지 없이 〈베를린-학술원〉의 강연은 훔볼트의 언어기원론을 재구성하는 과업을 위한 지평으로 이용될 수 있다. 그러나 언어기원론의 재구성 자체는 무엇보다도 『Grundzüge des allgemeinen Sprachtypus(일반적 언어유형의 개요)』(1824~26)부터 시작되는 후기 작품들을 근거로 삼는 것이 보다 설득력이 있다. 이 경우 염두에 두어야 할 것은 선험적 언어기원의 문제가 두 가지 방식으로 제기될 수 있다는 점이다. 하나는, 다시금 칸트적인 표현대로 언어의 가능성에 대한 조건, 즉 '발원'의 전제조건이나 근원을 알아볼 수 있다. 다른 하나는,

---

16) Humboldt(1830~1835: 101) 및 Schneider(1995: 129) 참조.
17) 1.3. 참조.

'발원' 자체, 즉 언어의 가능성이 구체화하는 것을 탐구할 수 있다. 훔볼트는 그의 후기 작품에서 이 두 문제를 다루었고, 이미 1820년에는 적절한 결론을 도출하기 위한 방향을 제시한 바 있다. 그에 있어서 '발원'의 문제는 바야흐로 오성의 소박한 행위가 지니는 측량하기 어려운 깊은 영역을 이해하는 것과 동일한 의미였다.[18]

앞에서 언급했듯이 훔볼트는 학술원 강연에서 "소박한 오성의 행위"에 대한 문제를 언급했다. 나중에 이것은 언어의 가능성에 대한 문제로 제기된다. 훔볼트의 저술에서 중심적 위치는 바로 이 부분이다. 쉬나이더(F. Schneider)에 따르면, 우선 언어의 전제조건에 대한 훔볼트의 실제적인 견해의 근거가 되는 두 개의 기본적인 시각에 주목할 필요가 있다. 먼저 언어는 유기체의 특성을 갖는다는 것이다. 그에 의하면, 언어 속에 개별적인 것은 그 어떤 것도 존재하지 않기 때문에 언어는 유기체로 규정된다. 생물학적인 유기체의 구성요소들이나 예술작품의 개별적인 특징과 마찬가지로 언어의 모든 요소들은 전체의 일부분으로 나타난다. 심지어 언어에서 각각의 요소는 오로지 다른 요소들을 통해서만이 존재한다고 말할 정도이다. 언어는 오직 현실 세계의 구조를 제공하기 때문에 의미를 지닌다. 그러나 이를 근거로 개별적인 요소가 단독으로만 의미심장하게 되는 것은 아니다. 개개 요소는 언제나 이 요소 자체를 보다 정확하게 규정하고 있는 다른 요소들을 주위에 설정하고 있지 않으면

---

18) Schneider(1995: 130, 131) 참조.

안 된다. 언어기원의 문제에 이것을 적용하면 언어란 언제나 전체로서만 현존할 수 있기 때문에 첫 번째 낱말을 조음하는 것은 이미 언어 전체를 전제로 하고 있음을 뜻한다.[19]

언어는 한 민족의 정신적 힘 전체를 불가사의하게 일정한 음성으로 표출해낸다. 민족이 개개인들의 전체, 즉 하나의 유기체이듯이 언어의 구성요소들도 상호관계 속에서 유기적으로 발생과 소멸을 겪고 있는 개체들이다. 따라서 언어는 개체들의 전체, 즉 하나의 유기체로 정의될 수 있다.[20] 훔볼트는 언어의 유기체 성향에 대해 다음과 같이 서술하고 있다:

> "언어는 또한 동시적인 상황 속에서만 발생할 수 있다. 보다 정확하게 말하면 언어는 존재하는 매 순간마다 언어를 전체로 만드는 요소를 지니고 있음에 틀림없다. 언어는 감성적 및 정신적 타당성을 지닌 유기적 성향의 직접적인 발산인데, 언어 속의 각각의 요소는 오로지 다른 요소를 통해, 그리고 모든 것은 오로지 전체를 관통하는 힘을 통해서만이 존재한다는 점에서 언어는 유기적인 모든 것의 본질을 배분하고 있다."[21]

---

19) Schneider(1995: 132) 참조.
20) Evans(1967: 182) 참조.
21) Es kann auch die Sprache nicht anders, als auf einmal entstehen, oder um es genauer auszudrücken, sie muß in jedem Augenblick ihres Daseins dasjenige besitzen, was sie zu einem Ganzen macht. Unmittelbarer Aushauch eines organischen Wesens in dessen sinnlicher und geistiger Geltung, teilt sie darin die Natur alles Organischen, daß Jedes in ihr nur durch das Andre, und Alles nur durch die eine, das Ganze durchdringende Kraft besteht(Humboldt, 1820: 3).

훔볼트의 두 번째 기본적인 시각은 언어란, 세계를 체험하는 인간 고유의 매개수단으로서 인간과 분리될 수는 없다는 것이다. 훔볼트에 의해 요구된 인간성과 언어성(언어구사능력) 사이의 등가성은 인간이 언어를 구사할 수 있게 되는 것이 아니라, 인간이 언어를 이미 소유하고 있음을 시사한다. 말하자면 그에 있어서 언어는 가장 내면적인 인간의 본성으로부터 자발적으로 표출된 것으로 인식된다.[22]

인간은 이미 첫 번째 낱말을 발음하기 이전에 필연적으로 언어적, 정신적인 잠재성을 갖추게 된다. 이것은 바로 언어의 유기체 특성, 그리고 인간의 언어구사능력과 세계와의 교류라는 두 가지 전제조건을 통해 이루어진다. 언어적 잠재성(가능성)은 한편으로는 이미 최초의 낱말이 전체의 일부분이라는 것을 보증하고, 다른 편으로는 모든 언어적 세계체험의 토대를 구축하게 된다.[23]

훔볼트에 있어서 언어적 가능성의 조건은 바야흐로 '언어유형'이 존재한다는 것이었다. 말하자면 그는 비언어적인 '자의식'을 전제로 했던 헤르더와는 달리 인간 내부에 이미 존재하는 언어적 자질을 연구의 기점으로 삼았던 것이다. '언어유형'을 언어고안의 조건으로 보는 훔볼트의 구체적인 언급은 1820년 〈베를린-학술원〉의 강연에서 한 번 나온다. 그에 의하면, 언어는 직접적으로 인간에게

---

22) Nowak(1983: 121) 참조.
23) Schneider(1995: 133) 참조.

내재되어 있는 것으로 간주되어야 한다. "언어의 유형이 이미 인간의 오성 속에 존재하지 않으면 언어는 고안될 수 없을 것"[24]이라는 게 훔볼트의 확고한 신념이었다. 그러나 동일한 의미의 시사적인 문구들은 그의 저술 전반에서 발견된다. 의심할 여지없이 언어의 '유형'이 인간의 사유능력 속에 존재하고 있어야만 언어가 생성될 수 있다고 보는 훔볼트의 견해는 '언어기원'의 문제와 언어적 보편개념인 '언어유형'의 개념이 직접 연관되어 있음을 표명한 것이다. 따라서 '언어유형'은 언어기원의 중심개념이 된다.[25]

훔볼트는 이미 인간에게는 완성된 어떤 언어가 주어져 있는 것은 아니라고 보았던 게 분명하다. 그의 관점에서 보면, 언어는 인간의 내부에 이미 배아(Keim) 상태로만 존재하고 있다. 또한 훔볼트는 언어를 "이성의 지적인 본능"이라고 규정했는데, 이것은 명백히 헤르더의 관점과는 구별되는 것 같다. '본능(Instinkt)'이라는 개념 자체가 언어의 선천성을 강조하기 때문이다. 훔볼트에 있어서 언어는 본디 교습될 수 있는 게 아니라, 오직 마음속에서 일깨워져야 한다.[26] 그러나 헤르더의 경우처럼 언어가 만들어지는 것은 아니다. 훔볼트와 헤르더의 본질적인 차이점은 언어가 언어 이전의 능력이 아니라, 언어 자체의 성향이 이미 배아상태로 천부적으로 주어져 있는 것이라고 가정하는 데에 있다. 물론 이것은 나중에 작성된 저

---

24) Humboldt(1820: 14).
25) Schneider(1995: 17) 참조.
26) Humboldt(1830~35: 40) 참조.

술들에서도 거듭 인지될 수 있다. 말하자면 훔볼트에 있어서 언어 자체는 언어로 유도되는 '자의식'이 아니라, 인간이라는 개념과 함께 스스로 주어져 있는 기능이다. 인간은 언어를 만드는 것이 아니라 언어 자체를 발견하고 있는 셈이다.[27]

바야흐로 훔볼트의 관점에서는 인간의 본질 속에 내재하면서 언어로 생성될 수 있는 창조의 불꽃이 동물과 구별되는 인간존재의 핵심을 형성한다. 이것은 언어로 발전될 수 있는 불꽃이며, 모든 인간에게 동일한 상태로 존재한다. 말하자면 이 불꽃이 기본적인 '언어유형'으로 표기된다.[28] 그러므로 훔볼트가 언어의 유형을 규명하려고 한다면 결코 본래의 의미에서 언어의 발생을 묻는 게 아니라, 이미 언어적 상태인 언어발생의 근본원인을 묻는 것이다. 그럼에도 불구하고 훔볼트는 '유형' 자체의 기원에 대해서는 그 어디에서도 직접적인 언급을 하지 않았다. 왜냐하면 그는 언어가 신에 의해 직접 '언어유형'의 형태로 인간 내부에 부여된 것으로 보았기 때문이다.[29]

훔볼트에 있어서는 '언어유형'이 그 기원을 어디에 두느냐는 중요한 게 아니었다. '언어유형'의 기원은 인간의 기원과 일치하고, 인간의 기원론을 탐구하는 것은 언어연구가의 과제가 아니라고 보

---

27) Schneider(1995: 134) 참조.
28) Schneider(1995: 263) 참조.
29) 이점에서는 신이 인간의 본성에 적절한 언어를 하사했다고 보는 하만의 언어관과 맥락이 같다(Humboldt, 1820: 14 및 Evans 1967: 7 참조).

앉기 때문이다. 오히려 언어연구가에게 주어진 임무는 '유형'의 유래 대신에 '유형' 자체를 규정하고, 이어서 언어가 '유형'으로부터 어떻게 형성되는가를, 그러므로 언어의 가능성이 어떻게 구체화되는가를 해명하는 일일 것이다.[30]

훔볼트는 기원 문제의 선험적인 방향전환과 '언어유형' 개념의 도입을 통해 비로소 언어기원의 문제를 순수 언어적인 논쟁으로 만들었다. 바야흐로 그의 관점에서는 모든 언어발생의 방식 및 유형, 즉 언어형성의 조건에 대한 문제는 언어철학에 대한 문제였다. 결코 헤르더의 경우처럼 인류학의 문제도, 콩디야크의 경우처럼 감각론에 대한 문제도 아니었다.

2.3. 촘스키의 언어습득이론

언어에 관한 20세기의 논쟁에서 드러난 촘스키의 업적은 이성을 지닌 독자적인 인간에 관한 학문으로서 언어학을 재발견했다는 데에 의의가 있다. 아울러서 언어는 그 당시 브룸필드(L. Bloomfield, 1887~1949) 방식의 구조주의처럼 더 이상 그 자체가 목적으로 연구되어서는 안 된다는 견해가 대두되었다. 촘스키의 구상은 더 이상 경험주의적이거나 실증주의적인 방향제시가 아니었으며, 명백히

---

30) Schneider(1995: 135) 참조.

고전적인 합리주의의 변종으로 이해될 수 있다. 왜냐하면 촘스키는 형식상으로 보면 논리적·수학적인 새로운 구성임에도 불구하고 자신의 통사론을 근본적으로 새로운 단서로 보지 않고 17세기의 뽀르·루아얄(Port·Royal) 학파 및 데카르트 철학에서 전개되었던 전통에 대한 계승으로 간주했기 때문이다.[31]

촘스키는 언어연구를 통해 인간 정신의 구성과 기능방식에 대한 통찰을 얻어내는 것에 초점을 맞추고 있었다. 촘스키에 있어서 무엇보다도 중요시되는 것은 인간의 언어재능을 언어학적으로 명료하게 밝히는 일이었다. 이러한 요구의 전제조건은 인간의 내부에는 태어날 때부터 언어를 구사할 수 있는 특유의 정신적 '자질(Anlage)'이 존재한다는 가정이었다. 물론 이 정신적 자질은 보다 일반적인 인식의 기능과는 본질적으로 다르다. 그런 점에서 '선천적'이라고 단언하는 촘스키에 의한 새로운 방식의 기본입장은 요컨대 언어습득을 위한 정신적 전제조건을 가정하는 것은 아니었다. 오히려 본질적으로 촘스키의 사상은 인간 특유의 언어자질을 필연적인 것으로 간주했던 것이다.

촘스키는 인간만이 언어를 생성시킬 수 있는 고유의 보편적 자질을 '보편문법'이라고 부르고, 이것의 특징을 잠재적 언어계층이라고 규정할 수 있는 선천적 규범으로 제시했다. 비록 촘스키에 의한 선천적 언어습득의 주장은 명시적이라기보다는 시사된 것에 불과

---

31) Marlis(1974: 12) 참조.

했다고 해도, 무엇보다도 그때까지 형식적인 언어구조의 문제만을 다루었던 문법연구가들에게 합리주의적 개관의 필요성을 재인식시켜 주었으며, 선천적 언어습득의 중요성을 다시금 논란의 중심에 설정하는 계기를 주었다.[32]

촘스키에 의하면, 어린아이는 실제로 존재할 가능성이 있는(잠재적) 언어들에 대한 문법적 지식과 함께 태어나며, 경험으로 얻어지는 언어자료들에 의거하여 보편문법의 구조들을 점점 더 세밀하게 구사할 수 있게 된다. 보편문법은 어린아이가 모국어의 문법을 전개시킬 때까지 서서히 작용하게 된다. 그러므로 그에 있어서 언어습득은 보편문법적인 원리와 경험적인 언어체험의 상호작용에 바탕을 두고 있다고 말할 수 있다.[33]

촘스키는 다양한 생성문법가들과 교류하면서 대략 1970년대 후반부터 보편문법의 개념을 '원리(principle)'와 '매개변항(parameter)'의 이론으로 구체화함으로써 언어자질에 대한 해명을 계속해서 추구해 나갔다. '원리'와 '매개변항'의 이론은 어린아이가 언어의 '설계자질'들을 결정하는 원리들을 알고 태어난다는 것인데, 이 경우 '원리'는 제한된 변이범위를 지닌다. '매개변항'은 일종의 제약이며, 언어자료에 노출되었을 때 문법적으로 용인되지 않는 문장들을 제어하는 것으로 이해될 수 있다.[34]

---

32) Scharf(1994: 57) 참조.
33) Schneider(1995: 301) 참조.
34) 홍성심(2006: 37) 참조.

보편문법은 원칙적으로 모든 언어들에 적용된다. 그렇지만 이것은 개별언어에 따라 실현되지 않으면 안 되는 자유로운 '매개변항'들이 포함되어 있는 '원리'들의 체계로 해석된다. 따라서 어린아이의 언어습득의 본질은 언어와 접촉하는 과정에서 보편문법에 의해 열려 있는 '매개변항'들을 충전시키는 데 있다. 가령 한 언어에서 주어의 위치를 어휘상으로 비워둘 수 있는가의 문제는 '매개변항'에 대한 간단한 실례이다. 이 경우 라틴어와 이탈리아어에서는 가능하고, 프랑스어와 도이치어에서는 가능하지 않다. 이것은 '매개변항'이 개별언어에서 제약을 받고 있음을 보여준다. 어린아이는 보편문법적인 원리를 이용하여 우선 두 개의 변이형(Variante)을 받아들인다. 그러나 '매개변항'이 어떻게 채워지는가의 문제는 개별적인 어떤 언어를 접할 때 비로소 결정된다. 따라서 개별언어들에서는 보편문법상으로 미리 각인되어 있지 않은 수많은 문법적 현상들이 존재한다고 말할 수 있다. '매개변항'에 대한 이러한 예는 곧바로 이해될 수 있는 반면, 보편언어적인 원리에 대해서 어떠한 예가 언급될 수 있는가의 문제는 훨씬 중요한 문제로 남는다. 이 경우 우선 확인되어야 할 것은 보편언어적 원리에 대한 통찰은 이미 생성변형문법의 단서와 관계되고 있음을 전제로 한다는 점이다. 왜냐하면 보편적이라고 가정된 문법규칙들은 자연스럽게 문법의 체계성과 연관되기 때문이다.

그러므로 보편문법의 원리는 어떤 언어이든 개개 문장의 변형문법적 구조가 충족되어야 하는 규칙인 것이다. 만약 어떤 문장의 문법적 구조를 기술한다고 하면서 보편적 원리를 지키지 않으면, 결과적으로 그 문장은 문법적으로 수용될 수 없음을 의미한다.[35] 보편문법의 원리는 문법규칙의 원칙적인 형식만을 제시해 줄 것이며, 결국은 '원리'를 토대로 '매개변항'의 대치를 통해 개별 문법의 규칙이 생겨나는 것이다.[36]

촘스키의 관점에서 어린아이는 언어자료를 접할 때 모든 가능한 문법들 중에서 특정한 문법을 선택할 수 있는 원천적인 능력을 지니는데, 실제로 반영되는 문법의 내용은 어린아이가 구사하는 특정 언어에 따라 달라지기 마련이다. 그러므로 보편문법은 모든 언어에 공통으로 적용되는 문법적 형태와의 관계, 즉 언어보편성을 해명할 수 있어야 한다. 개별 언어의 문법은 한 언어와 다른 언어를 구별하게 해주는 특정한 규칙과 내용을 포착하기 위해서만 요구된다.[37]

인간이 지니는 선천적인 언어자질을 가정해야 한다는 필연성은 촘스키와 다른 언어학자들에 의해 종종 언급되었다. 그럼에도 무엇보다 다음의 두 가지 사항은 여전히 언어학자가 해명해야 할 과제로 남아 있다. 먼저 언어가 복합적인 구조를 지닌다는 점에서 어린아이가 그렇게 짧은 시간에 언어를 습득하는 것이 설명되기 어렵다는 점이다. 또 다른 문제는 자연스럽게 무작위로 견본을 추출하여 시험하는 것과 같이 제한된 사례들만을 통해 획득한 것에 불과한

---

35) Schneider(1995: 302) 참조.
36) Schneider(1995: 303) 참조.
37) 박영배(1978: 17) 참조.

어린아이의 경험과, 어린아이가 최종적으로 습득하게 되는 언어지식 사이에는 명백한 차이가 있다는 점이다.[38]

인간은 외부 세계와의 접촉이 개인적이고 제한적임에도 어떻게 그렇게 많은 것을 알 수 있는 것일까? 촘스키에 따르면, 이와 같은 플라톤의 문제는 언어습득의 영역에서도 일어난다. 어린아이는 자신이 경험하는 것 이상의 것들을 무한히 습득하여 생산적 체계의 문법을 만들어낸다. 말하자면 어린아이는 자신들이 들은 것만을 단순히 모방하는 게 아니며, 성장하면서 언어적으로 경험하는 것 그 이상을 습득할 수 있는 언어능력을 지니고 있는 것이다.[39] 촘스키는 선천적 언어지식을 연구의 근거점으로 설정할 때만이 이 문제가 해명될 수 있다고 보았음이 분명하다. 그에 있어서 보편개념은 말을 하는 인간이 지니는 인식의 구성요소이다. 이것은 개개 인간의 언어적 경험과는 무관하게 주어져 있으며, 모든 어린아이가 모국어 습득을 위해 부여받고 있는 선천적 이해의 도식(Schema)과도 같은 것이다.[40]

---

38) Schneider(1995: 304) 참조.
39) 홍성심(2006: 41) 참조.
40) Heeschen(1972: 116) 참조.

2.4. 훔볼트와 촘스키의 상이점

2.4.1. 언어의 창조성

언어의 '창조성(Kreativität)' 개념은 1930년 이후의 언어학적 논쟁에서 매우 빈번하게 등장했던 주제들 중의 하나였다. 그동안 이 개념은 '창조성'을 인간 언어의 특징으로 간주했던 촘스키의 저술들을 통해 널리 유포되었다. 촘스키는 훔볼트의 저술을 환기시키지 않고서는 거의 어떤 자리에서도 '창조성'을 언급한 적이 없었다. 말하자면 촘스키는 일반 언어학의 포괄적 이론을 전개하려는 훔볼트의 시도에서 인간 언어의 본질적 특징인 언어사용의 창조적 측면에 대한 역동성이 가장 명료하게 드러난다고 보았던 것 같다. 더욱이 촘스키는 그의 저술에서 "언어를 죽어있는 산물로 보기보다는 오히려 그 이상인 생산"으로 보아야 한다는 훔볼트의 언어관을 그대로 인용함으로써 전적으로 훔볼트의 사상을 수용한 것처럼 보였다.[41]

훔볼트와 촘스키에 의한 '창조성' 개념의 상이점을 알아보기 위해서는 우선 두 사상가에 있어서의 언어적 '창조성'의 개념이 어떤 방식으로 정의될 수 있느냐를 설명하는 것이 필연적이다. 우리는 무엇보다도 훔볼트가 언어적 '창조성'을 여러 차례 기술하긴 했지만, 그 어떤 곳에서도 *Kreativität*로 표기하지 않았다는 사실에 주목해야 한다. 그 대신 훔볼트는 '창조적인 독자성'과 같은 표현들을 사

---

[41] Humboldt(1830~35: 44) 및 Chomsky(1964: 56) 참조.

용하는 한편, '언어과정'이 사실상 '창조적인 정신활동'이라고 주장한 바 있다. 또한 훔볼트는 '생산하다(erzeugen)'와 '생산(Erzeugung)'이라는 개념을 빈번하게 사용했다. 그렇지만 촘스키는 훔볼트의 용어인 도이치어 낱말 *erzeugen*에 대응하여 영어로 *generate*라는 낱말을 사용했는데, 아마도 이 번역이 적절한 표현이라고 잘못 생각했던 것 같다.[42]

촘스키는 자신에 의해 결정적으로 계발된 생성문법을 언어적 창조성의 근간이 되는 장치들에 대한 언어학적 기술로 해석했다. 그에 따르면, 언어는 원칙적으로 결코 들어본 적이 없고 심지어 이전에 말로 표현된 적이 없는 무한히 많은 문장들을 새롭게 산출할 수 있는 가능성을 지닌다는 것이다. 촘스키는 바로 이런 이유에서 언어적 '창조성'이 언급될 수 있다고 보았던 게 분명하다.[43]

이제 이 부분에서 명확한 개념규정이 필요하다. 촘스키와 훔볼트의 '창조성'에 대한 결정적인 의문점으로 남는 것은 촘스키에 의한 *generate*의 개념이 훔볼트의 *erzeugen*의 개념에 실제로 부합하고 있느냐의 문제이다. 촘스키의 생성문법은 일종의 산술적인 방법, 즉 한 언어의 문장들이 만들어지는 수식이 지정됨으로써 언어의 구조를 완벽하게 기술하려고 한다. 말하자면 수식을 통해 한 언어의 모든 문장들이 생산될 수 있어야 하며, 언어에 속하지 않는 문장은 이 수

---

42) Chomsky(1969: 21) 참조.
43) Schneider(1995: 321) 참조.

식을 통해 만들어져서는 안 된다. 아울러서 언어는 문법에 의해 기술되는 문장들의 집합체로 표기되기 때문에, 언어는 문장구성을 위한 생산절차를 통해 완벽하게 이해될 수 있다. 따라서 촘스키에 있어서 *generate*라는 낱말의 의미는 언어의 창조적인 측면뿐 아니라, 산술적인 조작과 유사하게 문법적인 규칙들을 정밀하고 빈틈없게, 그리고 문법적으로 모순이 없게 단계적으로 전개시킬 수 있는 이상적인 화자의 능력으로 간주된다.[44]

이와는 달리 훔볼트에 있어서의 문법적 규칙들의 체계에 대해 음미해 본다면, 두 개념 사이의 본질적 차이가 드러난다. 훔볼트에 있어서 언어는 전체 속에서 개관될 수 있다든가, 혹은 점차로 전달될 수 있는 상태 그대로 놓여 있는 낱말과 규칙의 집단과 같은 어떤 실체가 아니라, 영원히 생산활동을 하고 있는 정신적 과정이다.[45] 따라서 언어의 문법규칙은 현존하는 낱말이나 문장들이 그렇듯이 언어와 동일시될 수 없다. 말하자면 본질적 의미에서 언어실체에 대한 훔볼트의 분석은 사상의 형성에 필수불가결한 전제조건으로서의 자발적인 정신운동을 의미한다.[46]

그렇기 때문에 훔볼트는 언어에 대한 본질규정에서 죽어 있는 부분이 언제나 사고 속에서 새롭게 생산되어야 한다는 점을 특히 강조했다. 이 경우 '생산하다(erzeugen)'라는 훔볼트의 개념은 문장의

---

44) Nickel(1979: 96) 참조.
45) Humboldt(1830~35: 57 이하) 참조.
46) Scharf(1983: 219) 및 Humboldt(1830~35: 49) 참조.

고정된 규칙에 따르는 '생성하다(generate)'에 상응하는 개념이 아니라 의의를 지니는 언어요소들의 재창조이며, 잠재적으로 변화를 야기할 수 있는 새창조이다. 그러므로 훔볼트에 있어서 언어는 고정된 규칙체계에 국한될 수 없다.[47]

훔볼트와 촘스키가 제시하고 있는 '창조성'은 명백히 각각 상이한 개념들에 근거한다. 즉 전자에서의 '창조성'은 화자가 언어수단을 잠재적으로 새롭게 변화시켜 산출할 수 있는 창조적 능력을 의미한다. 이와는 달리 후자에 있어서 '창조성'이란, 언어가 규칙체계로서 미리 제시하고 있는 것을 준수하는 것에 국한된다. 촘스키는 "무한히 많은 문장구조들의 생산" 자체를 규칙에 잘 맞는 생산가능성과 연관시켰다. 그런 반면에 훔볼트는 "무한한 활용"의 의미를 끊임없이 새롭게 사용되는 개별적인 언어사용으로 해석했다.[48] 의심할 여지없이 양자의 차이점이 드러난다. 즉 촘스키의 생성문법에서의 '창조성'은 언어의 형식을 변화시키지 않고 오로지 처음에 기술되는 방식으로만 나타난다. 말하자면 '창조성'은, 존재하고 있는 규칙들의 적용이라는 관점에서 이미 선택되어 있는 것으로 제시된다. 따라서 '창조성'은 혁신적인 동인으로 해석되지 않고, 규칙에 따르는 무한히 많은 문장구조들의 생산능력으로 해석된다.[49]

그에 반해서 훔볼트에 의한 '생산' 개념으로서의 '창조성'은 본질

---

[47] Humboldt(1827~29: 146) 참조.
[48] Nowak((1983: 125) 참조.
[49] Nowak(1983: 110) 참조.

상 미리 주어져 있는 가능성들을 언제나 생산적으로 극복하는 혁신적 창조성을 가리킨다. 따라서 언어는 이미 형성되어 있는 정적인 체계가 아니며, 인간 정신에 의한 동적인 활동으로 간주된다.[50]

훔볼트의 관점에서 보면, 사람이 각각 말을 할 때에 완전히 자유롭게 새로운 언어를 창출하는 것은 아니다. 그에 의하면 각각의 언어행위에서 말을 하는 사람의 개인적 자유와, 이미 존재하는 언어가 설정하는 제한 사이에는 긴장관계가 조성된다.[51] 이와는 달리 생성문법은 언어생산을 언어실체와 언어주체(인간) 사이의 상호작용으로 보는 것이 아니라, 일방적으로 개인에 미치는 규칙들의 작용만을 강조한다. 그렇기 때문에 '자발성'과 '법칙성'이라는 변증법을 표방하고 있는 훔볼트의 구상이 선험적으로 정해져 있는 법칙들에 의해 언어의 현상형식을 고정시키려는 '생성문법'의 시도보다 우위에 있다고 말할 수 있다.

촘스키에 따르면, 주지하는 바 '언어능력(Sprachkompetenz)'이란, 모국어 화자 자신의 언어에 대한 언어지식을 일컫는 반면, '언어운용(Sprachperformanz)'이란, 구체적 상황에서의 언어사용을 말한다. 촘스키는 훔볼트를 인용하면서도 훔볼트가 생산적 언어과정을 다룰 때에 사유의 대상이 '언어능력'에 근거하는지, 아니면 '언어운용'에 근거하는지가 불확실하다고 비판한 적이 있다. 그것은 근본

---

50) Werlen(1989: 50) 참조.
51) Schneider(1995: 323) 참조.

적으로 훔볼트에 대한 촘스키의 잘못된 인식에서 비롯된다. 왜냐하면 훔볼트의 언어개념은 언어층위의 명백한 세분화를 허용하지 않기 때문이다. 각각의 언어행위가 변형을 가져올 수 있는 언어의 새로운 생산으로 해석된다면 '언어운용'과 분리해서 '언어능력'을 언급하는 것은 의미가 없다. 훔볼트의 언어관에서는 오로지 언어적 활동(에네르게이아)과 소재(에르곤) 사이가 구별될 수 있을 뿐이다.[52]

촘스키에 있어서는 '언어능력'의 고찰을 위해서는 이상화가 시도되어야 한다. 말하자면 문법기술을 위한 토대를 제공하는 이상적인 화자/청자의 능력이 전제되어야 한다는 것이다. 이 경우 염두에 두어야 할 것은 이상적 화자/청자의 관념이 오로지 공시적으로만 다루어지며, 생성문법의 근간이 되는 정태성(Statik)을 보여준다는 점이다. 촘스키에 있어서는 언어적 타당성의 개념이 표본으로 되고, 이것과 다른 것은 오류로 평가된다. 따라서 공시태 및 통시태와 연관되는 언어적 동태성(Dynamik)은 고려되어 있지 않다. 왜냐하면 언어의 동태성은 언제나 '옳다-그르다'의 범주에 구속되어 있지 않고 허용되는 언어적 관용에 기인하기 때문이다.[53] 그러므로 훔볼트에 있어서 *erzeugen*의 개념은 언어 전반의 동적인 성향과 관계된다. 그런 반면 촘스키의 경우 *generate*는 규칙을 통해 문장을 만드는 공식

---

52) Schneider(1995: 324 이하) 참조.
53) Schneider(1995: 325) 참조.

에서 드러나는 정적인 성향의 수학적인 의미를 지닌다.[54]

촘스키는 또한 훔볼트의 용어 '언어형식(Sprachform)'이 불가피하게 개별어에서 수행되는 언어창조의 모든 개별적인 형식들을 규정한다고 생각했다. 그러나 이 부분에서도 촘스키는 훔볼트의 서술을 명백히 왜곡하고 있다. 왜냐하면 촘스키는 "언어 속에는 언어의 기초로 되어 있는 생성의 법칙들만이 고정되어 있다"[55]고 언급함으로써 훔볼트의 '언어형식'을 생성규칙이라는 자신의 개념과 등치시켰기 때문이다. 이와는 달리 훔볼트에 있어서 '언어형식'은 "분절된 음성을 사상의 표현으로 만들 수 있는 영원히 되풀이되는 정신활동" 속에 있는 영속적인 부분으로 정의된 바 있다.[56] 훔볼트에 있어서 언어의 고유한 본질은 실제적인 언어의 생산활동에 있으며, 언어는 새로운 순간의 산물이다. 따라서 언어는 영원한 창조행위에 종사하고 있으며, 정신적 과정인 동시에 인간 자체처럼 시간 속에서 점차로 발전해가는 무한한 존재인 것이다.

2.4.2. 언어습득

촘스키와 훔볼트 사상의 상이성은 연구목표와 기본적인 가정에서 이미 드러난다. 촘스키는 인간의 문법적 재능뿐 아니라 전반적인

---

54) Baumann(1971: 3) 참조.
55) Chomsky(1971: 25 이하) 참조.
56) Humboldt(1830~35: 47) 참조.

언어능력도 인간의 정신과는 구별되는 독자적 영역으로 간주하고, 특정한 언어현상(주로 통사론 분야)의 보편성을 연구함으로써 정신적인 면에 접근하려고 했다. 따라서 언어능력을 '인식'의 근거로 삼는 인간 정신의 연구가 본래의 목표였다. 그에 반해 훔볼트는 인간의 정신과 언어구사능력을 분리될 수 있는 영역으로 보지 않고 동일한 가치를 지니는 정신적 영역으로 간주했다.[57] 그렇기 때문에 그의 저술에서는 통사론과 같은 개별적 언어현상은 연구대상으로 선호되지 않는다. 훔볼트는 언어 속에서 나타나는 세계와의 정신적 교류방식에 대해 연구하는 과제를 언어연구에 부여했다. 왜냐하면 이 경우만이 근본적인 의미에서의 언어의 중요성이 인식될 수 있다고 보았기 때문이다.

훔볼트에 있어서 인간은 세계를 단지 그의 의식 속에서만 소유하고 있듯이 인간은 자기의 경험을 단지 언어 속에서만 소유하고 있다. 그렇기 때문에 세계에 대한 직접적인 시각은 존재하지 않는다. 언어에 대한 시각이 오로지 세계에 대한 시각이었던 것이다.[58] 훔볼트와 촘스키는 정신과 언어 사이의 관계를 근본적으로 다르게 인식했다. 물론 칸트주의자 훔볼트에 있어서는 철저하게 자발적인 정신운동이 언어발생보다 선행한다. 심지어 훔볼트는 개개 언어들의 문법적 구조들을 '사고유기체(Denkorganismus)'가 지니는 상이한 관점이라고 표기했다. 따라서 인간 본래의 정신성(Geistigkeit), 즉 현실

---

[57] Schneider(1995: 305) 참조.
[58] Liebrucks(1965: 366 이하) 참조.

에 대한 개념적인 포착은 언어와 분리될 수 없다. 훔볼트에 있어서 인간 특유의 지적 활동은 촘스키의 경우처럼 비교적 작은 부분에서만 언어와 일치하는 게 아니라, 언어와 하나로 합쳐져 있고 서로 분리될 수 없다. 반면에 촘스키는 근본적으로 언어연구와 정신의 연구는 동일하지 않다고 보았다. 촘스키에 있어서는 언어가 다른 요소들도 공존하는 심리적 기관이 아니라, 전적으로 사고의 기관이라고 보는 훔볼트의 관점이 고려되지 않는다. 개념적인 면에서 보아 양자가 개체발생적 언어발전론의 범주에서 철저하게 일치하고 있음이 인정된다면 이러한 근본적인 차이는 주목할 만하다. 그러나 이들은 특정한 언어구조가 정신 속에 존재하지 않는다면 언어발생이 가능하지 않다고 보았다는 점에서는 견해가 일치한다.[59]

또 다른 측면에서 만약 '생득주의 – 경험주의'라는 도식과 연결시켜 본다면, 언어발생에서 필연적인 '언어유형'의 가정이 훔볼트를 촘스키와 마찬가지로 생득주의자로 규정하게 만든다. 그뿐만 아니라 비록 촘스키가 개체발생 쪽에 한정하고 훔볼트는 실제적인 발생(Aktualgenese)을 염두에 두었다고 해도, 양자에 의한 보편성의 이념은 동일한 위치에 자리 잡는다. 촘스키의 관점에서 보면, 훔볼트는 언어가 실제로 학습되는 것이 아니라, 오히려 본질적으로는 주변에 여건이 조성될 때 미리 정해져 있는 방식으로 내부로부터 발전된다는 이성주의적 견해를 대변한 것으로 인식된다. 이것은 보편문법이

---

[59] Schneider(1995: 306) 참조.

경험과 결합하여 모국어 문법을 형성한다는 촘스키 자신의 생득설과 맥락이 같다.[60]

언어는 습득될 수 있는 것이 아니라, 단지 내부로부터만 발전될 수 있으므로 언어는 인간의 언어자질에서 기인한다는 기본적인 인식하에서 양자의 견해는 일치한다. 그렇지만 이들이 언어자질을 실제로 무엇으로 규정하고, 어떻게 그런 인식에 도달했느냐를 고찰해 본다면 이들 사이의 유사점은 단지 피상적인 관계로 폄하된다.

우선 두 사람은 서로 다른 방법을 토대로 각각 자신의 이념을 도출해냈다. 즉 훔볼트는 언어의 본성에 대한 철학적 고찰에서 출발하여 어린아이가 어떻게 말하는 법을 터득하는가를 추론했다. 그에 반해서 촘스키는 어린아이의 언어발전으로부터 얻어낸 다양한 관찰들을 끌어들이고, 이를 토대로 언어습득의 모델을 발전시켰다는 점에서 양자 사이에는 명백한 차이가 있다.[61]

훔볼트에 있어서는 인간의 언어적 성향을 가정하는 근거는 언어적 경험과 언어적 지식 사이의 차이가 아니라, 언어가 언제나 오로지 전체로서만 실재할 수 있으며, 점차적으로 그리고 단계적으로 습득될 수 없다는 점이다. 뿐만 아니라 그의 관점에서 언어는 인간이 세계로 접근하는 수단이므로 세계로부터 인간에게 역방향으로 중개될 수는 없다는 견해가 기본적이다.[62]

---

60) 홍성심(2006: 126) 참조.
61) Schneider(1995: 307) 참조.
62) Schneider(1995: 308) 참조.

훔볼트는 '사상'과 '음성'의 '종합' 과정을 수행할 수 있는 인간의 능력 자체를 인간이 지니는 본래의 언어자질로 간주했다.[63] 그렇지만 이와 같은 인간의 언어적 성향은 촘스키의 보편문법과는 구별된다. 왜냐하면 촘스키의 경우에는 음성과 개념 사이의 결합이 전반적으로 주의를 끌지 못하기 때문이다. 개념상으로 이러한 상이점이 있음에도 불구하고 촘스키의 보편문법의 모델과 훔볼트의 유형개념 사이를 비교하면 예기치 않았던 사실이 발견된다. 말하자면 촘스키도 언어의 근간이 되는 '유형(type)'을 언급했다는 점이다. 촘스키에 의하면, 인간은 지성적인 조직으로 이루어진 고유의 '유형'이라는 인간 특유의 능력을 구사한다. 의심할 여지없이 이것은 데카르트의 견해를 참조한 것이었다.

아울러서 이것은 언어적 '유형(Typus)'의 기능을 정신의 유기체로 보는 훔볼트의 견해와도 상통한다. 촘스키도 훔볼트처럼 '유형' 개념을 인간 고유의 심리적 구조에 대한 서술로 보았던 것은 분명하다. 물론 촘스키의 '유형(type)'은 보편문법으로 표명된 정신적 조직을 지칭한 것이다. 그러나 훔볼트가 정신의 형식과 일치하는 언어의 '유형'을 언급한 반면, 촘스키는 언어를 정신과 분리해서 인식하려고 했다는 점에 주목해야 한다.

촘스키에 따른 보편문법의 원리는 철저하게 생성적으로 각인되어 있는 심리적인 구조들로 간주될 수 있다. 그렇긴 해도 촘스키는 정

---

[63] 5.3. 참조.

신과 언어를 개념상으로 구별함으로써 명백히 인간의 정신이 원칙적으로 언어를 필요로 하지 않고, 언어 속에서는 오로지 미미하게 반영되어 있다고 본 것 같다. 말하자면 그는 언어 없이도 사유행위는 가능하다고 확신했던 것이다. 이에 반해서 훔볼트의 의미에서 '언어유형'의 개념은 바로 '정신성'의 토대가 되는 동시에 심리적으로 구축되어 있는 종합적 언어과정의 유형이다. 그러나 촘스키의 저술에서는 이런 개념이 발견되지 않는다.[64]

문법적 규칙들에 대한 일종의 제한을 의미하는 보편문법의 개념과, 무엇보다도 음성과 개념의 종합과정이라는 영속적인 부분을 고려하는 '언어유형' 사이에는 상이점이 존재한다. 이로 인해 어린아이의 언어습득에 있어서도 다음과 같은 필연적인 결과가 초래될 수 있다. 즉 양자의 본질적 차이는 어린아이가 언어발전에서 배우는 것이 사전에 결정되어 있다는 데 있다. 촘스키에 있어서 언어습득 과정의 목표는 '매개변항'을 채우는 것인데, 이를 통해 어린아이는 모국어문법을 획득하고, 자신의 언어를 자유롭게 구사하는 법을 배운다. 어린아이의 학습목표, 즉 문장들을 만들 수 있는 체계 자체는 문법을 통해 사전에 확정되어 있다. 왜냐하면 체계는 보편적 원리를 통해, 그리고 개개의 언어공동체와 접촉함으로써 이미 결정되어 있기 때문이다. 이에 반해서 훔볼트에 있어서 언어습득은 미결정된 과정이다. 훔볼트는 규칙들의 체계를 언어의 문법에 적용시키는 것이 아니

---

[64] Schneider(1995: 309) 참조.

라, 언어 자체를 언어의 동적인 특성(정신활동)과 연관시킨다.[65]

훔볼트의 경우 모든 개개인은 언어공동체에 의존하긴 하지만 궁극적으로는 '음성'과 '사상'의 '종합'을 개별적으로 시도한다. 그렇기 때문에 언어습득과 함께 세계에 대한 개별적인 새로운 접근(새로운 세계관)이 끊임없이 시도된다. 그에 있어서 '종합' 행위는 창조적 정신활동이며, 특정한 방식으로 수행되는 개별적인 행위이다. 무엇보다도 그는 언어습득에 따른 요구를 언어생성의 종합적 행위에 대한 서술을 통해 해명하려고 했다.[66]

그러므로 훔볼트에 따른 언어습득에서는 무엇보다도 변함없이 지속되는 일정한 언어능력을 습득하는 것이 중요한 게 아니라, 세계와의 언어적 교제에 필연적인 언어재능을 유기적으로 발전시켜나가는 창조적 행위가 중요하다.[67]

그리스의 철학자 플라톤의 견해에 따르면, 개개인에 있어서 배운다는 것은 전반적으로 재생산의 행위, 즉 마음속에 이미 선험적으로 주어져 있는 것이 명백하게 드러나는 행위로 인식된다. 촘스키는 훔볼트의 견해를 이 플라톤적 사고와 동일하다고 보았던 것 같다. 물론 인간과 세계의 교제에 있어서 인간 고유의 성향에 대한 가정은 궁극적으로는 플라톤적 관념론의 전통 속에 놓여 있다고 볼 수는 있다. 그렇지만 촘스키는 훔볼트에 의한 재생산의 개념을 철

---

[65] Baumann(1971: 6 이하) 참조.
[66] Humboldt(1830~35: 211) 참조.
[67] Schneider(1995: 310) 참조.

저하게 오해했던 것 같다.

의심할 여지없이 플라톤은 인식을 정신 속에 존재하는 관념에 대한 기억으로 보았다. 그러나 훔볼트에 있어서 언어발전이란, 바야흐로 본디 인간 내부에 이미 존재하는 것에 대한 단순한 기억이 아니다. 훔볼트는 선재하는 관념들의 존재를 명백히 거부하면서 매 언어적 활동의 창조적 특성, 특히 어린아이한테서 일어나는 언어발생의 '창조성'을 강조하려고 했다. 그렇기 때문에 그는 언어발전을 오로지 배아상태로만 존재하는 언어유형의 창조적 각인이라고 해석했던 것이다.[68]

그러므로 '재생산'이라고 하는 훔볼트의 개념은 촘스키가 주장한 것처럼 마음속에 선천적으로 존재하는 것을 드러내는 것이 아니다. '재생산'이란, 원천적인 언어생산에 국한되지 않으면서 매일 매일 어린아이의 언어행위에서 관찰될 수 있는 언어적 작용의 '창조성'을 의미한다.

촘스키는 19세기의 훔볼트가 제시했던 언어사상을 인용하면서 자신이 제시한 생성문법과의 연관성을 시사한 바가 있었다. 물론 두 사람 사이에는 '천부적 관념'으로 소급되는 17세기 데카르트의 합리주의 전통에 속한다는 점에서 유사성이 발견된다. 그러나 근본적으로 이것은 훔볼트의 사상에 대한 촘스키의 오해에서 비롯된 결과로 해석될 수 있다. 비록 제한된 서술영역이지만 이 단원에서 주제

---

68) Schneider(1995: 311) 참조.

로 설정된 개념들에서 나타나는 세 가지 중요한 상이점을 정리해 보면 다음과 같다:

첫째로, '창조성'의 관점에서 볼 때 생산하다'의 의미를 지닌 훔볼트의 도이치어 낱말 *erzeugen*은 언어수단을 잠재적으로 새롭게 변화시켜 산출해낼 수 있는 동적인 창조적 능력인 반면, 촘스키에 의해 상응하는 의미로 사용되는 영어 낱말 *generate*는 규칙을 통해 문장을 만들어내는 공식이라는 수학적 의미를 지닌다. 전자는 영원히 생산활동을 하고 있는 정신적 과정을 함축하는 반면, 후자는 규칙체계로서 미리 제시하고 있는 것을 준수하는 것(규칙의 적용)만을 시사하고 있다. 따라서 양자는 결코 일치하는 개념이 아니다.

둘째로, 훔볼트는 인간의 정신과 언어능력을 분리될 수 없는 영역으로 본 반면, 촘스키는 언어현상의 보편성을 연구함으로써 정신의 영역에 접근하려 했다는 점에서 정신과 언어를 각각 명백히 구별되는 독자적 영역으로 간주했다. 이를테면 촘스키에 의해 언급된 '유형(type)'은 인간 고유의 심리적 구조만을 지칭한 반면, 훔볼트의 '유형(Typus)'은 정신의 형식과 일치하는 언어의 '유형'을 지칭한 것이었다. 말하자면 훔볼트에 있어서 '언어유형'의 개념은 심리적으로 구축되어 있는 정신과 언어의 종합적 과정의 '유형'인 것이다.

셋째로, 훔볼트의 관점에서 본 언어습득의 과정에서는 세계와의 언어적 교제에 필연적인 언어재능을 유기적으로 발전시켜 나가는 어린아이의 창조적 행위가 중요시된다. 따라서 언어습득은 언제나 미결정된 과정으로 남아 있다. 그런 반면 촘스키에 있어서 언어습득은 어린아이가 언어발전에서 배우게 되는 것, 즉 학습의 목표인 문장들을 만들어낼 수 있는 체계 자체가 문법을 통해 이미 사전에 결정되어 있다.

총괄해 보건대, 인간의 언어구사능력이 원초적인 언어자질로서 선재한다고 보는 합리주의적 관점에서 보면 촘스키는 훔볼트와 궤를 같이 한다. 그러나 부분적이긴 하지만 촘스키가 수용했던 훔볼트의 개념들은 본질적으로는 올바르게 응용되지 않았다고 보는 견해가 타당성을 지닌다.

3. 언어의 '힘'과 '작용방식'

3.1. 도입

훔볼트에 의하면, 언어는 명백히 인간만이 소유하는 이성의 기관(Organ)으로서 인간의 모든 사유세계를 이끌어갈 뿐만 아니라 인간의 감성적 행위에서도 주도적인 역할을 수행한다. 말하자면 세계를 이해하는 인간의 모든 행위 자체가 언어를 통해 실현된다고 보는 것이 그의 고유한 언어관이다.

훔볼트는 언어의 본질을 오로지 의사소통의 수단으로만 보는 언어현실주의적 언어관을 거부했다. 오히려 그는 언어를 "이성의 지적인 본능", "내적인 존재의 기관", "사상을 형성하는 기관", "영원히 되풀이되는 정신활동" 등으로 규정함으로써 언어 속에 내재하는 정신적인 힘이야말로 언어의 본질에 접근할 수 있는 가장 핵심적인 요소라고 규정했다.[1] 19세기 언어연구의 흐름에서는 대체로 다윈(Ch. R. Darwin, 1809~1882)에 의한 진화론의 영향으로 인해 언어를 '자연유기체(Naturorganismus)'로 보는 관점이 우세했다. 그러나 훔볼트의 견해는 그 시대의 주도적인 연구방향과는 상반된 것이었다.

의심할 여지없이 훔볼트는 언어 자체를 인간 정신의 활동으로 보는 동시에 정신의 유기체로 인식했다. 이 단원에서는 훔볼트의 언어철학의 주요 개념인 정신활동을 수행하는 언어의 '동적인 힘'과, 이 힘에 의한 언어의 작용방식(조작방식)이 개괄적으로 다루어진다.

3.2. 인간의 언어능력과 사유능력

훔볼트는 일찍이 "인간은 오로지 언어를 통해서만 인간이다. 그러나 언어를 고안하기 위해서는 인간은 이미 인간이지 않으면 안 될 것이다"[2]라고 언급한 적이 있다. 이 말 속에는 언어란, 인간의 실존과 공존(Koexistenz)을 위한 선험적 요소이며, 인간에 대한 본질규정을 위해서는 필수불가결한 요소라는 훔볼트 특유의 언어관이 이미 시사되어 있다. 그와 동시에 본래의 의미에서 볼 때 언어는 결코 발명될 수 있는 생산품이 아니며, 언어적 존재인 인간 스스로의

---

1) Humboldt(1830~35: 14, 46, 53) 참조.
2) Humboldt(1820: 15).

언어능력과 언어적인 창조성이야말로 '언어고안(Spracherfindung)'의 본질적 토대라고 하는 인류학적인 문제가 대두된다.[3] 바야흐로 언어생성에 대한 훔볼트의 이러한 언어본질론에 따르면, 언어는 인간 존재의 깊숙한 곳, 즉 육체적, 심리적 및 정신적 힘으로부터 발생한다. 그리고 이러한 창조과정은 인간이 존재하는 한 끊임없이 되풀이될 수밖에 없다.[4]

언어는 언어 바깥에 존재하면서도 그 어떤 제한도 받지 않는 무한한 사물들과는 본질적으로 다르다. 언어는 필연적으로 한계가 설정되어 있는 유한한 영역에 속한다. 인간의 언어적 자질은 인간의 본성에 따라 유한한 수단들을 이용하여 인간의 본성에 부합하지 않는 무한한 것을 포착하고 스스로 처리할 수 있도록 하는 인간의 능력이다.[5]

훔볼트에 있어서 언어는 낱말이나 문장, 텍스트 등이 보여주는 것처럼 잘 짜여 있는 고정된 실체가 아니다. 오히려 언어의 특성은 미결된 상태이며, 결코 완결될 수 없는 상태임이 분명하다. 이러한 언어의 속성에 대해 훔볼트는 다음과 같이 규정한 바 있다:

> "언어는 이미 형성되어 있는 요소들 외에도, 무엇보다도 정신활동을 계속하기 위한 방도들로 이루어져 있는데, 이 경우 언어는 정신활동이 수행되는 궤도와 형식을 미리 지시하고 있다. 물론 일단 고정된 형식을 취하는

---

[3] Benner(1990: 139) 참조.
[4] Moser(1955: 27) 참조.
[5] Humboldt(1830~35: 99) 참조.

요소들은 거의 죽어 있는 집단을 이루고 있지만, 이것은 무한한 규정가능성을 지닌 살아있는 배아를 자체 내에 지니고 있다."[6]

"언어는 바로 그 자리에 놓여 있으면서 전체적으로 개관이 가능하다든가 또는 순차적으로 전달될 수 있는 소재로 간주될 수 없으며, 끊임없이 생산되고 있는 어떤 것으로 간주되지 않으면 안 된다. 또한 이 경우 생성의 법칙은 규정되어 있지만, 생산물의 범위와 종류까지도 전혀 규정되어 있지 않다."[7]

앞의 인용문들에서는 의심할 여지없이 인류학적인 관점이 배경으로 등장하고 있는 것을 감지할 수 있다. 이미 꿀벌이나 침팬지 같은 동물들은 극히 제한된 생득적인 자질을 가지고 고유의 생활영역에 적응하는 것으로 알려져 있다. 물론 인간도 정확하게 기능하는 동물과 같은 본능적 기관을 전혀 지니고 있지 않다고 말할 수는 없다. 그렇지만 인간은 사전에 입력되어 있는 최소한의 행동양식에 따라 거의 제한받는 일 없이 자유롭게 사건을 처리하며, 극단적으로 다

---

6) Die Sprache besteht daher, neben den schon geformten Elementen, ganz vorzüglich auch aus Methoden, die Arbeit des Geistes, welcher sie die Bahn und die Form vorzeichnet, weiter fortzusetzen. die einmal fest geformten Elementen bilden zwar eine gewissermaßen tote Masse, diese Masse trägt aber den lebendigen Keim nie endender Bestimmbarkeit in sich(Humboldt, 1830~35: 62).
7) Die Sprache kann ja nicht als ein da liegender, in seinem Ganzen übersehbarer oder nach und nach mitteilbarer Stoff, sondern muß als ein sich ewig erzeugender angesehen werden, wo die Gesetze der Erzeugung bestimmt sind, aber der Umgang und gewissermaßen auch die Art des Erzeugnisses gänzlich unbestimmt bleiben (Humboldt, 1830~1835 : 57 이하)

양한 삶의 조건 속에서도 모든 상황에 대처할 수 있다는 점에서 동물과는 다르다. 물론 경우에 따라 인간에게는 생득적인 동물의 본능이 부족하다는 게 결점으로 드러날 수 있다. 그러나 이러한 결점의 대부분은 인간의 행동구조들이 지니는 유연한 개방성(Offenheit)을 통해 상쇄된다.[8]

그러므로 인간 고유의 유연한 '개방성'이야말로 인간으로 하여금 수동적으로 참여하고 있는 소극적인 상태를 극복하고 능동적으로 현실세계에 접근하면서 맞설 수 있게 해주는 본질적 요소이다. 그와 같은 관점에서 보면, 언어행위에서 관찰될 수 있는 "유한한 수단들의 무한한 사용"은 오로지 인간에게만 부여된 보편적 능력임이 분명하다. 그것은 무한하게 제공되는 다양한 조건들에 맞서 그때그때 적절한 행동을 의식적으로, 능동적으로 발전시킬 수 있는 인간의 능력이며, 인간 내부에 잠복하는 생물학적인 프로그래밍의 '개방성'에 바탕을 두고 있다고 말할 수 있다. 따라서 훔볼트에 의한 언어사용의 창조성에 대한 문제는 기본적으로 인류학적인 문제에 접근하게 된다.[9]

훔볼트는 쉴러에게 보낸 편지에서 인간의 언어능력과 사유능력에 대해 다음과 같이 서술하고 있다:

"언어는 명백히 우리의 모든 정신활동을 주관적으로(우리의 조작방식

---

8) 1.3. 참조
9) Bossong(1979: 1~2) 참조.

에 따라) 묘사한다. 그러나 동시에 대상들이 우리의 사유행위에 대한 객체라는 점에서 언어는 대상들을 생산하기도 한다. 왜냐하면 언어의 요소들이 우리의 상상 속에서 단편들을 만들어 내기 때문인데, 혼란스럽게 늘어서 있는 우리의 상상은 언어의 요소들 없이는 사라져버릴 것이다. 언어의 요소들은 감성적 기호들이다. 이것에 의지하여 우리는 개별 대상들의 다양한 영역들을 규정하며, 이것을 통해 우리는(공간적인 소재에 대한 모든 잘못된 표상을 방지하기 위해) 일정 부분의 사유행위로 하여금 통일성을 갖추게 한다."10)

훔볼트에 의하면, 인간의 두 가지 지적 능력에 속하는 언어능력과 사유능력은 인간의 가장 심원한 본질 속에 자리 잡고 있다. 의심할 여지없이 훔볼트는 인간 특유의 사고에 대한 조직화를 위해 언어 자체에 근본적인 중요성을 부여했다. 앞에서도 언급했듯이 훔볼트에 있어서 언어의 창조는 인간이 모든 '언어고안'에 앞서서 이미 원천적으로 소지하고 있는 '기본유형(Typus)'11)에 따른다. 이것은 언

---

10) Die Sprache stellt offenbar unsre ganze geistige Tätigkeit subjektiv(nach der Art unsres Verfahrens) dar: aber sie erzeugt auch zugleich die Gegenstände, insofern sie Objekte unsres Denkens sind. Denn ihre Elemente machen die Abschnitte in unserm Vorstellen, das, ohne sie, in einer verwirrenden Reihe fortgehen würde. Sie sind die sinnlichen Zeichen, woran wir die verschiedenen Sphären der einzelnen Gegenstände bestimmen, und wodurch wir(um alle falsche Vorstellung eines räumlichen Stoffs zu vermeiden)gewisse Portionen unsres Denkens zu Einheiten machen(Humboldt, 1800: 195 이하).
11) '기본유형'이란, 개개 인간들 사이에 존재하는 잠재적, 보편적 요소로서 종합을 실현시키는 동시에 변화를 수용하는 동적 구조를 지닌다(Schneider, 1995: 72 참조).

어가 필연적으로 인간의 본성에서 생겨났음을 시사한다. 물론 이 '기본유형'은 적용되는 것이 아니라, 사고의 조직 속에 이미 형성되어 있다. 따라서 말을 하는 사람은 무의식적으로 이 '기본유형'에 따라 언어를 구사하게 된다.[12] 언어의 보편적 유형인 이 '기본유형'은 인간 언어의 체계와 원리로 해석된다. 언어의 '기본유형'은 근육 조직의 형성과 피의 순환 및 신경계의 분기가 육체의 유기체인 것처럼 정신의 유기체이다.[13]

그렇기 때문에 '언어고안'에 있어서는 말을 하는 사람들의 개별적인 상황보다도 모든 인간들에게 동일한 양태로 존재하는 그 무엇이 중요시된다. 바야흐로 이것은 언어로 발전될 수 있는 불꽃이며, 훔볼트의 후기 논문에서는 언어의 기본유형, 즉 '언어유형'으로 표기된다.[14]

훔볼트는 물론 다윈의 진화론이 오늘날 우리에게 시사하고 있는 것처럼 인간의 언어능력 자체가 발전해가는 진화적인 과정을 가정했던 것이 아니라, 원천적인 언어능력을 토대로 하는 개개 언어들의 발전적인 전개를 가정한 것이다. 따라서 훔볼트에 의한 언어철학적 단서는 인간의 사고가 보편적 언어능력에 의해서 뿐만 아니라 개개의 언어체계(개개의 언어)들에 의해서도 영향받고 있다는 사실에 근거한다고 말할 수 있다.

---

12) Schneider(1995: 222) 참조.
13) Humboldt(1821: 249, 252) 참조.
14) Schneider(1995: 263) 참조.

또한 훔볼트에 있어서 인간의 사고는 한편으로는 언어능력의 구조에, 다른 편으로는 역사적으로 성장단계를 거친 언어의 구조에 의존한다. 이와 같은 이중적 구조는 인간의 사고가 구체적인 언어를 통해 결정되어 있다는 기계적인, 정적 해석을 극복할 수 있게 해준다. 말하자면 인간 정신의 본성에서 발원하는 생리학적 요소와, 낱말의 생성방식 속에 존재하는 역사적 요소는 공존한다는 것이다.[15]

이와 같은 관점에서 보면, 구체적인 개별 언어들이 언어사용자의 사고에 영향을 끼친다는 견해가 인정될 수 있다. 그렇긴 해도 인간의 사고가 그때그때 사용된 언어 속에 감금되어 있다고 주장해서는 안 된다. 오히려 한편으로는 언어의 발전과정에서 드러났던 인식력 있는 세분화능력에 민족 스스로가 구속되어 있다고 가정할 수 있고, 다른 한편으로는 모든 언어들은 동일한 보편적 언어능력의 개별적 표현들이라는 점에서 모든 사유과정 사이에 존재하는 공통점이 가정될 수 있다. 이처럼 언어능력과 사유능력 사이에 조성되어 있는 이중적 구조의 의존관계는 훔볼트로 하여금 사고와 언어의 관계를 임의적인 인과관계로는 충분하게 묘사할 수 없게 해주었으며, 오히려 의미심장한 상호관계로 파악할 수 있게 해주었던 것으로 보인다.[16]

---

15) Schneider(1995: 261) 참조.
16) Köller(1988: 241) 참조.

의심할 여지없이 훔볼트에 있어서 언어능력과 사유능력은 지적 능력의 동일한 행위에 속하며, 철저하게 분리될 수 없는 영역이다. 따라서 언어와 사고는 상이한 활동영역으로서가 아니라 동일한 정신적·언어적 활동으로 이해되어야 하는 것이 필연적이다.[17]

훔볼트에 있어서 언어의 결정적 기능은 사유행위를 가능하게 한다는 데에 있다. 바야흐로 사색하려는 욕구 자체가 인간으로 하여금 언어를 야기시킨다는 것이다. 그러므로 주관성이 보유하는 모든 '힘'들의 표출로서의 언어는, 그때그때 주어지는 어떤 '인상(Eindruck)'을 사유행위에 의해 극복하려고 하는 개개인에게서 끊임없이 다른 방법으로 새롭게 생성된다고 말할 수 있다. 따라서 사유하는 행위와 말을 하는 행위는 상호간에 제약을 받게 되는데, 사고를 표현하기 위해 '언어행위'가 수반되는 것은 필수적인 조건이다. 왜냐하면 인간은 오로지 언어와 함께, 그리고 언어를 통하여 사유하기 때문이다.[18]

훔볼트는 한편으로는 역사적으로 발생한 언어들을 독자적인 정신적 영역과 정신적 행동주체(Handlungssubjekt)로 표기하는 일에 몰두했다. 그러나 다른 한편으로 그는 개개 언어들의 구조를 형성하는 힘이 다른 방향으로 진행되는 것을 막아주는 '정신적 힘'들을 명백하게 제시하려고 했다. 이러한 '힘'은 본디 인간의 정신적이고도 기

---

17) Humboldt(1830~35: 42) 참조.
18) Menze(1965: 232 이하) 참조.

본적인 힘인데, 개별 언어의 형성뿐만 아니라 계속적인 발전을 위한 조건이 된다. 훔볼트에 있어서 이 정신적 힘들은 명백히 인간의 천부적인 언어능력으로부터 해명될 수 있다. 그의 관점에 따르면, 이러한 '힘'을 근거로 모든 언어와 문화에 걸쳐 관찰될 수 있는 보편적, 정신적 능력들이 표출된다. 또한 기존하는 언어수단들을 유연하게 사용하고, 발화과정에서 현존하는 언어형식들을 그때그때의 표현의지(Ausdruckswille)에 맞게 창조적으로 적응시키기 위한 근본적인 조건도 이 '힘' 속에 존재한다.[19]

언어 없이는 인간에 의해 수행되는 문화적 발전도 상상할 수 없을 것이다. 이를테면 예술품의 이해와 같은 예술적 창조도 가능하지 않을 것이다. 훔볼트에 있어서 언어는 인간이 사유하고, 느끼며, 생활하는 매개체로 정의된다.[20] 말하자면 언어 자체가 자기의식(Selbstbewußtsein)을 형성하는 매개체인 것이다. 의심할 여지없이 언어는 인간 이성의 본질, 즉 인간이 지니는 인식능력의 산물로 간주되어야 한다.

바야흐로 훔볼트는 그의 언어개념을, 분해할 수 있는 실체를 가진 언어체계의 사상에 국한시키지 않고 언어능력과 상관관계가 있다고 보았던 것이다. 그렇기 때문에 각각의 인간이 개별적인 언어를 갖고 있는 것과 마찬가지로 인류 전체는 또한 오직 한 개의 언어

---

19) Köller(1988: 242) 참조.
20) Borsche(1997: 79) 참조.

만을 가진다고 보는 그의 독창적 견해는 정당성을 부여받을 수 있다. 훔볼트는 인간의 언어능력에서 생겨나는 이 정신적 힘의 특징을 표시하기 위해 '에네르게이아'라는 용어를 사용했던 것이다.

3.3. 언어의 힘

앞 단원에서 언급한 바 있는 "유한한 수단들을 무한하게 사용"한다는 표현은 언어창조라는 측면에서 훔볼트에 의한 가장 중요한 단서들 중의 하나로 인식될 수 있다. 그에 있어서 유한의 영역을 통해 무한으로 넘어가는 이행과정은 새롭게 형성되는 언어의 창조적인 힘에 의해 실현되고 있는 것으로 간주된다. 물론 이 창조적인 힘은 단순히 존재하고 있는 어떤 '힘'이 아니라 영원히 창조적으로 움직이고 있는 것, 즉 활동하고 있는 '힘'이다. 따라서 이 '힘'은 생성과정에서만 나타나기 때문에 고정될 수는 없다. 또한 이 '힘'은 창조의 한 부분에 국한되어 있는 것이 아니기 때문에 물질세계뿐만 아니라 정신세계에도 적용된다.

훔볼트는 정신적 힘뿐만 아니라 감성적 힘도 창조적인 힘에 속한다고 보았다. 그는 『Latium und Hellas oder Betrachtungen über das klassische Altertum(라티움과 헬라스 또는 고대에 대한 고찰)』(1806)에서 상상력, 이성, 정서 등을 인간의 창조적 힘으로 규정한 바 있다. 이 세 개의 '힘'은 오로지 유한한 영역으로부터 무한한 영역으로 넘어갈 때

유용한데, 이것은 항상 관념적인 부분에 속한다.[21] 훔볼트에 있어서 '힘'이란, 순수한 실행 그 자체로 인식되며 자발성(Selbsttätigkeit)에 속하는 인간의 내면적인 힘인 동시에 정신활동에 속한다. 따라서 '힘'이라는 말은 '활동성'과 거의 동의어이며 인간 내부에서 활동하고 있는 에네르기였던 것이다.[22] 언어의 기원에서는 인간이 지니는 이러한 '힘'들이 모두 관여되어 있다. 그렇지만 물론 이것들은 상호간에 명확하게 구분되기는 어렵다.

훔볼트는 이미 젊은 시절인 1793년에 발표한 논문 『Über das Studium des Altertums(고대의 연구에 대하여)』에서 *Energeia*(작용하는 힘)와 *Ergon*(산출된 작품)을 대비시킨 바 있다. 이 경우 훔볼트는 '힘'이 지니는 개별적인 측면을 언급한 것은 아니다. 오히려 그는 영원히 그 자체로서 새롭게 생성되는 힘의 전체성을 에네르기로 보았던 것이다. 이런 면은 '작용하는 힘'이라는 개념을, 단순히 에네르기를 야기시키는 개별적인 활동으로 보려고 했던 헤르더와 구별된다.[23]

훔볼트에 의한 *Ergon-Energeia*라는 대비 문구는 그의 수많은 저작들을 통틀어 오로지 한 부분에서만 등장한다. 그가 공직에서 은퇴한 후에 생의 마지막까지 심혈을 기울여 저술했지만 아쉽게도 미완성으로 남게 된 자신의 작품에서 훔볼트는 다음과 같이 언급한 바

---

21) Evans(1967: 122) 참조.
22) Humboldt(1797: 330) 및 Menze(1988: 307) 참조.
23) Evans(1967: 123) 및 Weisgerber(1953~1954: 376) 참조.

있다:

"언어란, 그 실제적인 본질의 측면에서 보면 매 순간마다 끊임없이 지나가 버리는 어떤 것이다. 문자를 통한 언어의 보존마저도 언제나 불완전하며, 미라와 같은 모습을 보여주는 보존에 불과한데, 이것은 다시금 생생한 말투로의 구체화를 필요로 한다. 언어 자체는 작품(에르곤)이 아니라 활동(에네르게이아)이다. 그렇기 때문에 언어에 대한 참된 정의는 오로지 발생적일 수밖에 없다. 요컨대 언어는 분절된 음성을 사상의 표현으로 만들 수 있는 영원히 반복되는 정신활동이다. 직접적으로, 그리고 엄밀히 말해 이것은 그때그때의 말하기에 대한 정의이다. 그러나 또한 실제로 본질적인 의미에서 본다면 이 말하기의 전체만을 언어로 간주할 수 있다."24)

비록 간결한 표현이긴 하지만 '에네르게이아'로서의 언어정의는 훔볼트의 언어이해에 접근하기 위한 포괄적이면서도 매우 유용한 통로를 제공해준다. 훔볼트는 앞의 인용문에서 *Werk*(작품)의 표현에 *Ergon*을, *Tätigkeit*(활동)의 표현에 *Energeia*라는 용어를 괄호 속에

---

24) Die Sprache, in ihrem wirklichen Wesen aufgefaßt, ist etwas beständige und in jedem Augenblicke Vorübergehendes, selbst ihre Erhaltung durch die Schrift ist immer nur eine unvollständige, mumienartige Aufbewahrung, die es doch erst wieder bedarf, daß man dabei den lebendigen Vortrag zu versinnlichen sucht. Sie selbst ist kein Werk(Ergon), sondern eine Tätigkeit(Energeia). Ihre wahre Definition kann daher nur eine genetische sein. Sie ist nämlich die sich ewig wiederholende Arbeit des Geistes, den artikulierten Laut zum Ausdruck des Gedankens fähig zu machen. Unmittelbar und streng genommen, ist dies die Definition des jedesmaligen Sprechens: aber im wahren und wesentlichen Sinne kann man auch nur gleichsam die Totalität dieses Sprechens als die Sprache ansehen(Humboldt, 1830~35: 45).

병기해 놓았다. 이것은 훔볼트가 *Tätigkeit*라는 도이치어 낱말을 명백히 그리스어 개념, 보다 정확히 말하면 아리스토텔레스의 개념 ένέργεια(Energeia)로 이해하고 있음을 시사한다. 따라서 이 그리스 철학자가 사용한 에네르게이아의 의미가 올바르게 해명되어야 하는 것은 필연적이다.

아리스토텔레스의 관점에 따르면 '활동'에는 두 가지 양식이 존재한다. 그 하나는 생산적인 것, 즉 어떤 것을 만들어내는 행위인데, 이를테면 교본과 경험을 통해 습득된 기술을 토대로 항상 동일한 종류의 대상들을 만들어낼 때 실행되는 '활동'이다. 이 경우에는 이미 알려져 있는 '힘'인 그리스어의 낱말 δύναμις(Dynamis)가 적용된다. 또 다른 '활동'은 창조적이면서, 이미 주어져 있는 기술을 토대로 하지 않는다는 점에서 *Dynamis*의 경우보다 선행하는 행위로 존재한다. 이것은 *Energeia*에 해당한다.[25]

아리스토텔레스에 있어서 *Dynamis*는 '힘(Kraft)'뿐만 아니라 '잠재성(Potentialität)'을 의미한다고 볼 수 있다. 특히 후자의 의미에서 *Dynamis*는 *Energeia*와 대립하는 개념으로 볼 수 있다. 이 경우 대립쌍 *Dynamis*–*Energeia*는 '잠재성'과 '실제성'(실현)이라는 점에서 존재론적 가능성과 실제적인 작용 사이의 경계설정을 의미한다. 그에 있어서 중심적인 문제는 바야흐로 *Dynamis*와 *Energeia* 사이의 우선권에 관한 문제이다. 아리스토텔레스의 관점에서 보면, 명백히 *Energeia*,

---

[25] Coseriu(1988: 4) 참조.

즉 '활동'이 *Dynamis*, 즉 잠재적 '가능성'에 비해 우선권을 갖는다. 말하자면 '가능성'과 '실제성'에 대한 의미의 속성을 주의 깊게 관찰해 보면, '가능성'의 '실현'은 언제나 활동적인 것을 요구하고 있음을 알 수 있다. 또한 그런 이유에서 이 활동적인 것에 우선권이 부여되는 것은 자명한 일일 것이다. 따라서 인간의 영역에서는 절대적인 '에네르게이아'가 미리 주어져 있는 것이 아니다. 이것은 창조적으로 활동하는 인간이 습득된 기존의 것을 넘어설 때만이 제시된다고 볼 수 있다. 인간이 이 일을 행한다는 점에서 인간은 창조적인 존재이다. 아리스토텔레스에 있어서 절대적인 '에네르게이아'는 신이고, 창조적인 활동을 수행한다는 점에서만 보면 인간도 신처럼 창조행위에 동참하고 있다고 볼 수 있을 것이다.[26]

이제 훔볼트의 문구에서 나타나는 이러한 사상적 배경을 염두에 둔다면 그리스어 낱말 $ἐνέργεια$의 개념에 대한 훔볼트의 언급은 그가 언어적 활동을, 바야흐로 전통적 의미에서의 '말' 행위, 즉 완성되어 있는 언어체계의 단순한 응용으로 보고 있지 않다는 것을 확인시켜준다. 훔볼트에 있어서는 본래 언어의 활동이 우선시되고 있는 것을 알 수 있다. 그에 의하면, 언어는 '힘(Dynamis)', 즉 '언어행위'를 통해 실현될 수 있는 언어적 생성의 '가능성'으로 파악될 수 있는 것이 아니다. 언어는 언어적인 것을 창조함으로써 이미 잠재적으로 주어진 것('힘'으로서의 언어)을 넘어서는 동시에 새로운

---

[26] Coseriu(1988: 5) 참조.

언어적 가능성들의 근거가 되는 '에네르게이아'로 해석되어야 한다.[27)]

훔볼트에 있어서는 의심할 여지없이 언어는 정신의 표현이며, 자발성(자기활동)에 속한다. 언어는 아무런 죽어 있는 시계와 같이 정지되어 있는 것이 아니라, 그 자체로 활동하는 창조물이다. 언어는 오로지 생산활동을 고려해서만이 그 자체로 언어가 되며, 언어는 활동적이어야 하는 모든 행위에서 비로소 창조되어야 하는 정신적 기관이다. 그에 의하면, 인간의 삶이 육체적인 과정이듯이 언어는 정신적 과정이다.[28)]

이 부분에서 주목해야 할 점은 훔볼트의 경우에는 *dynamisch*라는 용어가 바야흐로 아리스토텔레스에 의해 서술된 의미로 사용된 게 아니라는 점이다. 특히 *Dynamis*는 *Energeia*와 개념상으로는 대립적인 관계가 아니며, 이 두 개념은 상호 보완적이다. 훔볼트가 제시하고 있는 언어에 대한 본질적인 규정으로 인식될 수 있는 "언어 속에서는 아무것도 정적이지 않으며, 모든 것은 동적이다"[29)]라는 대비적인 서술문에서 *dynamisch*는 *Ergon* – *Energeia*에서의 *Energeia*처럼 말을 하는 모든 행위의 창조적인 힘에 초점을 맞추고 있는 것이다. 그렇지만 이 경우 *Energeia*는 언어과정 자체에서의 활동(창조적인 측면)에, *dynamisch*는 이를 통해 발생하는 동적인 측면에 무게를 두고 있는 것

---

27) Schneider(1995: 227) 참조.
28) Humboldt(1827~29: 146) 및 Humboldt(1830~35: 315) 참조.
29) Humboldt(1824~26: 369).

같다. 따라서 두 개의 표현 *Dynamis*와 *Energeia*는 모두 언어에 대한 발생적인 본질규정에 유용한 개념들이다.[30]

훔볼트에 의하면, 언어의 발생적 기원이라는 관점에서 '에네르게이아'의 개념은 모든 언어의 형식들에, 즉 보편적 언어 및 개개인에 의해 매번 실행되는 말 그리고 개별 언어의 경우에 모두 적용된다. 말하자면 보편적인 인간의 언어활동과, 말을 하는 개개인의 행위는 그때그때마다 언제나 새로운 상황 속에서 어떤 새로운 것을 포함하고 있다는 점에서 '에네르게이아'일 수밖에 없다는 것이다. 개별 언어 또한 이미 역사적인 것을 넘어설 수 있는 가능성을 지닌 개방적인 기능 자체라는 점에서 '에네르게이아'로 간주될 수 있다. 이 경우 언어는 이미 실현된 것일 뿐만 아니라 실현된 것을 능가하는 '가능성'으로 해석될 수 있다. 말하자면 언어는 이미 역사 속에서 창조되어 있는 것일 뿐만 아니라, 역사와 더불어 계속 창조될 수 있는 '작용하는 힘'에 속한다.[31]

3.4. 언어의 작용방식

언어연구는 언어의 발생적 측면에 중점을 두어야 한다는 훔볼트의 주장은 그 자신의 고유한 언어성찰로 해석될 수 있는데, 이것은

---

30) Schneider(1995: 228) 참조.
31) Coseriu(1988: 6) 참조.

두 가지 방향으로 전개되었다. 먼저 그에 의한 발생중심의 언어고찰에 따르면 언어란, 일정한 목적에 맞추어지는 정신활동으로 해석된다. 이 경우 정신활동의 본질은 현상계의 소재(질료)를 사상의 형식 속에 부어넣는 일이 된다. 그러므로 이것은 또한 언어를 지속적으로 작용하는 창조적 활동으로 보는 훔볼트 자신의 본질적인 언어관으로 간주될 수 있다. 그런 의미에서 언어의 발생에 기초하는 언어정의는 "세계경험의 매개체로서의 언어"가 지니는 인류학적인 의미를 환기시켜준다. 훔볼트적 사고의 핵심개념 중의 하나인 언어의 세계관(Weltansicht)[32]도 바야흐로 언어의 발생적인 면과 연관된 언어고찰로 간주될 수 있다. 그뿐만 아니라 발생적 언어개념의 인류학적인 해석은 언어가 오직 인간의 정신활동의 의미에서만 매개체로 사용될 수 있음을 말해준다. 따라서 언어의 세계중개적 기능은 현실과의 대면에서 그리고 구성원들이 소속하는 언어공동체와의 교류에서 각 사람에 의해 끊임없이 새롭게 구축된다.[33]

이제 인류학적 차원의 이와 같은 서술과 병행하여 발생적 언어개념은 보다 협의의 의미에서의 언어이론적인 해명을 필요로 한다. 말하자면 훔볼트의 언어철학에서 언어의 발생이 매번 말을 할 때마다 어떻게 묘사되고 있느냐의 문제, 즉 언어의 발생적 정의가 언어

---

32) 사물을 관조하는 개개 민족의 관점이며, 언어가 상이하다는 것은 음성이나 기호가 다르다는 것이 아니라, 바로 언어가 지니는 이 세계관 자체가 다르다는 것을 의미한다(Humboldt, 1801: 602 참조).

33) Schneider(1995: 228 이하) 참조.

기능을 바라보는 시각에서가 아니라 언어행위 자체에 주안점을 두어 어떻게 구체화될 수 있느냐의 문제가 생겨난다. 우리는 훔볼트가 그의 후기 저작들에서 이 문제에 대해 어떻게 대처하고 있는가를 보다 설득력 있게 제시할 필요가 있다. 이를 위해서는 훔볼트의 발생적인 언어정의가 확인될 수 있는 용어들이 탐색되지 않으면 안 된다. 우선 그가 사용하는 *Prozeß*(진행과정)라는 낱말이 고려되어야 한다. 왜냐하면 훔볼트는 이 용어를 거의 *Genese*(발생)라는 낱말과 개념상으로는 동의어로 사용했기 때문이다. 아울러서 그의 기념비적인 작품인 「카비어 연구의 서문」에서는 *Prozeß*가 *Verfahren*(작용방식)으로 대치되고 있는 것을 볼 수 있다. 언어의 '진행과정'이 아니라, 언어의 '작용방식'이 이제 중심적인 용어로 선택되고 있는 것이다.[34]

언어의 '작용방식'(조작방식)의 기능은 개별적 현상이 존립하게 되는 근거를 제공한다. 모든 인간 종족 속에 내재하는 보편적인 힘(인간의 정신적 능력)은 현실 속에서는 개별화되지 않으면 안 된다. 언어의 상이성은 바야흐로 언어의 개별성에 근거하고 있는 것이다.[35] 언어의 작용방식과 관계되는 이 개별화의 원리가 지니는 중요성은 의심할 여지가 없다. 언어는 오로지 매번 말을 하고 이해하는 주체의 개별적인 행위에서 인지될 수 있으며, 보편성의 관점에

---

34) Schneider(1995: 229) 참조.
35) Humboldt(1824~1826: 373) 및 Jäger(1989: 172) 참조.

서 보는 언어(인류 차원에서의 언어)도 개별적인 실현 없이는 사유될 수 없기 때문이다. 훔볼트는 언어의 '작용방식'에 대해 다음과 같이 언급한 바 있다:

> "나는 이 부분에서 언어의 작용방식을, 언어와 말의 관계 그리고 언어와 직접적인 생산물인 언어요소들의 저장에 대한 관계뿐만 아니라 언어와 사유능력 및 지각능력에 대한 관계에 이르기까지 가장 포괄적인 범위로 받아들인다."[36]

언어와 인간의 사유능력 및 지각능력과의 관계가 언급되어야 한다는 점에서 언어의 '작용방식'은 훔볼트의 언어관의 중심점에 자리 잡고 있다. 실제로 훔볼트는 이 언어의 '작용방식'을 사상형성 내지는 개념형성의 과정으로 인식하고, 이것을 분석적으로 재구성해 볼 때 언어의 본질에 이를 수 있다고 보았던 것 같다. 의심할 여지없이 그에 있어서 사상을 형성하는 언어 특유의 기능은 언어의 본질에 속한다.

또한 훔볼트는 '정신의 활동'에 대해 "사상을 형성하는 소박한 행위"라고 언급한 바 있다. 그의 언어사상에 있어서 개별화 원리의 핵심적 의미는 바야흐로 이 "사상을 형성하는 기관"으로서의 언어라

---

[36] Ich nehme hier das Verfahren der Sprache in seiner weitesten Ausdehnug, nicht bloß in der Beziehung derselben auf die Rede und den Vorrat ihrer Wortelememte, als ihr unmittelbares Erzeugnis, sondern auch in ihrem Verhältnis zu dem Denk-und Empfindungsvermögen(Humboldt, 1830~35: 53).

는 견해표명에 대한 분석을 통해 해명될 수 있다.[37] 이 문구를 분석해 보면 "사상을 형성하는 활동"으로서의 언어의 '작용방식'(조작방식)은 세 가지 방향으로 명확하게 규정된다. 먼저 사상의 형성이란, 떠올린 '표상(Vorstellung)'을 '개념'으로 옮겨놓는 일이며, 그 다음에 이러한 행위는 보다 구체적으로 '개념'의 '표기(Bezeichnung)'로 묘사된다. 마지막으로 이 '표기' 자체는 '개념'을 형성하는 음성적인 '발화가능성(Verlautbarung)'으로 이해된다.[38]

훔볼트에 의하면 '표상'이 '개념'으로 옮겨간다는 것은 주관적인 표상이 실제적인 객관성(개념의 객관성)으로 옮겨가는 언어의 작용방식을 말한다. 그러나 무엇보다도 '주체'로 회귀하는 객관성(Objektivität)이 중요하다. 말하자면 훔볼트에 있어서 이렇게 옮겨가는 행위는 '주체'에 역작용할 수 있게 사상(개념)을 드러내어 주체에 대비시키려는 과정이다. 이에 대해서 훔볼트는 다음과 같이 서술한 바 있다:

"주관적 활동은 사고 속에서 개념을 형성한다. 왜냐하면 어떠한 종류의 표상들도 이미 현존하는 대상을 단순히 수용적으로 음미하는 것으로 간주될 수는 없기 때문이다. 감각의 활동은 정신의 내적인 행동과 통합적으로 결합하지 않으면 안 된다. 이러한 결합으로부터 표상이 떨어져 나와 주관적 힘에 맞서서 객체로 되고, 이 표상은 객체로서 새롭게 지각되어 주관적 힘으로 되돌아온다. 그러나 이를 위해서 언어는 필수불가결하다. 왜냐하

---

37) Humboldt(1830~35: 53) 참조.
38) Jäger(1989: 174) 참조.

면 언어에서는 정신적 노력이 입술을 통해 관철됨으로써 정신적 노력의 산물이 자신의 귀로 되돌아오기 때문이다. 그러므로 표상은 실제의 객관성으로 옮겨지게 되는데, 이로 인해 주관성과의 관계가 끊어지는 것은 아니다. 오직 언어만이 이 일을 행할 수 있다. 언어가 함께 작용하는 경우 암암리에 끊임없이 진행되면서 주체로 되돌아오는 객관성으로의 이러한 전이 없이는 개념의 형성이 불가능하고, 따라서 참된 모든 사고도 불가능하게 된다. 그런 까닭에 어떻게든 인간과 인간 사이의 전달을 염두에 두지 않더라도, 말을 하는 것은 홀로 고립되어 있는 개인이 행하는 사고의 필연적인 조건이다."39)

훔볼트는 '사상형성'의 가능성에 대한 조건인 이러한 전위의 특징을 '언어의 표기'로 묘사했다. 좀 더 정확히 말하면 "사상형성의 소박한 행위"가 언어의 작용방식에 따른 '개념'의 '표기' 행위로 규

---

39) Subjektive Tätigkeit bildet im Denken ein Objekt. Denn keine Gattung der Vorstellungen kann als ein bloß empfangendes Beschauen eines schon vorhandenen Gegenstandes betrachtet werden. Die Tätigkeit der Sinne muß sich mit der inneren Handlung des Geistes synthetisch verbinden, und aus dieser Verbindung reißt sich die Vorstellung los, wird, der subjektiven Kraft gegenüber, zum Objekt und kehrt, als solches auf neue wahrgenommen, in jene zurück. Hierzu aber ist die Sprache unentbehrlich. Denn indem in ihr das geistige Sreben sich Bahn durch die Lippen bricht, kehrt das Erzeugnis desselben zum eignen Ohre zurück. Die Vorstellung wird also in wirkliche Objektivität hinüberversetzt, ohne darum der Subjektivität entzogen zu werden. Dies mag nur die Sprache; und ohne diese, wo Sprache mitwirkt, auch stillschweigend immer vorgehende Versetzung in zum Subjekt zurückkehrende Objektivität ist die Bildung des Begriffs, mithin alles wahre Denken unmöglich. Ohne daher irgend auf die Mitteilung zwischen Menschen und Menschen zu sehen, ist das Sprechen eine notwendige Bedingung des Denkens des Einzelnen in abgeschlossener Einsamkeit(Humboldt, 1830~35: 55).

정된다는 것이다. 훔볼트에 있어서 '외적 형식'(음성적인 면)과 '내적 형식'(개념적인 면)의 종합적인 결합은 언어를 완성시킨다. 그러나 이와 같은 언어의 완성이 실현되는 최적의 상태는, 언제나 언어를 생산하는 동시적인 정신활동 속에서 결합이 이루어지면서 종합이 참되고 순수하게 관철될 수 있는 경우이다. 언어의 생산은 우선 그 기본요소의 측면에서 보면, '종합적인 작용방식'이라고 해야 한다. 보다 정확히 말하면 이것은 결합된 부분들의 어떠한 부분에서도 그 자체로는 존재하지 않는 어떤 것을 '종합' 행위가 창조해낸다는 가장 순수한 의미의 '작용방식'인 것이다.[40]

훔볼트는 무엇보다도 '언어생산(Spracherzeugung)'의 종합적 행위를 통해 발생적 언어기술에 대한 자신의 주장을 관철시켰다.[41] 그는 '종합'이라는 구체적·실제적 과정 속에서 언어를 매개로 하는 대상개념의 창조가 동적으로 수행된다는 데에 초점을 맞추었던 것이다. 이것은 그의 언어이론에서 매우 중요한 의미를 지닌다.

---

40) Humboldt(1830~35: 94) 참조.
41) 5.3. 참조.

4. 대화과정에서의 '말하기'와 '이해하기'

4.1. 도입

훔볼트에 있어서 인간의 정신생활은 본질적으로 언어를 통해 실현된다. 좀 더 구체적으로 표현하면, 모든 인간의 존재와 생활양식은 철저하게 정신활동에 의해 영향을 받는데, 인간의 언어야말로 이 정신활동을 가장 완벽하게 수행하는 중추적 역할을 담당한다는 것이다. 바야흐로 언어의 이러한 기능을 근거로 하여 언어를 조망하려는 훔볼트 고유의 시각은 기존의 관점과는 상당한 차이점을 드러낸다.

훔볼트는 언어의 기능을 단순히 대상의 표기와 의사소통의 도구에만 한정시키는 전통적인 견해에 반대했다. 물론 훔볼트도 언어를 매개체로 하여 필요한 정보들이 전달되며, 인간과 인간 사이에서 소박한 의사소통이 실행된다는 것을 부인하지는 않았다. 그렇지만 그에 있어서 이러한 의사소통은 언어라는 현상이 지니는 본질적인 주요 기능에 속하는 것은 아니며, 단순히 일상적인 삶의 욕구들 중의 하나로 인식되었다.

앞 단원에서 언급했듯이 훔볼트에 있어서 언어의 주요기능은 인간의 사유행위와 연관되어 끊임없이 새롭게 작용하는 정신활동의 과정으로 인식된다. 따라서 언어가 지니는 본질적 성향은 언어철학적, 언어인류학적 관점에 따라 해명되지 않으면 안 된다. 훔볼트의 단편 『Über den Dualis(쌍수에 대하여)』(1827)는 훔볼트적 사고에서의 '나'와 '너'의 대립관계, 즉 이원론의 중요성을 제기한다. 그에 있어서 이원론은 그 어떤 경우보다도 중요한 위치를 부여받는다. 이를테면 모든 '말하기(말을 하는 행위)'는 화자와 청자 두 사람 사이의 대화에 기인하는데, 대화에서 말을 거는 사람은 언제나 응답하는 사람을 하나의 통합체로 인식하면서도 자신과 대립된 위치에 설정하게 된다.

이 단원에서는 오직 인간에게만 부여된 '대화'의 근본적 현상인 '말하기(Sprechen)'와 '이해하기(Verstehen)'의 문제를 훔볼트의 언어철학적 관점을 토대로 서술해 보고자 한다.

4.2. 사고의 의식화로서의 언어

인간의 '사고(사유행위)'는 사유의 대상에 접근할 수 있는 직접적인 통로를 갖고 있지 않다. 따라서 인간의 '사고'는 단순히 그 자체로만 본다면 맹목적으로 사유하는 행위에 속한다고 하겠다. 또한 인간 특유의 '사고'에 대한 소박한 본질규정은 사물로부터 연원하는 '감각'이 '표상(Vorstellung)'을 명료하게 드러내는 현상이라고 말할 수 있다. 물론 말로 표현된 낱말에서 '표상(떠올리는 심상)' 자체는 감각적인 형태를 취한다. 훔볼트의 관점에 따르면, '표상'은 표현된 낱말(말)에서 비로소 주관적인 힘에 맞서 객체로 되고, 객체로서 새롭게 지각되어 주관적인 힘으로 되돌아온다.[1] 그리하여 실제로 전 인류의 주관성은 다시금 그 자체로 객관적인 어떤 것으로 형성되는데, 달리 표현하면 주관적인 개별성의 힘 전체로부터 객관적인 진리가 발생하는 것으로 정의될 수 있다.[2]

인간의 '사고'는 오로지 자신의 '주관성'에서 발원하는 '객관성'으로 인해 사고 자체에 걸맞는 '대상', 즉 명백한 '개념'을 얻게 되는 동시에, 이러한 '객관성'에 대해 '세계관'이라고 하는 고유의 관점을 전개시킨다. 이 경우 '표상'과 '주관성'의 관계는 결코 단절되지 않는다. 그러나 '표상'이 현실적인 '객관성'으로 옮겨지게 되는

---

1) Humboldt(1830~35: 55) 참조.
2) Humboldt(1820: 27) 참조.

것은 오로지 '언어'를 통해서만 가능하다. 이것은 그 자체로는 불명확하고 모호한 상태의 '표상'이 '개념'으로서의 확실성을 얻기 위한 조건일 수 있음을 의미한다.[3]

훔볼트에 따르면, '말하기'(언어행위)는 명백히 '사고'의 필연적인 조건이다. 그러나 '말하기'가 '사고'의 충분한 조건으로 이해되는 것은 아니다. '말하기'는 '사고'가 추구하는 '객관성'을 실제로는 구현시키지 못한다. 왜냐하면 상대방 없이 홀로 말을 하는 행위가 형성하는 세계는 환상과 다름없기 때문이다. 훔볼트는 '말하기'의 개념이 지니는 이와 같은 불완전성의 해소를 언어행위의 본질적 차원에서 찾으려고 했다. 그에 의하면, '표상'은 '감성'과 '오성'의 종합적인 결합에서 생겨나서 객체로 된다. 칸트의 범주론[4]과는 달리 이 작업은 언어를 통해 수행된다. 관념상으로 인식을 행하는 주체는 바로 언어를 수단으로 하여 생소한 사물 자체의 객관성을 주체에 상응하는 새로운 객관성으로 바꾸어 놓는다.[5]

훔볼트에 의하면 낱말이란, 결코 대상이 아니며, 오히려 대상에 맞서서 형성된 주관적인 어떤 것이다. 그럼에도 이것은 정신 속에서 사유행위를 하는 사람에 의해 생산되고, 다시 그에게 역작용하

---

3) Jäger(1988: 81) 참조.
4) 칸트에 따르면, 인간이 경험을 통해 어떤 판단을 도출하는 것은 오성의 선험적 형식이 존재하기 때문이다. 이것은 12개의 범주로 되어 있으며, 범주는 경험보다 먼저 존재한다(5.4. 참조).
5) Navarro-Pérez(1993: 97) 참조.

는 객체로 형성된다. 말하자면 주관적인 활동이 사고 속에서 객체를 형성하는 것이다. 물론 낱말과 대상 사이에는 의아스러울 정도의 간극이 존재한다. 낱말은 오로지 개인에게서 태동한 일종의 사이비 객체와 같은 것이다. 훔볼트는 이미 1806년에 '주관성'과 '객관성'이 그 자체로는 동일한 것이며, 단지 자발적 성찰(Reflexion)이 이들 개념을 서로 대비시킬 때만 구별된다고 서술한 바 있다. 말하자면 객체인 실제의 대상을 파악하는 행위는 또 다른 관점에서 보면 가공된 주체의 자기활동(자발성)에 불과하기 때문에 두 개의 행위가 정확히 하나의 행위로 결합되어야 한다는 것이다.[6]

훔볼트에 있어서 대상세계는 오로지 언어적으로 가공된 세계, 즉 언어를 통해 개변된 세계로만 다루어질 수 있다. 이 경우 세계형성은 당연히 객관성을 고려해야 하므로 순수 자의적인 것이 아니다. 주관적 활동은 대상으로부터 감성적으로 취해진 '인상(Eindruck)'을 하나의 통합적인 처리방식에 의해 새로운 객체로 만들어낸다.[7]

결국 '사고'의 필연적인 조건으로서의 '말하기'는 그 자체로 보면 '사유행위'라는 고유의 영역에 대한 개념화로 나타난다. 인간은 혼자서는 세계를 이해하고 있지 않으며, 자기 자신을 이해하지도 않는다. 인간은 혼자서는 '사고'의 기준을 설정할 수도, '자의식'을 만들어낼 수도 없을 것이다. 홀로 있는 자연 그대로의 개인은 정신

---

6) Humboldt(1806: 168) 참조.
7) Kledzik(1992: 374) 참조.

적으로 사유하는 개인으로 되기도 전에 이미 몰락하고 말 것이다.[8]

훔볼트는 방법론상으로 이미 개별적인 연구대상으로서의 인간의 '개별성(Individualität)', 즉 인류학에서 제시되는 개별성을 주요 관심사로 등장시킨 바 있다. 그렇지만 그는 언제나 고립된 개체(개인)를 관심으로 삼은 것은 아니었다. 오히려 그는 개개인의 개별성과 보편적인 것(인류) 사이의 관계를 결정적으로 중요시하였다.[9] 따라서 개인이 접하는 현실도 언제나 동료 인간들에 의해 인각된 현실로 제시된다.

훔볼트는 또한 인간의 본성에 입각하여 인간을 사교적 존재로 규정함으로써 '개별성'의 발전이 오로지 상호간의 접촉에서 이루어질 수 있다고 보았다.[10] 이를테면 개개인의 감정은 다른 사람의 응답을 요구하며, 개개인의 인식은 다른 사람의 논증을 통한 확인을 요구한다는 것이다. 훔볼트의 시각에 따르면, '개별성'은 그 자체로 상응하는 다른 '개별성'을 참조하도록 지시한다. 개인은 혼자의 힘에 의해, 그리고 자신만을 위해 '말하기'를 습득할 수 없다. 따라서 일방적인 개인의 '말하기'가 '사고'의 필연적 조건을 충족시키지 못하는 것은 자명하다.

의심할 여지없이 훔볼트에 있어서 언어는 필연적으로 말을 하는 사람과 듣는 사람의 소유물이며, 실제로는 모든 인류의 소유물이

---

8) Borsche(1981: 278) 참조.
9) Schneider(1995: 60) 참조.
10) Schneider(1995: 75) 참조.

다. 이는 언어라는 개념이 지니는 본질적 특징이라고 보아야 한다. 언어는 어떤 주체를 객체들과 연결시킬 뿐만 아니라 주체와 주체를 중개하는 역할을 수행한다. 이 경우 현실세계의 대상은, 숙고된 상상의 집단으로부터 떨어져 나와 주체에 맞서 객체로 형성되기 때문에 대상의 개념이 '사고' 속에서 생성된다고 볼 수 있다.

앞에서 언급했듯이 '사고'는 대상을 직접적으로 통찰할 수는 없다. '사고'는 단지 개념들에 대해서만 인지능력을 지닌다. 그러나 '사고'는 실제로는 사유행위 밖에서, 말하자면 또 다른 사유행위의 분절 속에서 개념을 바라볼 수 있다. 물론 이것은 비유적인 표현이다. 이 경우 인간이 시각적으로 어떤 대상을 바라보는 행위의 매개체는 빛인 것처럼 대상에 대한 인간적 사고의 매개체는 언어이다. 이것은 인간의 '사고'가 언어를 매개체로 하여 대상의 개념을 인지한다는 뜻이다. 결국 훔볼트의 관점에서 언어는 개념 및 '사고'의 존재가능성에 대한 조건으로 제시되는 것이다.[11] 말하자면 '사고'의 가능성이 언어를 통해 실현된다는 것이다. 왜냐하면 인간의 정신은 그 자체로는 정신으로 파악될 수 없으며, 그 자체로는 객관적 대상으로 설정될 수도 없기 때문이다. 물론 '사고'는 본질상 정신 자체가 명확하게 드러난 상태로서 끊임없이 산출된다. 그렇지만 언어만이 사유행위, 즉 '사고'의 의식화를 가능케 한다는 것은 명백한 사실이다.

---

[11] Borsche(1981: 279 이하) 참조.

언어는 요컨대 인간의 인식처럼 이미 주어져 있는 객체를 통해 규정되어 있는 것은 아니다. 바야흐로 언어를 산출해내고 있는 인간이 언어를 통해 느끼고 사유하는 고유의 방식은 객관적인 것의 이해를 결정적으로 돕는다고 말할 수 있다. 이를테면 감각적으로 인지할 수 있는 대상들의 경우에도 낱말은 감각 속에 떠오르는 대상과 등치되는 것이 아니다. 오히려 낱말을 찾아내는 특정한 순간에 야기되는 '언어발생'에 의해 대상의 해석에 상응하는 가치가 부여된다. 이는 동일한 대상들에 대한 다양한 표현들이 등장할 수 있는 명백한 근거가 된다.[12]

4.3. '말하기'의 개념규정

주지하는 바 인간만이 자신의 의지를 '분절된 언어'로 표현할 수 있는 유일한 생명체이다. 훔볼트는 "인간은 오로지 언어를 통해서만 인간"[13]이라고 서술한 바 있는데, 인간이 언어를 통해 다른 피조물들과 구별된다는 점에서 이는 자명한 사실로 받아들여진다. 훔볼트적 사고의 중심점에 서 있는 이와 같은 개념규정에서 시사되고 있는 의미를 보다 분명하게 밝혀내기 위해서는 우선 인간의 '말하기'의 본질이 적절하게 규명되어야 할 것이다.

---

12) Menze(1963: 479) 참조.
13) Humboldt(1824: 118).

앞에서 언급했듯이 일찍이 18세기 말에 도이칠란트의 언어사상가 헤르더는 언어의 기원을 인간 특유의 '자의식'으로 봄으로써 당시로서는 새로운 고찰방식으로 언어를 사유의 대상으로 삼은 바 있다. 그 이래로 언어를 단순히 인간들에 의한 협약을 통해 고안된 체계로 인식한다든가, 인간이 설정한 목표에 이르기 위한 수단이나 자연의 모방으로 본다든가, 경우에 따라서는 인간에게 주어진 신의 하사품으로 간주하는 전통적 견해들은 더 이상 언어의 기원에 대한 일방적인 위치를 점유할 수 없었다. 물론 언어에 대한 이와 같은 상이한 해명들로 인해 다양한 문제들이 제기되는 것도 불가피한 일이었다. 종종 언어의 본질규정에 관한 문제도 논구에 포함시켰던 당시의 일반적 언어기원론에 비해 헤르더의 견해는 파격적인 것이었다. 그렇지만 헤르더의 단서만을 근거로 어떤 새로운 언어이론을 포괄적인 방식으로 발전시키는 것에는 분명히 한계가 있었다. 헤르더의 견해는 비교적 상세하게 설명되어 있는 것은 아니었으며, 단지 암묵적으로 시사만 되어 있는 동시에 체계적으로 전개되어 있는 것도 아니었다.[14]

훔볼트는 헤르더의 사상을 수용하여 관심을 갖고 심도 있게 접근하면서 자신의 언어관을 인상 깊은 방법으로 짜임새 있게 제시한 언어이론가였다. 그러나 헤르더와의 이와 같은 연관성에도 불구하고 훔볼트는 결코 헤르더가 구축한 성과를 단지 체계적으로 구체화

---

14) 1.3. 참조.

한 사람 정도로 평가될 수는 없다. 훔볼트가 이루어낸 광범위하고도 다양한 언어이론적 고찰은 특유의 독창성 면에서 다른 사람들과 비교될 수 없을 것이다. 훔볼트 스스로도 명백히 자신의 언어사상이 언어철학과 언어인류학에 기초한 새로운 종류의 고찰방식이라는 것을 인식하고 있었던 것 같다.[15]

훔볼트에 있어서 언어의 본질은 언어가 지니는 실제적인 영원한 창조행위에 있다. 그와 동시에 언어는 사상을 형성하는 기관이며, 끊임없이 정신활동을 하는 무한한 정신적 기관이다. 언어의 존재양식에 대한 다음의 서술은 언어에 대한 훔볼트의 근본적 시각을 일목요연하게 드러내고 있다:

> "우리는 언어를 죽어 있는 산물로 보기보다는 오히려 그 이상인 생산으로 보아야 한다. 우리는 언어가 대상의 표기로, 그리고 의사소통의 매개로 작용하는 것을 더욱 도외시해야 하며, 그 대신에 내적인 정신활동과 밀접한 관계가 있는 언어의 기원 및 이들의 상호 영향 쪽으로 방향을 돌려서 보다 주의 깊게 고찰하지 않으면 안 된다."[16]

훔볼트에 있어서 언어는 오로지 '말하기'로 실현될 때만, 즉 생산

---

15) Menze(1963: 477) 참조.
16) Man muß die Sprache nicht sowohl wie ein totes Erzeugtes, sondern weit mehr wie eine Erzeugung ansehen, mehr von demjenigen abstrahieren, was sie als Bezeichnung der Gegenstände und Vermittlung des Verständnisses wirkt, und dagegen sorgfältiger auf ihren mit der inneren Geistestätigkeit eng verwebten Ursprung und ihren gegenseitigen Einfluß zurückgehen(Humboldt, 1830~35: 44).

활동 속에서만 언어이다. 그렇기 때문에 훔볼트에 있어서 언어의 정의는 전반적으로 '말하기'의 정의와 일치한다. 그렇지만 언어는 단순히 언어적 기호들을 한 데 모아놓은 것으로서의 '말하기'가 아니라, 오히려 '말하기'의 전체성(Totalität)을 고려해서 정의되어야 한다. 현실세계에서는 그 자체로 고립된 상태 속에 있는 언어는 결코 존재하지 않으며, 언어는 전체로부터 유기적인 발달과정을 겪는다. 그러므로 언어 속의 각각의 요소는 오로지 다른 요소들을 통해, 그리고 모든 것은 오로지 전체를 관통하는 힘을 통해서만 존재한다는 점에서 언어는 유기적인 성향을 지니게 된다.[17]

언어는 '주관성'이 지니는 모든 힘들의 발현이라고 볼 수 있다. 또한 언어는 주체가 받은 어떤 인상을 사고행위를 통해 극복하려고 하는 모든 개개인들에 의해 새롭게 산출된다. 왜냐하면 사유하려고 하는 욕구가 인간의 내부에서 언어를 유발시키기 때문이다. 그러나 '사유하는 행위'와 '말을 하는 행위'는 상호간에 제약을 받는다. 전자를 해명하려면 후자가, 후자를 해명하려면 전자가 필요하다.[18]

언어를 사상 자체의 형성기관으로 간주하는 훔볼트의 개념규정은 언어가 그때그때마다 창조적으로 생성되고 있음을 말해준다. 그의 관점에서 보면, 인간의 내면세계에서 일어나고 있는 정신활동은 단순한 사유행위 이상이면서도 '사고'를 포괄하고 있는 정신적 힘이

---

17) Humboldt(1820: 3) 및 5.3. 참조.
18) Menze(1963: 478) 참조.

다. 이러한 활동적인 정신의 힘에 영향을 주는 것은 감성을 통해 중개되는 수많은 '인상(Eindruck)'들이다. 그러나 활동을 실제로 행하는 주체는 이러한 '인상'들을 단순히 수동적으로만 받아들이는 것은 아니며, 이들과 대립의 각을 세우기도 한다. 주체는 이들을 근거로 자신이 지향해야 할 목표를 설정하기도 하고, 주체 자신의 입장을 규정하는 동시에 이들을 이용하여 객체를 형성한다. 물론 감성을 통해 인간에게 접근된 객체는 인간의 정신적 힘이 지니는 규정적 활동을 환기시켜준다. 그렇지만 인간에 맞서 있는 객체 또한 인간의 정신활동을 통해 규정된다.

훔볼트에 의하면, 언어는 '이상(Ideal)'의 재현을 위한 필연적인 조건이다. 어떠한 인간의 사상도 언어 없이는 존재할 수 없다는 점에서 언어는 정신적 존재로서의 인간 존재의 필연적인 조건이기도 하다. 이런 측면에서 볼 때 언어야말로 인간다운 인간성을 구현시킨다고 볼 수 있다. 인간에게 언어가 없다면 인간은 수많은 대상들을 상실할 것이며, 스스로 이들과의 관계를 기피하게 될 것이다. 또한 인간에게 언어가 없다면 인간다운 삶 자체를 상상할 수 없을 것이다.[19]

훔볼트에 의하면, 바야흐로 언어의 발생은 인류의 내면적인 욕구이며, 공동체의 교류를 유지하기 위한 외적 욕구일 뿐만 아니라 '말하기'의 본성 자체 속에 내재하고 있으며 정신적인 언어힘의 발달

---

[19] Menze(1963: 479) 참조.

에, 그리고 인간만이 수행할 수 있는 세계관의 획득에 없어서는 안 되는 필수불가결한 욕구이다. 그러므로 '말하기'란, 인간 존재의 표현일 뿐만 아니라 인간 존재 자체인 것이다.

인간의 '사고'와 '말하기'의 상관관계로부터, 그리고 언어와 함께 주어져 있는 인간의 자의식 형성으로부터 의사소통의 수단인 '말하기'의 평가절하가 생겨나는 것은 아니다. 말을 하는 행위 속에 나타나는 '사고' 자체와 함께 주어지는 다른 사람에 대한 암시는 부차적인 것이 아니며, 자아가 언어로 의식화되는 것은 필연적으로 다른 사람을 '자기형성(Selbstwerdung)'을 위해 구성적 요소로 설정하는 것이 된다. 언어를 통해 자아를 발견하는 행위와 함께 다른 사람은 처음부터 이미 주어져 있는 것이다. 따라서 훔볼트에 있어서 '사고'란, 공동체적 '실재'의 성향을 띠고 있으며, 인간은 육체적으로 지각하는 모든 관계들 외에 단순히 사유행위를 위해서도 '나(Ich)'에 상응하는 '너(Du)'를 갈구하게 된다.[20]

그러므로 훔볼트의 언어이론과 인식이론의 배경에는 '대화(Dialog)'에 바탕을 둔 진리의 개념이 기초로 되어 있음이 분명하다. 이러한 진리의 인식, 보다 정확히 말해 '대화'의 객관화를 위해서는 다른 사람의 존재가 필연적인데, 인간이 본질적으로 사회생활을 영위한다는 점에서 이것은 자명한 현상이다.[21]

---

20) Menze(1963: 480) 참조.
21) Burkhardt(1987: 148) 참조.

4.4. 대화의 객관화

훔볼트에 의하면, 언어의 원천적인 본질 속에는 명백히 이원론이 자리 잡고 있으며, 주체만이 홀로 존재할 수는 없다. 말하자면 각각의 사고는 다른 사람과 대화하는 행위와 연관되므로 언어의 본질은 언제나 말을 거는 행위와 응답하는 행위로 간주될 수 있는 것이다. 이 경우 사고의 주체와 객체가 중요시되는 것은 필연적이다.[22] 그에 의하면 '말하기'와 '항변', '말'과 '대답', '말걸기'와 '응답' 등은 언어의 완전한 개념이 성립되기 위한 두 개의 동인들이다. 이들은 실제로 상대편 개념을 필요로 하며 상호 교환될 수 없는 요소들이다. 그러므로 말을 하는 행위 자체의 가능성은 말을 거는 행위와 응답 행위를 통해 제약을 받게 된다.[23]

인간이 자신을 이해할 수 있는 행위에는 다른 사람에 대한 전달도 함께 고려되어 있다. 왜냐하면 인간은 자신의 언어행위를 다른 사람에게서 검증하고, 다른 사람과 공동으로 발전시켜 나가면서 궁극적으로는 명백성을 추구하기 때문이다. 따라서 다른 사람과의 언어행위란, 다른 사람을 토대로 자신이 존재하고 있음을 함축하게 된다. 또한 '나'는 다른 사람에게서 '나'로 인식되고 확인된다는 점에서 다른 사람은 '나' 자신의 '이해하기'를 위해 필연적이다. 그러

---

[22] Navarro-Pérez(1993: 100) 및 Humboldt(1827: 26) 참조.
[23] Borsche(1981: 280) 참조.

므로 인간 존재는 독단적인 자유 속에서 스스로 규정되는 것이 아니며, 본질적으로 공존의 형태를 취하고 있는 것이다. 즉 인간은 근본적으로 '너'와 필연적으로 연계되어 있는 사회적인 존재인 것이다.[24]

말을 하는 인간의 행위는 필연적으로 '이해하기(Verstehen)'를 요구한다. '이해하기'는 '말하기'와 마찬가지로 언어적 활동이라는 측면에서 보면 개별적이고 창조적인 행위이다. '이해하기' 역시 언어와 함께 언어 속에서 구체화되며, 이것의 본질적 해명도 언어의 본성에 기인한다.[25]

구체적으로 표현되는 인간의 모든 '말'들은 다른 사람과 의사소통하기 위한 시도였다. 가령 섬에 홀로 고립된 사람은 결코 대화할 엄두를 내지 못할 것이다. 왜냐하면 인간의 언어적 성향은 사교적 성향과 불가분적 관계이기 때문이다. 언어는 현상계에서 발현할 때에는 오로지 사회적으로만 전개된다. 의사소통이 행해지는 공동체와 언어 사이의 상호작용이 실제로 야기될 수 있는 것은 개별적으로 수행되는 '말' 행위 자체가 이미 사회적인 요소를 포함하고 있다는 데에 기인한다. 그렇기 때문에 훔볼트는 개인을 지배하는 언어의 힘을, 언어를 제어하는 인간의 힘에 종속시킴으로써 주관적인 것과 객관적인 것 사이의 변증법적 관계를 언급한 것이다.[26] 이런

---

24) Humboldt(1827: 26) 및 Menze(1963: 480) 참조.
25) Cesare(1996: 287) 참조.
26) Junker(1986: 83) 참조.

관점에서 '사고'는 언어에 의해 필연적으로 제약을 받으면서 '말하기'를 통해 분절되는 유일한 개념이다. 또한 이 경우 마찬가지로 언어의 제약을 받는 또 다른 '사고'가 존재해야 함은 필연적인데, 이 두 개의 '사고' 사이에는 불가분적인 상호관계가 조성되어 있다.

인간에게 있어서 언어 없는 공동체란, 그 자체가 절대적으로 모순된 개념이다. 훔볼트에 있어서 자의식의 형성을 위한 매개체로서의 언어개념은 '이해' 행위를 통해 완성된다.[27] '이해하기'란, 필연적으로 '말하기'와 동등한 개념이다. '이해하기'는 다른 사람과 조화를 이루어 다른 사람에 의해 언급된 것의 의미를 그대로 파악하는 것을 의미한다. 이 경우 명백히 문제점이 발생한다. 왜냐하면 '말하기'가 단순히 개인의 능력이고 '이해하기'는 '말하기'의 재생산에 불과하다면, 그때그때마다 개개인은 '말하기'를 다른 사람의 방식으로가 아니라, 단순히 자기의 방식으로 실행해버릴 수 있기 때문이다. 그렇게 되면 개개인은 다른 사람이 궁극적으로 생각하는 것을 이해하기 어려울 것이다. 그러므로 '이해하기'에 접근할 수 있는 어떤 합의점에 도달하기 위해서는 '대화'가 필연적이다. '대화'에서는 엄밀한 의미에서 두 개의 언어가 서로 만나게 된다. 진정한 의미의 '대화'에서 어떤 사람의 '말하기'는, 상호관계가 형성되도록 일단 다른 사람의 방식에 의한 '말하기'를 필연적으로 고려하지 않으면 안 된다.[28]

---

27) Borsche(1981: 286) 참조.
28) Menze(1978: 839) 참조.

인간의 '말하기'는 본질적으로는 인간사회에서 상대방인 '너'와 주체인 '나'의 관계에 대한 표현이다. 또한 '말하기'는 어떤 것에 대해, 그리고 다른 상대방에 대해 자신의 생각을 말하는 것으로 풀이되며, 동시대의 사람들 및 주변 영역과의 인간관계를 묘사한다. 달리 말하면 '말하기'란, 한 사람이 혼자서 수행하는 것이 아니라, 공동체 내의 다른 구성원들과 함께 실행될 수 있는 것이다. 이것은 진리(참)에 대해 공동으로 책임을 지게 되며, 숙명적인 인간관계 속에서 발생하는 동시에 '나'와 '너'의 관계에 대한 구체화를 촉구한다.[29]

인간은 인간 존재의 결정적인 구성요건인 언어를 통해 상대방인 '너'에 대해 개방적인 태도를 취하며, 인간만이 스스로 명칭을 부여하는 사물들을 마음대로 다룰 수 있고 예속시킬 수 있다는 점에서 대상세계에 대한 다양한 세계관을 보여줄 수 있다. 인간의 세계는 오로지 인간에 의한 언어적 세계로서의 세계일뿐이다. 따라서 언어는 '나'와 '세계' 전반의 상호작용이 비로소 일어날 수 있는 매개체이며, 다른 사람을 이해하기 위한 전제조건이다. 아울러서 언어를 수단으로 야기된 '나'와 다른 사람의 결합을 통해 비로소 인간 전체에 활기를 불어넣게 되는 보다 심오한 감정들이 생겨난다. 바야흐로 이러한 감정들은 두 사람이 우정과 사랑을 나누고 때로는 정신적으로 교류하면서 최상의 관계를 유지할 수 있게 해준다. 그러므

---

[29] Nosbusch(1972: 91) 참조.

로 훔볼트에 있어서 '이해'를 하는 행위는 완전히 내면적인 자기활동에 기인하는 동시에, 상호간의 '말하기'는 말을 하는 사람과 듣는 사람의 이러한 능력을 서로 일깨워준다. 말하자면 대화에서는 들은 것을 스스로의 생산활동에 의해 다시 재설정할 수 있는 상호 능력이 일깨워진다고 볼 수 있다.[30]

인간과 인간 사이의 '이해' 행위는 언제나 공통의 언어를 전제로 한다. 공통의 언어가 없다면 상호간에 대화를 나누는 대신에 전반적으로 말이 없게 되며, 이로 인해 무미건조한 상황이 전개될 것이다. 왜냐하면 두 사람이 동일한 언어를 구사하지 않으므로 언어행위에서 나타나는 상대방과의 일치가능성이 주어질 수 없고, 이로 인해 조화 자체가 발생할 수 없기 때문이다. 그러므로 다른 사람을 이해하는 행위는 다양한 개개인의 언어들을 총괄하는 민족어(Nationalsprache)의 세계관 속에서 다른 사람과 함께 동시에 생활한다는 것을 조건으로 한다. 왜냐하면 다른 사람이 말을 걸 수 있는 가능성은 바로 두 사람이 공통적으로 따르고 있는 '언어지평(Sprachhorizont)'이라고 하는 '이해' 능력의 범위를 통해 제약을 받기 때문이다. 그러나 다른 사람을 이해하는 것은 동시에 '오해'의 가능성도 포함한다. 왜냐하면 다른 사람의 '이해'는 다른 사람에 의해 말로 표현된 것을 단순히 수용한다는 의미가 아니라, 바야흐로 이것을 이해하는 사람 자체 내에서 다시 산출해내는 것을 의미하기

---

30) Liebrucks(1965: 287) 참조.

때문이다. '이해하기'도 '말하기'처럼 이미 현존하는 '음성'과 '개념'의 고정적 결합을 그대로 수용하는 것으로 해석될 수 없다. 오히려 듣는 사람은 청취된 '음성'에 '개념'을 대비시키므로 낱말을 새롭게 창조하고, 이러한 재생산을 통해 창조의 필연적인 과정을 실감 있게 체험하게 된다.[31]

언어 고유의 개별성이 매번 말을 하는 사람 자체 속에 존재한다면, 언어는 또한 개개인에게서 비로소 최종적인 확실성을 얻게 된다. 어떠한 사람도 말을 할 때에 다른 사람이 사유하는 것과 완벽하게 동일한 것을 사유하지는 않는다. 말하자면 물속에서 생겨나는 소용돌이처럼 미세한 차이가 언어 전체를 통해 계속 진동한다고 볼 수 있다. '말하기'와 '이해하기'는 언어의 전통이 미리 지시하고 있는 궤도에 따라 실행된다. 아무도 동일한 상황에서 상대방이 자신에게 말하는 것과 다른 방식으로 상대방에게 말해서는 안 된다. 말하자면 '나' 자신을 이해하는 데서 우리는 이미 주관적 정신과 객관적 정신의 단일성을 유지하게 된다. 따라서 모든 사고의 단일성은 개별적인 것과 보편적인 것의 단일성에 기인한다고 보아야 한다.[32]

모든 '이해'는 개개인과 연관되어 있다는 점에서 늘상 '몰이해(Nicht-Verstehen)'나 부분적인 '이해'에 그칠 수밖에 없는 가능성이 상존한다. 아울러서 대화는 대립관계 속에서의 동시적 관계로 인식

---

31) Schneider(1995: 219) 참조.
32) Liebrucks(1965: 288) 및 Humboldt(1830~35: 47) 참조.

되고, 주관적 관점을 객관성에 접근시킨다는 동일한 의도를 가진 사람들이 설정하는 동시적 관계로 보아야 한다.[33] 물론 개개인의 언어관에서 생겨나는 화자와 청자 사이의 오해는 근원적인 것은 아니다. 단순한 일상생활에 필요한 사안들의 경우에는 해석상의 차이와 오해가 자주 발생하지 않을 것이다. 그러나 인간은 사유활동을 하면서도 감성적인 존재이기에 필연적으로 개별적일 수밖에 없는 세계관을 갖게 되고, 이로 인해 다른 사람을 오해할 수 있는 근본적인 가능성들이 생겨난다.[34]

대화과정에서 이런 유의 오해가 불가피하다면 요컨대 청자의 '이해' 행위는 어떻게 가능할 수 있는가? 언어가 본질상 에네르게이아이고, '이해' 개념에 대한 해석이 듣는 사람에 의해 청취된 것을 산출해내는 행위로 규정된다면, 우선은 개인과 개인 간의 중개는 불가능한 것처럼 보인다. 왜냐하면 개개인은 각각 자신의 언어를 구사하는데, 이 언어는 완전히 순수성과 주관성을 보여주는 '나' 자신의 표현과 다름없기 때문이다. 그러나 인간은 바야흐로 그 자체로 독립하고 있는, 그래서 모든 것을 스스로의 판단에 따라 결정하는 개별적인 존재로만 간주될 수는 없다. 인간은 오히려 인류의 일반적인 본성에 필연적으로 관여되고 있다. 이런 관점에서 각각의 '개별성'이란, 오로지 모든 '개별성'들에 있어서 관철되는 인간의 본성

---

33) Humboldt(1830~35: 64) 참조.
34) Menze(1963: 481) 참조.

이라고 하는 '통일성(Einheit)'이 그때그때마다 특별하게 각인되어 있는 것으로 규정될 수 있다. 물론 '개별성'은 그 자체로 다른 모든 '개별성'들로부터 격리되어 있으며, 반복될 수 없는 고유의 모습을 보여준다. 아울러서 '개별성'은 모든 인간의 공통적인 성향과도 관련된다.[35]

훔볼트는 언어를 순수 주관적인 현상으로 보지 않고, 언제나 화자와 청자 사이에서 수행되는 대화적 현상으로 간주했다. 말하자면 언어란, 근원적으로 인간의 '사고'와 '이해'를 토대로 하는 동시에, 언제나 말을 하는 사람들이 공유하는 공동의 성과에 속한다는 것이다.[36] '말하기'의 상황도 필연적으로 '이해' 행위와 다를 수는 없다. 왜냐하면 '말하기'와 '이해하기'는 오로지 동일한 언어힘이 표출되는 상이한 방식의 작용들이기 때문이다. '말하기'와 '이해하기'는 상보적 관계이다. 이들은 서로 제약을 받고 있으며 공동으로 언어행위를 실현시킨다. 달리 말하면 '감성'과 '오성'의 공동유희가 공통적인 언어의 생성과정, 즉 대화를 통한 개개인들의 공동작용에서 완성된다고 말할 수 있다.[37]

의심할 여지없이 훔볼트의 관점에서 보면, 개인과 개인의 상이성(Verschiedenheit)에는 오로지 분리된 개별성들로 나누어지는 인간 본성의 '통일성'이 자리 잡고 있다. 만약 그렇지 않다면 공동의 언어

---

[35] Menze(1963: 482) 참조.
[36] Humboldt(1801~02: 597) 및 Schneider(1995: 218) 참조.
[37] Kedzik(1992: 377) 참조.

행위는 오로지 듣는 사람의 언어능력을 상호 일깨워준다는 차원에서 필연적으로 궤도를 벗어나 버릴 것이다. 인간 본성의 '통일성'이야말로 '이해'의 가능성에 대한 조건이며 토대이다. 이와 같은 인간의 공통적인 본성으로부터 '분절된 음성'과 같은 정교한 기호들이 창조되므로 화자와 청자가 조화로운 방식으로 언어적 중개를 수행할 수 있게 된다. 말을 하는 사람에 의해 음성으로 발화된 것에 대한 '이해', 즉 양자 간에 동일한 사상의 형성이 가능한 것은 '개별성'이 인간 본성의 '보편성'에 관여되어 있기 때문이다. 말하자면 말을 하는 개인이 가능한 한 듣는 사람과 동일한 특성들을 소유하므로 듣는 사람은 자신이 수용한 것을 전반적으로 일치하는 방식으로 재생산하여 자신의 것으로 만들게 된다.[38]

언어는 인간이 지니는 언어능력에 대한 형이상학적인 분석으로부터 이해되어야 한다. 그러나 비록 보편적인 인간의 언어능력이 인류 전체를 포괄하는 의미라고 해도 언어능력은 모든 인간들에게 두루 통용되는 유일한 언어로 실현될 수 있는 것은 아니다. 언어능력은 다양한 개별언어들로 구체화된다.[39] 이 과정에서 일어날 수 있는 개별적인 변화들, 즉 말을 하는 개인에 의해 야기되는 변화들이 필연적이라고 해도 이로 인해 '이해'가 불가능하게 되는 것은 아니다. 오히려 극도로 개별적인 말이란, 듣는 사람에게서 재생산

---

38) Humboldt(1830~35: 56~58) 및 Menze(1963: 482) 참조.
39) Ramischwili(1985: 248) 참조.

될 때에 이 말에 부합할 수 있는 아무런 수단이 존재하지 않는 경우일 것이다. 이때에는 말을 하는 개인의 언어 속에 존재하는 개별적인 세계관이 유일무이하며 재현되기 어렵기 때문에, 듣는 사람은 개별적인 진술들을 단지 유추적으로만 파악한다고 볼 수 있다. 따라서 말을 하는 사람이 언급하는 모든 말들이 이해되는 것은 아니다. 아무도 다른 사람의 견해를 정확하게 이해하는 것은 아니며, 다만 다른 사람이 의도하는 것에 부합하는 어떤 것을 이해한다. 그러므로 말을 하는 사람과 그 상대방은 엄밀한 의미에서 '이해' 행위를 하는 게 아니라, 의사소통을 하고 있는 것이다. 요컨대 개별적인 '말하기'의 상이성은 서로 다른 사람들 사이에서 요컨대 의사소통이 작동하기 위한 전제조건인 셈이다.[40]

달리 표현하면 의사소통은 한 사람의 언어를 다른 사람의 언어로 번역하는 것에 기초한다고 말할 수 있다. 그런 관점에서 '이해하기'란, 비록 한계가 있긴 하지만 '이해'의 과정에서 다른 사람에 의해 발화된 것들이 자신의 언어로 수용된다는 관점에서 탈개별화(Entindividualisierung)의 과정이다. 물론 듣는 사람은 발화된 내용을 최종적인 세분화를 거쳐 얻어내는 것이 아니다. 오히려 그는 이것을 수용할 때에 개별적인 면들은 버리게 된다. 이러한 과정에서도 오해가 생길 수 있는 원인이 발생하는데, 이는 말하는 사람에 의해 사유된 것이 의도된 것과는 다르게 듣는 사람에게 이해되는 경우이

---

40) Schneider(1995: 220) 참조.

다. 그렇지만 발화된 것을 일단 이해했다고 해도 '대화'에서의 헤아리기 힘든 대화의 정서적인 분위기까지 파악되는 것은 아니다. 따라서 듣는 사람은 대화상대방으로서 수동적으로 단순하게 주어져 있는 존재가 아니다. 그는 듣는 사람, 이해하는 사람, 대답하는 사람으로서 언어행위에서 조화가 이루어질 수 있도록 노력하지 않으면 안 된다. 상대방에 대한 이런 노력이 성과를 거두면 거둘수록 듣는 사람에게는 그만큼 더 바람직한 '이해'가 도출될 수 있다.[41]

훔볼트의 '이해' 개념에 따르면, 개개인이 자유롭게 상상하는 방식은 필연적이다. 말하자면 실제적인 '이해'의 행위에서 주체와 객체는 상호간에 자유로운 입장을 견지한다는 뜻이다. 따라서 각자의 주체는 대상들이 어떠한 방식이든 자기에게 명료하게 드러나고 있는 한, 이들에 대한 상대방 고유의 관점을 용인한다.[42] 이 자유로운 상상 속에는 바야흐로 '이해하기'가 지니고 있는 창조적 의미가 포함되어 있다. 왜냐하면 훔볼트에 있어서 '이해하기'는 불가분적인 어떤 시점에서 말하는 사람과 듣는 사람에 의한 상상의 방법이 조우하고 있다는 게 아니라, 오히려 보편적인 부분이 부합되고 있는 상상의 범주가 유효범위로서 조우한다는 것을 의미하기 때문이다. 이 경우 보다 개별적인 부분은 돌출하는 부분으로 인식된다. 인류의 정신적 발전은 오히려 이 과정을 통해 가능하게 된다. 사유행위

---

41) Menze(1963: 483) 참조.
42) Borsche(1997: 80) 참조.

의 모든 확대가 자주성이 침해되지 않고서도 다른 사람의 소유로 넘어갈 수 있기 때문인데, 바야흐로 이 '자주성'이야말로 사고의 획득과 확대에 필연적인 조건이다. 따라서 '이해하기'의 창조적인 과정은 다른 사람에 의해 의도된 것에 대한 완전한 '양해(Verständnis)'에 고정되어 있지 않다는 데서 나온다. 대화상대방인 '나'는 주관적으로 수용된 것을 자유롭게 다루고, 이것을 자신의 방법으로 응용해서 확대할 수 있는 '자주성'을 유지한다.[43]

이런 관점에서 인간이 자신의 인식방법과 지각방법에 따라, 말하자면 주관적인 방법으로 순수 객관적인 영역에 접근할 수밖에 없다고 보는 훔볼트의 시각은 매우 타당한 것으로 인식된다.[44]

훔볼트에 의하면, 궁극적으로 대화의 상대자인 두 사람 사이의 모든 감정과 정서가 최고도로 조화를 이루는 경우에만 이상적인 '양해'가 조성될 수 있다. '나'와 '너'의 이 최종적인 일치관계로 인해 두 개의 개별적인 언어가 한 개의 언어로 형성된다고 말할 수 있는데, 이 경우에는 한 언어와 다른 언어와의 상이성이 표출될 가능성은 더 이상 주어져 있지 않게 된다. 따라서 포괄적인 언어에는 한 사람의 '이해' 행위가 다른 사람의 '말' 행위로 간주될 수 있는 최종적 '이해'를 위한 모든 조건이 충족되어 있는 셈이다. '나'는 '너'를 포함한다. '나'의 부분이 '너'인 것처럼 '너'의 부분은 또한 '나'인

---

43) Menze(1963: 483) 참조.
44) Humboldt(1820: 27) 참조.

것이다. '나'와 '너'는 공동으로 하나의 주관성을 형성하는데, 이 주관성은 스스로 조화를 이루면서 다양한 세계를 한 가지 방식(세계관)으로만 자신에게 반영하고 복제한다.

'대화' 과정에서 '이해하기'란, 다른 사람에게 관심을 기울인다는 의미에서 보면 '대답(Antworten)'에 대한 전제조건이다. '대답'이란 '나'의 '말하기'를 토대로 한 '너'의 '말하기'이다. '너'의 '말하기'는 자의적이어서는 안 되며, '대답'으로서의 '나'의 '말하기'를 교시하면서 '나'의 '말하기'에 부합되지 않으면 안 된다. '나'의 '말하기'와 '너'의 '말하기'가 서로 상응하는 입장을 취하고, 서로 연관을 맺으면서 이야기가 서로 엇갈리지 않는다면 '이해'의 분위기가 조성된다고 말할 수 있다. 이 경우 '나'의 '말하기'와 '너'의 '말하기'의 성공적인 상호유희로부터 '대화'가 바람직하게 전개되기 시작한다.[45]

의심할 여지없이 '대화'에서 참된 모습의 인간은 그의 상대방인 '너'를 근거로 형성된다. 이는 훔볼트의 사상이 자연스럽게 대립된 원리들을 통합하고 있는 경향과 맥락이 같다. 대화를 하는 인간은 또 다른 대화상대방이 소속하는 세계의 영역으로 자신을 확대시킨다. 인간은 대화상대방인 '너'를 토대로 규정되는 동시에 완전해진다. 왜냐하면 '너'는 '나'가 아닌 또 다른 '나'로부터 겪게 되는 자발적인 응답을 거쳐서만이 실제로 주체가 될 수 있기 때문이다.

---

[45] Menze(1963: 484) 참조.

'나'는 '너'에 대비되는 것으로 인식될 때만이 이것 스스로가 객체의 세계로부터 뚜렷하게 부각되는 것으로 간주될 수 있다.[46]

'대화'에 있어서 '이해' 행위를 하는 '너' 또한 '나'의 대화상대방이다. '너'는 '대화'에 동의하면서 '나'와 함께 '대화'를 이끌어 나간다. 사상의 발전에 있어서도 이와 같은 대화상대방은 필수불가결한 존재이다. '대화'란, 대립적인 상호관계 속에서 존재하는 공시적 상태를 드러낸다고 볼 수 있다. 훔볼트의 의미에서 보면, 화제가 되고 있는 문제를 바라보는 두 개의 개별적인 관점들은 언어를 통해 제약을 받고 상호 조화를 이루는 동시적 관계이다. 이것은 상대방을 멀어지게 하는 것이 아니라, 화제로 삼는 것을 의미한다. 또한 대화의 일종인 토론은 인식을 행하는 주체(나)를 진리에 보다 가깝게 접근시키는 역할을 수행한다. 이는 서로 대립적인 관계를 설정하면서도 상대방 쪽으로 화제를 돌림으로써 화제 대상에 대한 전망을 보다 명백하게 포괄적으로 드러나게 한다는 점에서 그러하다. 바야흐로 다른 사람의 사고력에 의한 '성찰' 행위를 통해 '개념'이 비로소 확실하게 규정되는 동시에 명백성을 얻는다고 보는 훔볼트의 시각은 인간의 말(언어)이 대답을 통해서만 '개념'이라는 객관성을 얻게 된다는 것과 맥락이 같다.[47]

훔볼트에 있어서 '대화', 즉 동일한 뜻을 지닌 사람들과의 동시적

---

46) Burkhardt(1987: 151) 참조.
47) Humboldt(1827: 26 이하).

관계는 다른 사람과의 사교활동에서 젊었을 때부터 스스로를 제어하는 생활양식이다. 아울러서 대화의 의미는 섣불리 판단하기 어려울 정도로 귀중한 인간의 생활양식이다. 따라서 어떤 대화상대방이 어떤 것을 무조건 타당하다고 주장하는 다른 사람과의 대화에서 반증을 제기하는 것은 쉽지 않다. 만약 그렇게 되는 경우에는 필연적으로 대화가 중단되고 말 것인데, 독단적 입장과 진리에 대한 추구가 양립할 수 없다는 시각 때문일 것이다. 그런 관점에서 보면 순수한 인간의 삶과 인식은 오로지 '대화'라는 의사소통을 통해서만 가능하다고 할 수 있다.[48]

의심할 여지없이 훔볼트에 있어서 인간 사고의 주관적 형식들은 상대방과의 '대화'를 통해 객관적 타당성을 얻는다. 이러한 '대화' 개념은 본디 선험철학의 독백적인 대화로부터 발전한다. 훔볼트의 언어철학에서 드러나는 실제적인 모티브는 바로 이 부분에서 시사된다.[49] 그런 관점에서 훔볼트의 인류학적 고찰에서 인간의 사교행위는 의미심장한 역할을 부여받는다.

훔볼트는 인간을 사유하는 존재로 규정했다. 그러나 이러한 사유행위가 존재할 수 있기 위해서는 필연적으로 사유행위가 다른 사람에게도 공동으로 설정되어야 한다. 원천적으로 이웃과의 관계에서 나오는 '교제(Geselligkeit)'라고 하는 개념 자체는 소박한 사유행위들

---

[48] Menze(1963: 484) 참조.
[49] Stetter(1989: 27) 참조.

에 대한 분석에서 얻어진다. 사교적 전달행위는 인간에게 확신과 자극을 부여한다. 인간은 본질상 무조건 교제를 지향하도록 되어 있다. 왜냐하면 인간의 본성에 대한 욕구에는 두 가지 요소가 포함되어 있기 때문이다. 그 하나는, 모든 인간의 힘들이 오직 교류를 통해서만 완벽하게 전개된다는 것이며, 다른 하나는, 모든 인류에게는 공통적인 어떤 것이 존재하며, 이로 인해 개개인들은 다른 사람들로부터 부족한 점을 보완하려는 욕구를 스스로가 숙명적으로 지니고 있다는 것이다. 훔볼트는 인간을 사교적 존재로 해석함으로써 동료 인간을 필요로 하지 않으면서 스스로 자족하는 개개의 영역을 인정하지 않는다. 훔볼트에 따르면, 인간은 언어를 자신에게 전달하는 '너'를 경험함으로써 비로소 인간으로 된다. '너'는 인간의 경계를 설정하고, 규정하며, 인간에게 반응하는 동시에 인간으로서의 '나'를 만들어 준다. 그리하여 '나'는 내가 응답하는 '너'와의 의존관계로 '나'가 되는 것이다.[50]

언어행위를 통한 고유의 의사소통에서 자의식이 형성되는 것은 언제나 스스로를 다른 사람과의 관계에 의해, 그리고 다른 사람의 관점에서 해석하려는 시도이다. 그러므로 인간이 공동체와 결합되어 있다는 것은 루소가 생각한 것처럼 의지할 곳 없이 무력한 상태에 놓여 있는 인간의 생존문제가 걸린 위급한 상황을 벗어나기 위한 것은 아니며, 본성으로 인해 인간에게 귀속되지 않으면 안 되는

---

50) Menze(1963: 487) 참조.

교제를 향한 충동에서 생긴 것도 아니다. 공동체와의 연관성의 근원적 실체는 바야흐로 인간 자체의 본질적 구조 속에 있다. 외딴 곳에 홀로 격리되어 있는 인간이라도 오직 언어를 통해서만 인간인 것처럼 인간은 언제나 이미 공동체를 지향하고 있으며, 공동체를 통해 실재하고 있는 존재인 것이다. 말하자면 인간의 언어능력에는 공동체와 연관되어 있는 인간 특유의 성향이 포함되어 있는 것이다. 따라서 언제나 개개의 현실은 언어를 통해 이미 필연적으로 이웃과 함께 하는 현실로 나타나기 때문에 이웃과의 인간적 관계는 인류학적인 소박한 구성요건에 속한다. 그렇지만 이와 같은 인류학적 실상은, 말을 하는 행위를 통해 설정되는 공동체와의 연관성이 공동체에 부여된 의무라는 점에서 윤리적으로 중요한 양상을 띠고 있다. 왜냐하면 다른 사람의 말을 경청하는 것과 응답하는 사람의 듣는 행위도 공동체의 구성요건에 속하기 때문이다.[51]

그러므로 훔볼트의 관점에서 보면, 언어공동체 내에서 '대화'를 주도하는 인간이란, 의식적이든, 무의식적이든 다른 사람을 근거로 교화되어가는 인간 전체이다. 따라서 '대화'의 '이상'은 바로 인간의 '이상'에 대한 성찰이며, 역으로 인간의 '이상'은 '대화'의 '이상'에 대한 성찰인 것이다.[52]

---

51) Menze(1963: 485) 참조.
52) Burkhardt(1987: 155) 참조.

5. 언어의 '종합' 행위

5.1. 도입

 훔볼트가 칸트의 철학사상으로부터 영향을 받았다는 것은 훔볼트가 남긴 탁월한 성과들에 대한 심도 있는 고찰이 시작된 이래로 논란의 여지가 없는 부분이었다. 이미 하임(R. Haym, 1821~1901)의 저술에서도 훔볼트가 칸트의 글을 전혀 읽지 않았거나 서신 등을 통해 교류가 전혀 없었을지라도 칸트주의자였을 것이라고 추정한 문구가 발견된다. 아울러서 슈트라이트버크(W. Streitberg, 1864~1925)도 훔볼트의 언어이론이 칸트의 철학사상을 배경으로 해서 언어적 고찰을 시도한 것이라고 단언한 바 있다. 심지어 20세기의 언어연구가 헤쉔(V. Heeschen)은 "칸트적인 훔볼트의 언어학"이라는 표현까지 사용하기도 했다.[1]

훔볼트에 있어서 언어는 철저하게 인간과 내면적으로 결합되어 있는 인간 주체의 정신활동, 즉 사유행위의 도구로 나타난다. 따라서 훔볼트는 인간의 지적(오성적) 활동과 언어가 통일체이며, 서로 불가분의 관계를 맺고 있다고 확신했다.

훔볼트는 전통적인 기호개념에서 유래하는 언어기호의 두 가지 기능, 즉 대상(객체)에 대한 '표시기능'과 의사소통적 '중개기능'에 이의를 제기했다. 그의 관점에서 보면, 낱말은 기호로써 작용하지만 전통적인 의미에서의 기호가 아니다. 왜냐하면 낱말은 '음성'과 '개념'의 통합체이기 때문이다. 따라서 양자는 분리될 수 없게 상호 결합되어 있는 상태이므로 단순히 '개념'(내용)을 나타내는 것이 음성이라고 말하는 것은 모순이 있는 것으로 인식된다.

이 단원에서는 훔볼트의 언어발생론에 입각하여 분절된 '음성'과 '사상'의 '종합(Synthesis)'에 대해 본질적으로 고찰하고, 칸트적 의미에서의 '종합'과의 비교를 통해 그 위치가치를 논증해 본다.

5.2. 언어와 사고

훔볼트는 공직에서 물러난 후 마지막 15년 동안 오로지 언어연구에 전념했다. 비록 미완성 작품으로 남았지만 훔볼트의 가장 빛나

---

1) Schneider(1995: 246) 참조.

는 언어철학적 저술은 인도네시아의 쟈바섬의 카비어(Kawi-Sprache)에 대한 연구였다. 그렇지만 이 글은 언어에 대한 훔볼트의 심도 있는 고찰이었을 뿐만 아니라, 그의 언어철학적 관점을 적나라하게 제시해 주었다.

또한 이 글은 서문으로서는 너무나 방대한 분량이었기에 훔볼트의 사후에 동생이며 지리학자였던 알렉산더 폰 훔볼트에 의해 단행본으로 출간되었는데, 『Über die Verschiedenheit des menschlichen Sprachbaues und ihren Einfluß auf die geistige Entwicklung des Menschengeschlechts(인간 언어구조의 상이성과 인간 종족의 정신적 발달에 미치는 그 영향에 대하여)』(1830~35)라는 표제가 부여되었다. 이 책에서는 다음과 같이 언어와 사고의 밀접한 상호작용을 기술하고 있는 인상 깊은 자리들이 발견된다:

> "언어는 사상을 형성하는 기관이다. 지적 활동은 철저하게 정신적으로, 그리고 내면적으로 거의 흔적도 없이 사라지는데, 이것은 외적으로는 음성을 통해 말로 표현되면서 감각으로 지각될 수 있다. 따라서 지적 활동과 언어는 하나이며 서로 분리될 수 없다. 그러나 또한 지적 활동은 그 자체로 말소리와 결합되어야 하는 필연성에 얽매어 있다. 그렇지 않으면 사고는 명료하게 될 수 없으며, 표상은 개념으로 될 수 없다. 사상, 발성기관 및 청각과 언어와의 뗄 수 없는 결합은 더 이상 해명이 불가능한 인간 본성의 원천적인 조직 속에 존재한다."[2]

---

2) Die Sprache ist das bildende Organ des Gedankens. Die intellektulle Tätigkeit, durchaus geistig, durchaus innerlich und gewissermaßen spurlos vorübergehend, wird

앞에 제시된 인용문의 첫 부분에서 언급된 "언어는 사상을 형성하는 기관"이라고 규정한 훔볼트의 정의는 그가 '기관(Organ)'을 사상 형성의 '도구'로 표현하고 있음을 말해준다. 이처럼 언어를 '도구'로 묘사하는 부분은 훔볼트의 저술들에서 드물지 않게 등장한다. 이에 대한 단서는 언어행위를 사유행위의 선험적 조건에 예속시키려는 그의 연역적인 고찰방식이다. 훔볼트는 그의 언어연구에서 근본적으로 지적 활동(정신)과 음성(실체) 사이의 구별을 연구의 출발점으로 삼았는데, 이것이 그로 하여금 도구이론[3]을 주장하게 했다는 근거이다.[4]

훔볼트에 의하면, 인간의 사고(지적 활동)는 철저하게 정신적이며, 철저하게 내면적인 행위이다. 그러나 인간은 순수 정신적인 존재는 아니며, 감성적인 면도 가지고 있다. 따라서 엄밀히 말하면 인간이 순수한 사유행위를 할 수는 없다. 훔볼트는 칸트와는 달리 인

---

durch den Laut in der Rede äußerlich und wahrnehmbar für die Sinne. Sie und die Sprache sind daher Eins und unzertrennlich von einander. Sie ist aber auch in sich an die Notwendigkeit geknüpft, eine Verbindung mit dem Sprachlaute einzugehen; das Denken kann sonst nicht zur Deutlichkeit gelangen, die Vorstellung nicht zum Begriff werden. Die unzertrennliche Verbindung des Gedankens, der Stimmwerkzeuge und des Gehörs zur Sprache liegt unabänderlich in der ursprünglichen, nicht weiter zu erklärenden Einrichtung der menschlichen Natur(Humboldt, 1830~35: 53).

3) 이 부분에서 제시한 '도구'라는 용어는 언어를 의사소통의 수단(도구)으로 보는 전통적인 언어관에 따른 것이 아니라, 언어의 내면적인 정신활동에 초점을 맞추는 훔볼트적 언어관에서 연역된 표현이다.
4) Navarro-Pérez(1993: 104) 참조.

간의 사고가 언어를 도구로 사용하기 때문에 언어적이어야 한다고 주장했다. 그의 관점에서 언어는 '개념'들을 명료하게 하기 위한 필연적인 조건이다. 이 명제는 어떤 측면에서는 결정적으로 언어에 대한 선험적인 추론을 보완해준다. 왜냐하면 훔볼트는 인간이 언어행위를 통해 바야흐로 순수한 사고에 걸맞게 명료성을 얻어낼 수 있다고 생각했기 때문이다. 말하자면 그에 있어서 언어는 오로지 사고의 보완(Komplement), 즉 외적인 인상들과 불분명한 내적인 감정들을 명백한 개념으로 고양시켜주는 역할을 하고 있는 것이다.[5]

이와 같은 관점에서 궁극적으로 분명해지는 것은 훔볼트의 언어에 대한 선험적인 논증의 이면에는 바야흐로 순수한 사고가 인간에게는 불가능하다는 것이 아니라, 오히려 역으로 감성에 의존하는 인간으로 하여금 사유행위의 영역에 접근할 수 있도록 언어가 실재한다는 생각이 잠재하고 있었다. 특히 주목할 것은 훔볼트가 언어와 사고에서 언어를 사고의 조건으로 보기보다는 사고의 보완 내지는 완성으로 표기하고 있다는 점이다.[6] 이것은 인간이 사유행위를 할 수 있는 게 아니고, 오로지 말을 할 수 있을 뿐인데, 인간이 말을 하는 행위는 순수한 사고를 위한 요구에 충족되어야 한다는 뜻이다. 그런 의미에서 훔볼트는 "언어를 이용한 개념의 형성"에 대해 언급한 것이다. 따라서 '개념(Begriff)'의 필요성과 그 결과로서 생성

---

5) Humboldt(1806: 168) 참조.
6) Navarro-Pérez(1993: 105) 참조.

되는 '명료화(Verdeutlichung)'의 의지는 단순히 외적으로 명확하게 표출된 것에 지나지 않는 언어행위보다도 선행하지 않으면 안 된다. 그러므로 말을 하는 행위가 '개념'을 형성하는 것은 아니다. 인간이 말을 하는 것(언어행위)은 자신의 사고에 단지 불분명하게 인지되어 있는 개념들을 명료하게 할 수 있도록 인간이 이용하고 있는 '도구'로 해석될 수 있다.[7]

훔볼트에 있어서 사고는 아무리 순수한 것이라도 감성형식(언어)을 이용해서만이 생성될 수 있다. 그런 관점에서 명료성을 얻기 위한 사고의 조건에는 언어라는 요소가 선험적으로 추론될 수밖에 없다. 누구든지 주체가 은둔상태를 원치 않는다면 언어는 필수불가결하다. 만약 어떤 것이 사유되어야 한다면, 어떤 것은 말로 표현되어야 한다.[8] 다시 말해서 순수하게 지적인(오성적인) 존재는 언어의 감각적 영역에 관련될 필요가 없지만, 정신적이고 감각적인 존재인 인간은 감각적 수단인 언어를 통해서만 사유할 수 있는 것이다. 이 경우 언어는 주체를 감성에 내맡기는 것이 아니라, 주체로 하여금 바야흐로 생소한 외부세계를 제어할 수 있도록 도와주는 역할을 수행한다.[9] 따라서 언어는 대상을 사고의 객체로 형성하는 동시에 대상세계를 구성하는 존재론적 기능을 지닌다.

---

7) Navarro-Pérez(1993: 106) 참조.
8) Humboldt(1795~96: 581) 참조.
9) Navarro-Pérez(1993: 98) 참조.

5.3. '종합'에 대한 본질규정

언어의 기원을 밝혀내려고 한다면, 감각기관에 의한 구체적인 '음성'의 창출을 통해 정신적 '내용'이 어떻게 표현될 수 있는가? 라고 하는 기본적인 문제제기에서 출발해야 한다. 훔볼트 역시 이 근본적인 문제를 연구의 기점으로 삼았다. 물론 훔볼트는 참된 의미에서의 언어발생인 "사상과 음성의 결합"이라고 하는 언어의 '종합(Synthesis)' 행위에 대한 만족할 만한 해명은 기대될 수 없는 사안이라는 점을 인식하고 있었다. 말하자면 훔볼트는 자신이 테마로 삼았던 언어의 '작용방식(Verfahren)'을 언어연구가가 접근하기 어려운 가장 오묘한 부분으로 간주했던 것이다.

훔볼트에 있어서 언어기원의 문제는 그보다 앞선 시대의 사상가들과는 다른 방식으로 전개되었다. 말하자면 훔볼트의 접근방식은 언어가 언제, 어디서, 누구로부터 발생했느냐를 명쾌하게 해명하려는 것이 아니었다. 오히려 그는 언어의 발생과정에 관한 해명의 전제조건을 언어의 본질 전반에 두고 있었다고 보아야 한다.[10]

훔볼트의 관점에 따르면, 말이 형성될 때 행해지는 언어의 작용방식에 대한 재구성에서 근본적으로 인식해야 하는 것은 먼저 언어의 생성이 끊임없이 '종합' 행위를 통해 이루어진다는 사실이다. 그에 의하면, 언어의 발생은 최초로 기본요소들이 구성될 때부터 종

---

10) Droescher(1980: 103) 참조.

합적인 작용방식에 따른다. 그러나 종합적인 언어과정은 첫 번째 언어창조의 경우에만 일어나는 것이 아니라, 인간이 매번 말을 할 때마다 정신 속에서 실행된다. 따라서 '종합'이란, 언제나 순간적으로 지나가버리는 조작방식인데, 보다 정확히 말하면 이 '종합' 행위를 통해 언어라고 하는 작품이 만들어지고, 이후에도 계속 작품으로서의 존재가 유지되는 것이 아니라, 그 자체로 이미 활동으로서의 가치를 지닌다는 것이다. 바야흐로 언어의 종합적인 생성이란, 훔볼트가 그 특수성을 그리스어에서 유래하는 낱말 *Energeia*(활동)를 통해 묘사한 바 있는 언어의 동적인 작용방식에 속한다.[11]

언어의 '종합'에서는 언어의 계통발생(Phylogenese)에서 일어나는 역사적 사건만이 중요시되는 게 아니라, 매번 말을 할 때마다 수행되는 현실적인 생성과정도 다루어지기 때문에 한편으로는 '원천적인 종합(ursprüngliche Synthesis)'이 일상적으로 실현된다고 말할 수도 있다. 그러나 다른 한편으로 언급되어야 하는 것은 훔볼트가 본래 언어의 '일상적인 종합(alltägliche Synthesis)'에 대해 기술하지 않았다는 점이다. 오히려 그는 언어구성의 종합적인 행위를 선험적으로, 말하자면 현실적인 종합과정과는 무관하게 역사적인 언어행위 속에서 해명하려고 노력했다.[12]

---

11) 훔볼트의 언어관은 전반적으로 이미 형성되어 있는 정적 체계로서의 언어보다는 지속적인 정신활동을 통한 세계의 동적 변형으로서의 언어에 중점을 둔다(Humboldt, 1830~1835: 44 참조).
12) Schneider(1995: 232) 참조.

훔볼트의 관점에서 '음성'과 '개념'(사상)이 실제로는 언제나 이미 결합되어 있는 것으로 이해될 수 있다면, 언어의 '원천적인 종합'이라고 하는 표현이 필연적으로 제기될 수 있다. 그렇긴 해도 음성과 사상이 선행적으로 결합하고 있는 현상은 경험상으로는 인식될 수 없을 뿐만 아니라, 형이상학적인 가설로 인식될 수 있다. 물론 이 문제는 언어의 첫 번째 발생까지 거슬러 올라갈 때, 즉 모든 언어의 출발상태를 사유하는 것이 가능할 때 해결될 수 있을 것이다.[13]

이 경우 만약 훔볼트가 언어의 '일상적인 종합'에 관해서도 기술하려고 했다면, 말을 하는 사람은 이미 언어적으로 형성되어 있는 자료를 근거로 삼을 수밖에 없다는 점이 고려되어야 했을 것이다. 물론 훔볼트는 언어생성의 경험적 요인을 언급하고는 있지만, 그것은 오로지 부수적인 사항일 뿐이었다. 무엇보다도 훔볼트에 있어서 중요한 것은, 언어의 생산활동에 대한 선험적인 규정이었다. 따라서 언제나 훔볼트에 의한 부연 설명은 암암리에 모든 언어의 처음 상태를 사유하는 것이 가능하다는 것을 전제로 삼고 있었다. 왜냐하면 그의 관점에서는 언어의 처음 상태를 가정할 때만이 순수한 언어생산이 가능할 것이기 때문이다. '사상'과 '언어'의 '원천적인 종합'은 오로지 초기 상태에서만 일어난다. 왜냐하면 그 시점에서는 기존의 언어자료가 형성되어 있지 않기 때문이다. 그에 반해서 말을 할 때마다 행해지는 정신활동은 순수하게 생성되는 것이 아니

---

[13] Humboldt(1824~26: 375) 참조.

라 개조되는 것이기 때문에, 그때그때 언어가 출현하는 현상형식에 관해서는 단지 본질적인 것이 아닌 단순한 결합이라고 말할 수 있을 뿐이다. 그렇다고 '무(Nichts)' 상태에서 출발하는 최초의 원천적인 '언어발생'이 나중에 나타나는 언어의 실제적인 기능이라고 주장될 수 있는 것은 아니다. 오직 전래된 것에 대한 습득은 변형된 언어발생일 뿐이다.[14]

의심할 여지없이 훔볼트의 관점에서는 '개념'을 형성하는 언어생성은 '원천적인 언어발생'을 통해서만 이루어지는 것은 아니며, 인간이 사유하고, 말을 할 때마다 계속해서 일어나는 현상으로 간주된다.[15] 그렇지만 비록 말을 할 때마다 필연적으로 언어의 '종합' 행위가 발생한다고 해도 그것은 훔볼트가 실제로 상세하게 묘사하려고 했던 그러한 언어과정은 아니다. 훔볼트는 이미 기존하고 있는 언어에 바탕을 두는 언어생성을 확증하려는 것이 아니었다. 무엇보다도 그는 '경험적인 언어발생'과는 무관하게 언어의 생성조건의 원천적인 근거를 탐구하려고 했던 것이다. 따라서 언어가 산출되는 심리적인 진행과정에 대해 해명하기보다는 언어 자체에 근거를 두고 있는 생성과정에 대한 사려 깊은 통찰이 중요시되었다.[16]

훔볼트에 의하면, 의심할 여지없이 모든 언어형성과 사고형성의 근본적인 자료역할을 하는 것은 '소재(Stoff)'이다. 언어에서 '소재'

---

14) Scharf(1989: 142) 참조.
15) Humboldt(1820: 24) 참조.
16) Schneider(1995: 233) 참조.

의 의미는 무엇인가? 순수한 측면에서 언어 내부에는 형식화되어 있지 않은 '소재'는 존재할 수 없다. 왜냐하면 언어 속에 있는 모든 것은 일정한 목적, 즉 사고의 표현에 맞추어져 있기 때문인데, 이러한 작업은 언어의 첫 번째 기본요소인 '분절된 음성(artikulierter Laut)'에서 이미 시작된다. 그에 반해서 언어 밖에 존재하는 자료(소재)들은 분절되어 있지 않고, 형식화되어 있지 않기 때문에 불완전한 수단으로서만 사유될 수 있다고 말할 수 있다.[17] 훔볼트에 있어서 언어의 '소재'는 다음과 같이 구체적으로 정의된다:

> "언어의 실제적인 소재는 한편으로는 음성 전반이며, 다른 편으로는 감각적 인상 및 자발적 정신운동 전체인데, 이들은 언어를 이용한 개념의 형성보다 선행한다."[18]

이 부분에서는 우선 언어의 질료적인 소재라고 하는 전제조건들에 대한 언급보다는 '개념'의 형성이 '언어'를 이용하여 발생한다는 서술이 주목할 만하다. 훔볼트는 '사상'과 '음성'의 결합인 언어의 '종합' 과정을 두 단계로 기술한 바 있는데, 이 경우 첫 번째 과정에서는 '표상'(심상)이 만들어지고, 두 번째 과정에서는 '개념'이 형성

---

17) Humboldt(1820: 17) 참조.
18) Der wirkliche Stoff der Sprache ist auf der einen Seite der Laute überhaupt, auf der andren die Gesammtheit der sinnlichen Eindrücke und selbsttätigen Geistesbewegungen, welche der Bildung des Begriffs mit Hilfe der Sprache vorausgehen(Humboldt, 1830~35: 49).

된다. 물론 이 경우 단순히 주관적 '표상'이 협약된 기호에 의한 표기를 매개로 하여 '개념'이라는 객관적인 영역으로 넘어간다는 것을 의미하는 것이 아니다. 오히려 이 과정은 '표상'을 개념으로 만드는 언어기호의 구성적 작용(언어의 작용방식)을 강조하고 있다. 바야흐로 이 구성적 작용이 언어의 '종합'이다'.[19] 그러므로 언어발생의 종합적인 행위는 단순히 이전에 이미 존재하는 '음성'과 '개념'이라는 부분의 결합으로 간주될 수 있는 게 아니다. 왜냐하면 언어는 결코 '대상'들을 묘사하는 것이 아니라, 언제나 '언어생성'에서 정신을 통해 자발적으로 대상들로부터 형성된 '개념'들을 묘사하기 때문이다.[20]

인간이 말을 할 때는 '개념'과 '분절된 음성'이 결합(종합 행위)을 통해 동시에 산출된다. 개념형성과 낱말형성의 동시적인 발생, 즉 사상과 언어를 생성시키는 힘의 동일성이라는 명제는 훔볼트와 그 이전에 나온 언어이론적인 관점들과는 뚜렷한 차이점을 보여준다. 훔볼트의 언어사상에서 중심적인 이와 같은 명제에 근거하면, '종합'의 출발점은 이전에는 실재하지 않다가 나중에야 종합되는 요소들일 수는 없다. 말하자면 훔볼트는 자신이 '음성', '감각적 인상(sinnlicher Eindruck)' 및 '자발적 정신운동(selbsttätige Geistesbewegung)'이라고 언급한 바 있는 언어 이전의 세 가지 '소재'들을 언어의 생

---

[19] Jäger(1989: 175) 및 3.4. 참조.
[20] Schmidt(1968: 70) 참조.

성을 위한 실질적인 토대로 규정했다. 사실 이와 같은 '소재'들의 존재론적 위상을 규정하기는 어렵다.[21]

현대의 언어연구가 샤프(H-W. Scharf)는 언어형성에 있어서의 '소재'들의 상태에 대한 훔볼트의 서술을 오로지 교수법상으로 분석의 필요성에 따른 것으로 보았다. 따라서 샤프는 훔볼트의 관점에서 볼 때 본질적으로 '음성 전반', '감각적 인상'이나 또는 '자발적 정신운동'은 독자적으로 각각 존재하는 요소들이 아니라고 생각했다. 사실상 언어의 '소재'들이라는 이 전제조건에 대한 분석에서는 실제적인 해명보다는 오히려 논리적으로 재구성해 보는 것이 중요하다. 왜냐하면 이 '소재'들은 분리되어 있지 않기 때문이다.[22]

그런 관점에서 보면 칸트주의자로 일컬어지는 훔볼트에 있어서 언어에 구속되어 있지 않는 '자발적 정신운동'은 명백히 존재한다고 볼 수 있다. 하지만 이것은 여전히 개념상으로는 명확하게 드러나지 않는다. 왜냐하면 훔볼트에 있어서 '자발적 정신운동'은 오직 언어를 이용한 '개념'의 형성보다 먼저 존재하는 것으로 인지되기 때문이다. 훔볼트가 언급하고 있는 '자발적 정신운동'은 그 자신이 표현한 '지적(오성적) 활동'과는 동일시될 수 없다. 왜냐하면 '지적 활동'은 언어와 하나로 합쳐져 있으며 분리될 수 없기 때문이다. 훔

---

21) Schneider(1995: 234) 참조.
22) Scharf(1977: 99) 참조.

볼트는 명백히 '지적 활동'을 언어와 분리할 수 없는 개념적인 사고로 보았던 것이다.[23]

훔볼트에 있어서 '자발적 정신운동'은 명백히 칸트의 『Kritik der reinen Vernunft(순수 이성의 비판)』(1871)에서 기술된 '오성'의 비언어적 기능으로 간주될 수 있다. 그러나 훔볼트의 견해에 따르면, 오성의 기능은 필연적이긴 하지만, 칸트와는 달리 개념형성을 위한 충분한 조건은 아니다. 따라서 훔볼트의 입장에서는 언어 이전에 '개념'의 체계가 이미 존재한다는 명제를 결코 주장할 수 없었던 것이다. 왜냐하면 그는 '개념'의 체계가 오로지 언어를 통해서만 등장할 수 있다고 보았기 때문이다. 하지만 훔볼트는 언어 이전에 정신 활동이 존재한다는 가정에서는 칸트의 견해를 따랐다.[24]

훔볼트는 언어의 정신적인 면과 유사하게 음성적 성향에 관해서도 어떤 의미에서 언어 이전에 존재하는 요소들이 가정될 수 있다는 견해를 피력했다. 그는 인간이 일부분만 동물적인 성향을 공유하고 있기 때문에 언어를 순전히 동물적인 발성이라고 단정해서는 안 된다고 생각했다. 말하자면 그에 있어서 인간의 언어는 오로지 발성만을 통해 동물적인 소리가 '분절된 음성'으로 바뀐 것으로 간주되지는 않는다.[25]

이 경우 물론 나중에 필연적으로 언어에 의해서만 결실을 맺는,

---

23) Humboldt(1830~35: 42) 참조.
24) 5.4. 참조.
25) Schneider(1995: 235) 참조.

완성되어 있는 언어적 음성이 미리부터 존재한다는 것을 의미하는 것은 아니다. 실제적인 언어발생에서는 당연히 '분절된 음성'이 즉시 언어로 생성된다. 훔볼트가 명백히 언어의 실제적인 '소재'로서 '음성'이라고 표현하지 않고 '음성 전반'이라고 언급한 것은 아마도 동물과 연관되어 있는 인간의 음성적 성향[26]을 고려한 것 같다. 훔볼트에 있어서도 헤르더의 경우처럼 음성의 자의적인 사용을 가능케 하는 인간 오성(이성)의 관여는 인간 언어의 결정적인 발생기준이 된다.[27]

그렇기 때문에 전반적으로 언어를 구성하는 근본적인 '소재'들에 대한 훔볼트의 견해표명은 '소재'가 철저하게 언어 이전에 존재하므로 언어로 가는 도상에 있는 '소재'로서의 특징을 지닐 수 있다고 풀이될 수 있을 것이다. 그러나 언어에서는 '소재'들 자체는 더 이상 인식될 수 없다. 왜냐하면 언어에서 '소재'들은 형식화되어 있지 않은 질료적 특성을 포기했기 때문이다. 말하자면 언어에서 '소재'는 모든 현상세계의 자연에 속하지만, 순수한 측면에서 언어 속에 형식화되어 있지 않은 '소재'는 결코 존재하지 않는다는 것이다.[28]

바야흐로 언어를 통해 인간의 불확실한 사고는 확실성을 얻게 되고, 동물적인 소리는 '분절된 음성'으로 나타난다. 그뿐만 아니

---

[26] 동물의 소리는 분절되어 있지 않으므로 언어와는 무관한 음성적인 속성임.
[27] Herder(1772: 43) 참조.
[28] Ramischwili(1959: 20) 참조.

라 인간은 '소재'들을 의식적으로 언어로 합성하는 것이 아니라 자연발생적으로 생성시키기 때문에, 언어의 질료적 토대에 대한 실질적인 탐구는 어떤 초기 상태의 관찰을 통해 성과를 얻어낼 수는 없을 것이다. 오히려 '소재'가 이미 형식을 갖추고 있도록 형성된 기존의 언어를 통해서만 생성의 전제조건들에 대한 귀납적 추리가 가능하다. 그렇기 때문에 음성적 성향, 감성 및 정신의 자발성(Selbsttätigkeit)은 언어에서 따로따로 나타나지 않으며, 개별적인 검증을 통해서는 언어의 조건으로 인식될 수 없는 것이다. 그럼에도 훔볼트의 관점에서 이러한 '소재'들이 언어와는 무관하면서도 모든 언어형성의 실제적인 전제조건으로 제시되고 있다는 것도 또한 명백한 사실이다.[29]

훔볼트의 견해에 따르면, 언어형성에서 가정할 수 있는 세 가지 '소재'들의 종합과정은 두 단계로 진행된다. 우선 '소재'의 한쪽 측면에 있는 '감성' 및 '자발적 정신운동'이 결합하지 않으면 안 된다. 그 다음, 결과물로서의 '표상'(떠올리는 심상)이 명확한 '개념'으로 되기 위해서는 '소재'의 또 다른 측면에 있는 '음성'과 통합되어야 한다. 훔볼트에 따르면, 이 과정에서 '표상'은 말로 표현될 때 주관적 힘에 맞서서 객체로 되고, 그것 자체로서 새롭게 지각되어 주관적 힘으로 되돌아온다. 인간의 사고는 오로지 고유의 주관성에서 유래하는 객관성으로부터 사유행위에 적합한 대상과 명백한 개념

---

[29] Schneider(1995: 236) 참조

을 얻게 된다.30) 따라서 '개념'은 '표상'이 언어적으로 객관화될 때, 즉 두 번째 단계에서 비로소 '분절된 음성'과 함께 생성된다. 결국 '표상'은 언어화(Versprachlichung)를 통해 비로소 명확한 '개념'으로 자리 잡게 되는 것이다. 말하자면 '표상'은 우선 '개념'이 없는 '인상(Eindruck)'인데, '분절'과 함께 비로소 명확하게 규정되어야 한다. 왜냐하면 '개념'은 '말'을 통해 비로소 완전해지기 때문이다.31)

의심할 여지없이 '표상'의 생성과 '표상'의 언어화는 분리된 과정이 아니다. 이 경우는 두 개의 '종합'이 아니라 한 개의 '종합'이 포함하고 있는 두 가지 동인들로 간주될 수 있다. 훔볼트는 이미 정신의 활동을, 순차적으로 일어나는 작업이라고 상상하는 것은 잘못된 해석이라고 언급한 바 있다. '종합'은 순차적이 아니라, 자연발생적으로 전광석화처럼 발생한다. 그런 관점에서 '종합'을 단계적 성향으로 기술하는 것은 언어형성에 대한 구체적, 심리적 재구성으로 이해될 수는 없다. 그것은 단지 분석을 통한 연구가 필요해서 실행되는 방식일 뿐이다.

훔볼트는 종합적으로 결합된 부분들을 일관성 있게 '개념'(내지는 표상)과 '음성'으로 명명한 것은 아니며, 종종 상이한 방식으로 표기한 적도 있다. 이를테면 그는 '음성형식'과 '내적 형성', '외적

---

30) Borsche(1981: 277) 참조.
31) Schneider(1995: 237) 참조.

언어형식'과 '내적 언어형식', '음성'과 '내적 사상형식' 등으로 표기한 바 있다. 이러한 상이한 표현들에도 불구하고 상상할 수 있는 것은 언제나 내적인 부분이 '종합' 행위를 통해 비로소 뚜렷하게 각인된다는 점이다. 의심할 여지없이 '종합'의 문제는 훔볼트의 언어이론에서 중요한 위치를 차지한다. 바야흐로 이 '종합'의 의의에 맞는 개념규정이야말로 언어와 사고의 상관관계와 같은 복합적인 해명에 기여할 것이다.[32]

멘체(C. Menze)에 의하면, 개념적 사고는 언어의 실재를 필요로 한다. 언어는 사고의 복제를 위한 필연적인 조건이다. 따라서 사고는 언어 없이는 존재할 수 없는 것이다. 그런 관점에서 명백해지는 것은 언어가 정신적 실재인 '인간존재'의 조건이 된다는 점이다.[33] 왜냐하면 인간의 정신은 언어를 통해서만이 자신과 구별되는 다른 어떤 것과 함께 작용할 수 있기 때문이다. 아울러서 '표상'이 낱말을 통해 객관화되지 않는다면, 사유행위에 대한 어떠한 대상도 존재하지 않을 것이다. 훔볼트의 관점에서 보면, 오직 낱말만이 비로소 개념을 사고세계의 개체로 만들어준다. 농아들의 실례도 이 가정을 반박하지는 못한다. 왜냐하면 농아는 청각기관의 결함으로 인해 오직 소리로서의 특징만이 결여된 '말'들을 접할 수밖에 없기 때문이다. 바야흐로 농아들의 본보기는 훔볼트가 사유행위(사고)에

---

32) Ramischwili(1959: 22) 참조.
33) Menze(1965: 235) 참조.

있어서 단순히 감각적으로 실현되는 음성을 필연적인 조건으로 간주하지는 않는다는 점을 분명하게 해준다.[34]

훔볼트에 의하면, 사유행위가 언어를 통해 필요로 하는 것은 본디 귀를 통해 들을 수 있는 것이 아니다. 달리 표현하면 조음된 소리를, 분절된 음성과 물리적인 소음으로 분해하는 경우 사유행위는 후자보다 전자를 필요로 한다는 것이다. 그에 있어서 '분절(Artikulation)'은 발성기관을 통한 소리의 흐름에 대한 분절인 '생리적인 분절'과 언어체계 내에서의 기능적 분절인 '순수 분절'로 구분된다. 바로 이 기능적 분절로부터 언어적으로 가치를 지니는 중요한 단위들이 생겨난다.[35] 바야흐로 훔볼트에 있어서 '분절'이란, 언어와 사상의 내적인 결합을 완성시키는 지렛대의 역할을 수행하는 본질적 존재이다.[36] 따라서 동물과는 달리 '분절된 음성'이라고 하는 필수불가결한 요소를 구사할 수 있는 인간의 언어는 이미 전적으로 인간의 정신적 본성에 근거하고 있다는 것이다. 그렇기 때문에 인간이 조음행위에서 동물적인 소리를 '분절된 음성'으로 전환시킬 때 정신적 본성의 침투는 필연적이다.[37]

훔볼트에 의하면, 명확한 사유행위는 분절된 사고를 의미하기 때문에 사유행위의 객관화도 또한 '분절'이 가능한 매개체를 통해 수

---

34) Schneider(1995: 238) 참조.
35) Ramischwili(1959: 22) 참조.
36) Humboldt(1827~29: 152) 참조.
37) Humboldt(1830~35: 65) 참조.

행되어야 한다. 언어에 있어서 '분절'은 사유행위의 '분절'과 연관되어 있는 절대적인 상관개념으로 이용될 수 있다. 왜냐하면 '분절된 음성'과 '정신의 형식(Geistesform)'은 모두 자신의 영역을 기본적인 부분들로 나누고 있다(분절 상태)는 점에서 공통적이기 때문이다.[38] 훔볼트는 유감스럽게도 언어적 '분절' 없이는 사유행위가 불가능하다고 보는 명제에 대한 논증적인 근거설정은 단념했다. 그렇지만 분명해지는 것은 그에 있어서는 기본적인 부분들로 나누는 '분절'이 중요하며, 단순히 음성으로 발설하는 것 자체는 중요치 않다는 점이다. 따라서 그의 관점에서 보면, 주체 쪽으로 되돌아오는 객관성으로서의 전이는 보통은 감각으로 느낄 수 있는 음성으로 표명되지만, 언어행위 없이도 일어날 수 있는 것이다.

훔볼트에 의한 언어적 '종합'의 개념은 그의 언어이론에 대한 새로운 해명만을 제기하는 것은 아니었다. 그의 '종합' 개념은 또 다른 맥락 속에서 제기되었던 이전의 신념들, 특히 그의 미학적 저술이 거둔 성과에서도 분명하게 드러난다. 훔볼트는 언어행위의 발생과 예술작품의 생성 사이의 유사점을 특별히 강조한 바 있다. 그에 의하면, 조각가와 미술가도 이념을 소재와 결합시킨다는 점에서 보면 언어처럼 '종합' 행위를 수행한다고 볼 수 있다. 이를테면 언어를 이용하는 화자뿐만 아니라, 예술가도 필연적으로 사상적인 요소와 감각적인 요소 사이의 종합적인 결합을 수행하고 있다는 것이다. 양자의 경

---

[38] Humboldt(1830~35: 67) 참조.

우 정신적인 것과 감각적인 것이 하나로 화합하는 데서 고유의 창조성이 발휘되는 것은 자명하다. 왜냐하면 이런 행위를 통해 예술과 언어 속에 새로운 것이 생성되기 때문이다. 그뿐만 아니라 언어와 예술은 고정적인 결합상태를 그대로 유지하고 있지 않다는 점에서 유사하다. 말하자면 예술작품의 감상자는 작품을 예술로 체험하기 위해 소재와 이념의 결합을 그때그때마다 독자적으로 실감 있게 이해하지 않으면 안 된다. 또한 언어적인 '종합'도 모든 화자와 청자에 의해 각각 새롭게 실행되지 않으면 안 된다. 왜냐하면 훔볼트에 있어서 언어의 '종합'이란, 그대로 정체되어 있는 존재가 결코 아니기 때문이다. 언어와 예술은 다 같이 '표상'을 전달하고 표현하기 위한 수단이다. 그런 관점에서 이들은 동일한 정신활동이 서로 다른 방식으로 전개되는 전형적인 현상형식들로 평가될 수 있을 것이다.[39]

그러므로 '음성'과 '개념' 사이의 종합은 예술작품의 정신적 '내용'이 '소재' 속에 저장되지 않듯이 언어 속에 저장될 수 없다. 바야흐로 언어의 '종합'은 필연적으로 말을 하고 들을 때마다 끊임없이 새로운 언어기원을 창출하면서 되풀이된다고 볼 수는 있다. 이 경우 기존하는 낱말은 '종합'을 야기시키는 감각적인 수단일 뿐이지만, 이것을 토대로 '종합' 행위가 매 순간 손쉽게 반복될 수 있다. 훔볼트가 1820년 〈베를린-학술원〉에서 행한 강연에서 언급한 이와 같은 견해표명은 '소재'로서 현존하고 있는 낱말의 구성요소들이 매번 언

---

39) Borsche(1981: 310) 참조.

어가 생성될 때마다 어느 정도까지 관여하고 있는가를 설명해준다.

의심할 여지없이 언어행위에서 기존하는 낱말들은 반복적으로 새롭게 행해지는 '종합'의 근거점으로 해석될 수 있다. 물론 '종합'은 언어가 실현될 때마다 실제로 발생한다. 그렇지만 '종합'은 훔볼트에 의해 본보기로 재구성된 '음성'과 '사상'의 원천적인 결합을 실행하는 것이 아니라, 언어의 끊임없는 복제(Nachbildung)와 새로운 언어형성을 위해 기존하는 낱말들을 이용한다고 보아야 한다. 따라서 현존하는 언어적 요소들은 실행된 '종합'에 의해 완성된 체계가 아니라, '종합'을 완성하기 위한 토대일 뿐이다. 의심할 여지없이 훔볼트는 이미 형성되어 있는 '정적인(statisch)' 체계로서의 언어보다는 '종합'이라고 하는 내적인 정신활동을 통하여 세계를 사상의 표현으로 개조하는 '동적인(dynamisch)' 활동으로서의 언어(에네르게이아)에 중점을 두었다.[40]

언어는 기존하는 어휘에 의거하여 인간에게 미치는 언어의 힘을 명백하게 드러낸다. 왜냐하면 인간은 실제의 언어생산에서 자신의 창조적인 잠재력을 현존하는 언어에 접목시키기 때문이다.[41] 그렇지만 훔볼트는 '언어적 종합'을, 그 어떤 부분들의 결합에서는 존립하지 않는 그 무엇인가를 창조해내는 행위로 인식했던 것 같다. 그에 있어서는 개개의 요소들에서 '음성'과 '사상'이 고립된 채로 직

---

40) Werlen(1989: 50) 참조.
41) 인간이 출생한 후부터 해당 언어공동체에 적응하는 현상.

접적으로 결합되면서 '종합'의 완성이 실현되는 것은 아니다. '종합'은 언어의 전체적인 속성과 형식 속에서 완성된다.[42]

훔볼트의 관점에서 보면, 음성형식과 내적인 언어법칙의 순수한 결합에 관계되는 '종합' 행위는 매번 언어행위에서 실제적인 언어 생산에 전용될 수 있다. 말하자면 기존하는 어떤 낱말을 이용하는 '종합' 행위가 현존하는 영역에 적응하는 것이라고 할지라도 그 언어적 요소는 종합적 행위에서 생동감 있게 소생되는 동시에 질적인 도약을 통해 새롭게 창조될 수밖에 없는 것이다.[43]

우리는 이제 현존하는 낱말의 고정성분이 '종합' 행위에서 중요한 역할을 한다는 점을 근거로 비교 언어연구에서도 언어의 '종합' 행위에 대한 통찰이 무엇 때문에 중요한지를 탐구해 볼 수 있다. 물론 순간적으로 지나가는 잠정적 행위로 규정되었던 '종합' 자체는 결코 언어고찰에서 연구될 수는 없다. 그러나 한 언어의 낱말들은 매번 일어나는 '종합'에 대한 자극이기 때문에, 낱말들은 언어의 종합적인 힘에 대한 분석의 가능성을 제공한다. 말하자면 어휘를 토대로 '음성'과 '개념'의 '종합'이 언어공동체에서 어떤 방식으로 실행되는지가 예견될 수 있는 것이다.

훔볼트의 관점에 따르면, 각각의 언어는 하나의 '체계'인데, 인간의 정신은 이 '체계'에 의거하여 '음성'을 '사상'과 결합시킨다. 훔

---

42) Ramischwili(1959: 25 이하) 참조.
43) Schneider(1995: 241) 참조.

볼트는 '체계'로서의 언어를 규정할 때 다시금 '종합' 행위를 언급하고 있다.44) 그의 관점에서 보면, 언어는 유기적인 존재이므로, 언어적 기호들을 단순히 나열해 놓은 것에 불과한 것은 아니다. 언어에 있어서 전체는 부분들의 총합(Summe) 이상이다. 따라서 전체는 분해되어 있는 기본요소들로부터 조립될 수는 없다.45) 말하자면 언어는 각각의 부분이 다른 부분들과, 모든 부분들은 전체와 명백하게 관련을 맺고 있는 거대한 조직체로 제시된다.46)

그런 관점에서 각각의 언어란, 정신이 '음성'을 '사상'과 결합시키는 하나의 '체계'로 인식된다. 비교 언어연구가의 접근방법은 이와 같은 체계들에 대한 해명에서 실마리를 찾는 것이 바람직하다. 훔볼트의 심원한 통찰에 따라 현존하는 언어가 새로운 언어생산의 능력으로 이해될 수 있다면, 이것을 다른 언어의 '종합' 행위와 구분하기 위해 언어 속에 구축되어 있는 '종합' 행위를 규명하는 일도 또한 언어연구가의 몫이 된다.47)

이런 맥락에서 이제 '내적 언어형식(innere Sprachform)'48)의 개념

---

44) Ramischwili((1974: 161) 참조.
45) Bucher(1991: 31) 참조.
46) Humboldt(1830~35: 70) 참조.
47) Schneider(1995: 242) 참조.
48) 훔볼트는 언어의 형성을 '외적 형식'과 '내적 형식'의 종합으로 표현했다. 전자는 음성형식이며 물질적인 외적 측면을 형성하고 있는 반면에, 후자는 비물질적인 이념적 측면인 동시에 심리적 실체라는 지적인 조직을 형성한다(Humboldt, 1830~35: 250 이하 참조).

도 정의될 수 있을 것이다. 훔볼트에 의하면, '내적 언어형식'의 작용은 음성적인 지속성(외적 언어형식)에 관계될 뿐만 아니라, 민족이 일정한 방식으로 조화롭게 시도하는 개념형성의 방식에도 관여할 수 있다. 말하자면 '내적 언어형식'은 민족의 정신이 결합되는 해당 언어의 특수한 방식으로 묘사된다. 훔볼트는 이에 대해 다음과 같이 서술한 바 있다:

> "분절된 음성을 사상의 표현으로 고양시키는 정신의 활동 속에 존재하는 지속적이면서도 한결같은 양식이 가능한 한 연관성을 맺으면서 완전하게 파악되고 체계적으로 제시된다면, 그것이 언어의 형식을 결정한다."[49]

의심할 여지없이 훔볼트가 '내적 언어형식'이라고 언급했을 때 그것은 명백히 언어생성에서 정신활동이 진행되는 궤도를 지칭한 것이다. 언어에 대한 본질규정의 차원에서 종종 후대의 언어연구가들에 의해 상이하게 이해되기도 하는 '내적 언어형식'은 의심할 여지없이 언어과정(Sprachprozeß)의 유형이 개별적 내지는 민족적으로 상이하게 실현되는 내적인 형성법칙으로 이해될 수 있을 것이다.[50]

---

49) Das in dieser Arbeit des Geistes, den artikulierten Laut zum Gedankenausdruck zu erheben, liegende Beständige und Gleichförmige, so vollständig, als möglich, in seinem Zusammenhange aufgefaßt und systematisch dargestellt, macht die Form der Sprache aus (Humboldt, 1830~1835 : 47).
50) 20세기의 대표적인 신훔볼트학파 바이스게르버 L. Weisgerber(1899~1985)에 따르면, 내적 언어형식이란, 각각의 언어공동체를 통한 세계의 언어적 동화과정 자체로서 언어의 정신적 영역에 속한다(Weisgerber, 1954: 574).

결국 다양하게 수행되는 '언어적 종합'에 대한 연구도 상이한 언어들의 내적 형식들을 다루는 것이 된다. 훔볼트에 의하면, 언어가 '표상'에 관여하는 몫은 오로지 '개념'의 실재를 필요로 하는 형이상학적인 관여만이 아니다. 언어는 개념의 형성방식에도 작용하며, 개념에 언어의 특징을 각인시킨다.[51]

그러므로 훔볼트는 우선 종합적인 언어행위에 대해 선험적으로 기술함으로써 개념형성에서 언어가 수행하는 역할들을 제시했다. 그러나 그가 이 '종합' 행위를 통해 각각의 언어에서 실제로 상이하게 수행되고 있는 언어의 작용방식을 구체적으로 연구할 수 있다고 가정한 것도 매우 주목할 만한 점이다. 아무튼 '종합'의 개념에 대한 상세한 기술은 한편으로는 동적인 언어개념을 철학적으로 좀 더 명확하게 규정한 것으로 해석될 수 있다. 또 다른 편으로는 이러한 개념규정은 언어의 상이성을 언어적 생산활동의 다양성으로 해석하는 비교 언어연구의 근본토대로 이용될 수 있을 것이다.

5.4. 칸트의 '종합' 개념과의 비교

'종합' 행위는 훔볼트의 언어사상에서처럼 칸트의 철학적 사고에서도 중요한 역할을 수행한다. 이미 칸트도 훔볼트가 언어형성에

---

51) Humboldt(1827~29: 120) 참조.

대해 시도했던 것과 유사하게 '종합'의 개념을 이용하여 인간 '인식'의 본질에 대해 서술한 바 있다. '종합'에 대한 근본적인 개념규정에서도 훔볼트는 명백히 아리스토텔레스로부터 칸트까지 이어지는 철학적 전통을 지향했다고 보는 게 일반적이다.

칸트에 있어서 가장 보편적인 의미에서의 '종합'이란, 상이한 '표상'들을 상호간에 결합시키면서도 그 다양성을 하나의 '인식(Erkenntnis)'으로 총괄하는 행위로 풀이된다.[52] 그렇지만 용어상으로 일치하는 것보다 중요한 것은 '종합'의 과정에 대한 칸트 및 훔볼트의 서술이 내포하고 있는 유사성이다. 칸트도 또한 나중에 훔볼트가 '언어'에 대해 그렇게 표현했듯이 인간의 '인식'에 대한 정의에서 종합적 과정을 여러 단계로 기술한 바 있다.[53]

칸트에 의하면, 모든 대상들의 '인식'을 위해 선험적으로 주어져 있지 않으면 안 되는 첫 번째 항목은 순수한 '직관(Anschauung)'의 다양성이다. 또한 '상상력(Einbildungskraft)'을 통한 다양한 것의 '종합'은 두 번째 항목에 속한다. 그러나 이 단계에서도 여전히 '인식'이 제공되는 것은 아니다. 칸트에 따르면, 순수한 이 '종합' 행위에 '통일성(Einheit)'을 부여함으로써 오로지 필연적, 종합적인 '통일성'의 표상 속에 존재하게 되는 '개념'들이야말로 현존하는 대상의 '인

---

52) Kant(1787: 116) 참조.
53) Schneider(1995: 246 이하) 참조.

식'을 위한 세 번째 항목이다.[54] 그러므로 칸트에 있어서의 인간의 '인식' 행위는 '직관'에 주어져 있는 다양성의 '종합'으로 규정되는데, 이것은 '오성(Verstand)'의 형식을 통해 수행된다. 그와 동시에 '직관'과 '오성'의 결합은 '상상력'에 의존하게 된다. 말하자면 칸트에 있어서 '인식' 행위는 오로지 '오성'과 '감성'이라는 인간의 기본적인 능력들이 결합하면서 생성될 수 있는데, 의심할 여지없이 이 과정에서 '종합' 행위를 수행하는 것은 '상상력'이다.[55] 물론 이 과정을 통해 곧바로 '통일성'이 형성되는 것은 아니며, 오직 상이한 '표상'들이 연결될 뿐이다. 칸트에 있어서 '인식'의 습득을 위해 필수불가결한 선험적 '종합'의 통일성은 순수 '오성'의 개념, 즉 선험적으로 주어진 '범주'들에 의거하여 조성된다.[56]

칸트에 따르면, 인간의 인식행위는 '감성'과 '오성'의 '범주(Kategorie)'에 의해 이루어진다. 어떤 대상은 일단 감성의 형식들인 시간과 공간을 통해 받아들여지고, 이렇게 수용된 대상은 '오성'이 선험적으로 지니고 있는 12개의 '범주'들을 통해 판단된다.[57] 칸트에 의하면, 이것들은 지식에 의한 경험 이전에 인간의 이성이 간직하고 있는 순수한 개념들이다. 따라서 이러한 '범주'들은 경험에 의

---

54) Kant(1787: 117) 참조.
55) Scharf(1977: 126) 참조.
56) Trabant(1986: 18) 참조.
57) 이규호(1974: 85) 참조.

해 영향을 받을 수 없는 불변적인 요소인데, 인간의 이성은 이 '범주'들을 통해서만 보편적 사유를 전개시킨다는 것이다. 다시 말하면 선험적인 순수한 개념들인 '범주'들이야말로 인간 인식의 구성적 역할을 수행한다는 것이다.[58]

칸트의 인식론에 있어서 코페르니쿠스적인 방향전환은 '인식'을 객체로부터 도출해내는 것이 아니라 '인식'의 주체로부터 '인식'을 해명한다는 데 있다. 그러므로 '인식'이란, 인식대상의 반영(Spiegelung)일 뿐만 아니라, 원천적인 사유형식을 통해 객관적인 '인식'의 자료를 주관적으로 형성하는 행위가 된다.[59]

칸트에 있어서는 오직 '종합'을 '개념'으로 유도하는 것만이 '오성'에 귀속되어야 하는 기능이며, 그렇게 함으로써 '오성'이 우리에게 본래의 의미에서의 '인식'을 제공해준다. 그러나 칸트에게는 무엇보다도 '종합' 행위 자체에 대한 기술이 중요한 것은 아니었다. 그는 '종합' 행위에서 '범주'에 귀속되는 기능을 논함으로써 '범주' 자체를 체계적으로 파악하고 하나의 도표(범주표)[60]로 분류하기 위한 단서를 찾아내려고 했던 것이다. 그러므로 '종합'에 관해서는 중요한 조건이 발생한다. 왜냐하면 칸트의 '순수 오성'의 '개념'은 어

---

58) 이규호(1974: 86) 참조.
59) Schneider(1995:247) 참조.
60) 칸트의 선험적 개념에 속하는 12개의 범주표는 다음과 같다: 1. 양-단일성, 다수성, 전체성. 2. 질-실재성, 부정성, 제한성. 3. 관계-실체와 우연성, 원인과 결과, 상호성. 4. 양상-가능성, 현존성, 필연성(최민홍, 1993: 984 참조).

떠한 매개도 없이 '오성'의 능력 속에서 완성되어 있는 '개념'으로 발원하기 때문이다.[61] 말하자면 '순수 오성'의 '개념'이 경험에 근거하지 않고서 도출된다는 것이다. 결국 칸트의 관점에서 '종합' 행위는 우선 경험적 '직관'이 아니라 순수한 '직관', 즉 정신이 감성을 통한 자극 없이 생성시킬 수 있는 '표상'들과 관계되어 있다고 보아야 한다.[62] 따라서 칸트의 관점에서 보면, '인식' 습득의 과정에 있어서, 다양한 것의 '종합'은 필연적으로 이미 종합적으로 결합될 수 있는 '직관'에서 출발하여 '상상력'을 거쳐 산출된다. 그와 동시에 이 다양한 것은 범주적 규칙들에 따른 '통각(Apperzeption)'[63]을 토대로 종합적인 '통일체'로 형성될 수 있다.[64]

앞에서 제시한 인간의 '인식' 과정에 대한 칸트의 정의를 '개념' 형성에 대한 훔볼트의 서술과 비교해 본다면 명백하게 드러나는 부분이 있다. 의심할 여지없이 두 사람이 제기한 서술체계의 근본적인 차이는 훔볼트가 칸트와는 달리 '언어'의 정신적 활동에 중요한 기능을 부여하고 있다는 데 있다. 칸트는 '언어'를 도외시한 것으로 판단된다. 말하자면 칸트는 자신이 '개념'을 통한 인식이라고 정의한 사유행위를 언어와는 무관하게 묘사했던 반면, 훔볼트는 낱말에 의한 객관화 없는 '개념' 형성은 근본적으로 불가능하다고

---

61) Scharf(1983: 219) 참조.
62) Schneider(1995: 248) 참조.
63) 경험이나 인식을 자기의 의식 속으로 종합하고 통일하는 작용을 뜻함.
64) Kant(1787: 144) 참조.

생각했던 것이다. 물론 칸트의 서술에서 '인식' 과정의 해명에 충족되었던 '인상의 수용성'과 '개념의 자발성'은 훔볼트의 경우에는 언어의 '소재' 속에 있는 구성요소들의 일부분으로 수용되었다. 다시 말해서 칸트가 '인식' 행위에 사용하는 용어들은 훔볼트에 의해서는 '감각적 인상' 및 '자발적 정신운동'으로 수용된 것이다. 이것은 용어상으로는 유사한 표현방식이지만 본질상 그 위치가 치가 다르다. 근본적인 차이점은 전자의 '인식' 요소들의 전체성이 후자의 시각에서는 '언어'가 지니는 '소재'들의 일면에 불과하다는 것이다.[65]

훔볼트에 따르면, 이들 '소재'의 결합으로부터 생성되는 것은 개념적 '인식'이 아니라 오로지 '표상'인데, 이것은 '언어화'를 거쳐서야 비로소 명확한 '개념을' 얻게 된다. 따라서 두 사람 사이의 명확한 차이점은 훔볼트가 '개념' 형성의 원천이 '오성'에 있다고 생각했을 뿐만 아니라, '오성'의 기능을 필연적으로 '분절된 음성'의 발생으로 이어지는 첫 번째 단계로만 보았다는 데 있다. 훔볼트의 관점에서는 새롭게 지각될 수 있는 낱말(언어)에서 행해지는 '표상'의 '객관화'가 비로소 '개념'을 만들어낼 수 있다. 그러므로 칸트가 '종합'이라고 하는 통일체의 조성을 선험적 '통각'의 결과물로 제시한 반면, 훔볼트는 '종합' 자체를 원천적인 언어활동으로 인식했던

---

[65] Scharf(1983: 218 이하) 참조.

것이다.[66)]

훔볼트는 오로지 칸트의 선험철학적 도식에 나오는 '순수 직관형식'이나, '순수 오성개념' 및 '범주' 대신에 '언어'를 설정했다. 사실 '종합'에 대한 서술에 있어서 훔볼트가 칸트와의 견해 차이에도 불구하고 의식적으로 칸트를 언급한 것은 특이하다. 물론 훔볼트가 언어적 '종합'을 기술할 때 처음부터 명백히 자신의 언어관에 따라 논증한 것은 아니었다. 오히려 그는 먼저 인간의 사유과정을 연구 기점으로 삼았으므로 칸트의 『순수 이성의 비판』과의 연관성을 의식적으로 드러냈던 것처럼 보인다. 의심할 여지없이 훔볼트는 감각의 활동과 내적인 정신활동의 종합적인 결합을 언급함으로써 칸트의 사유모델을 화제의 실마리로 삼았다. 물론 인간의 사유행위(사고)에 대한 칸트의 정의는 '개념'을 통한 '인식'이었다. 그러나 훔볼트는 '개념'을 확실하게 하기 위해서는 '사상'의 '객관화'가 필요하고 이 일을 할 수 있는 것은 오직 '언어'뿐이라고 확신함으로써 칸트와는 다른 입장을 취했다. 훔볼트의 사고에서 칸트에 대해 시도한 이와 같은 수정된 보완작업은 바야흐로 주목할 만하다. 왜냐하면 훔볼트의 언어철학의 보편적 요구에는 언제나 칸트 철학의 인식론적 배경이 함께 하고 있기 때문이다. 그가 모든 인간이 예속된 사유법칙을 말할 때에는 언제나 칸트의 선험주의가 반영된 것으로 볼

---

67) Schneider(1995: 251) 참조.

수 있다.[67]

훔볼트가 칸트의 사상과 자신을 접목시키면서도 차별화하고 있는 부분은 칸트가 근본적으로 '종합'의 힘으로 규정한 바 있는 '상상력'의 개념에서도 드러난다. 칸트에 따르면 '종합'이란, '상상력'의 순수한 작용이다. 또한 '상상력'은 필연적인 것이지만 통찰할 수 없는 인간 심리의 기능인데, 이것 없이는 어떤 경우이든 '인식' 자체가 결코 존재하지 않는다. 그러므로 칸트에 있어서 '상상력'은 본질적으로 모든 '인식' 과정의 종합적인 힘이다.[68]

훔볼트도 '상상력'에 근본적인 기능을 할당한다. 그에 있어서도 '상상력'은 정신적 내용을 감각적인 산물로 조성하기 때문에 '종합' 행위를 실현시킬 수 있다. 또한 훔볼트에 의하면, '상상력'은 '표상'을 재생산할 수 있는 능력으로 간주된다. 그러나 이 경우 '상상력'은 모든 작업을 '언어'를 통해 실현시킨다. 왜냐하면 '상상력'은 상징적이면서도 '개념'을 형성하기 때문이다. 달리 표현하면 언어는 '상상력'의 영역에서 작용한다고 말할 수 있다. 칸트에 있어서 '상상력'은 감각적인 '직관'의 다양성이 '오성'의 형식에 따라 규정되면서 '종합' 행위를 수행한다. 이 경우 '개념'은 '오성'에 속하지만 오로지 '상상력'을 매개로해서만 감성적인 '직관'과 관계할 수 있다. 그런 반면 훔볼트에 있어서의 '상상력'은 오로지 '언어'와 함

---

[67] Gipper(1965: 4) 참조.
[68] Kant(1787: 117) 참조.

께 '감성'과 '오성'을 이어주는 매개체의 역할을 수행한다.[69]

전반적으로 훔볼트는 인간에 대한 언어의 특별한 의미를 명시하려고 했다. 따라서 비록 훔볼트가 칸트와 연관된 자료들을 연구에 철저히 이용했다고 해도 그의 본질적 시각은 필연적으로 칸트와 구별되어야 한다. 원래 훔볼트의 사고에 나타나는 칸트적인 근거는 훔볼트가 요컨대 인간 '오성'의 '자발성'에서 출발했다는 점에 있다. 일단 훔볼트는 이 '자발성'을, 언어를 형성하는 정신적 능력으로 보는 동시에, 인간에게 선험적으로 주어져 있는 '언어유형'이라고 서술한 바 있다.

양자의 관계가 더욱 직접적으로 인식될 수 있는 것은, 훔볼트가 언어생성보다 필연적으로 선행하고 있는 '자발적 정신운동'을 '소재'로 언급했을 때 드러나는 칸트적인 사고방식이다. 이 용어는 훔볼트가 칸트의 『순수 이성의 비판』을 자신의 언어이론의 영역으로 수용하고 있었다는 것에 대한 암시로 해석될 수 있을 것이다.[70]

물론 훔볼트의 '언어적 종합'은 칸트의 시각에서 보면 원천적으로 주어져 있는 '개념'들이 감각적 요소와 지적 요소의 결합[71]으로 제시된 것이라고 볼 수도 있다. 그러나 이것은 양자 간의 주된 차이점이 아니다. 오히려 종합적 개념형성에 대한 훔볼트의 표현은 오

---

69) Schneider(1995: 253) 참조.
70) Trabant(1983: 260) 참조.
71) 감각의 활동은 정신의 내적인 활동과 종합적으로 결합하지 않으면 안 된다 (Humboldt, 1830~35: 55 참조).

로지 후천적으로(a posteriori) 생성되는 '경험적 개념들'에 초점을 맞추고 있다. 그 반면 칸트가 선험적으로 사유행위의 '자발성'에 "대상 일반에 관한 개념들"로 부가시켰던 '범주론'을 훔볼트는 결코 테마로 다루지 않았다. 아마도 훔볼트도 칸트에 의해 규정된 사유행위(사고)의 토대를 '자발적인 정신운동'의 핵심으로 간주했던 것 같다. 그렇지만 훔볼트는 이것이 '언어'에 구속되어 있는 것은 아니라고 보고, 이에 대한 근거도 더 이상 탐구하지 않았다고 볼 수 있다. 왜냐하면 '사유행위'(사고)의 '언어성(Sprachlichkeit)'이라는 그의 명제 자체에는 이미 사고를 명확하게 하기 위해 '언어'가 필수불가결하다는 것이 시사되기 때문이다. 훔볼트가 언어 없이는 불분명한 비개념적 사고만을 야기시킬 수 있다고 본 것은 분명하다. 그럼에도 근본적으로는 훔볼트의 서술이 『순수 이성의 비판』에서 제시된 칸트의 관점과 연관되어 있는 것 또한 의심할 여지가 없다.[72]

그러므로 양자의 중요한 차이점은 칸트에 의해 '범주표'라고 명명되었던 '순수 오성'의 개념이 유래하는 상이한 출처에 있다기보다는 훔볼트는 '표상'의 통일성을 야기시킬 수 있는 능력을 더 이상 '순수 오성'과 '범주'들에 부여하지 않았다는 데 있다. 훔볼트에 있어서 칸트의 '범주'들은 '언어'를 통해 개념적인 명확성이 산출될 수 있게 하기 위한 전제로서 고찰되었던 것이다. 따라서 훔볼트

---

72) Schneider(1995: 253, 254) 참조.

가 언어 이전의 정신활동을 연구의 출발점으로 삼았다고 해도, 칸트적 의미에서의 사유행위, 즉 "개념을 통한 인식"은 훔볼트의 관점에서는 오직 언어적으로만 구현될 수 있는 것이다. 왜냐하면 훔볼트의 관점에서 보면, 진정한 의미에서의 사유행위(사고)는 언어 없이는 불가능한 것으로 간주되었기 때문이다.[73] 의심할 여지없이 '종합' 행위에 대한 서술을 통해 지적(오성적) 활동의 언어적 성향을 확증하는 것이 훔볼트가 추구하려던 본질적인 의도였을 것으로 추론된다.

---

73) Humboldt(1827~29: 155) 참조.

6. 언어와 인간교육

6.1. 도입

신인문주의(Neuhumanismus)란, 18세기 말부터 19세기에 걸쳐 도이칠란트를 중심으로 해서 일어났던 사상운동이었다. 계몽주의자들이 극단적으로 이성주의적이며 인간을 기계화했던 데 반해 신인문주의는 인간성의 원만한 발달을 위해 이성뿐만 아니라 감성도 중요시하면서 양자간의 조화를 추구하였다. 또한 신인문주의는 교육의 최고 이상을 인간성의 건전한 도야에 두고 있었는데, 이 건전한 도야란, 정신과 신체의 조화로운 발달을 뜻하는 것으로서 고대 그리스의 인간교육과 맥락이 같았다.[1] 이미 15~16세기에 있었던 르

---

1) 신용국(1993: 106) 참조.

네상스 인문주의는 중세 교회의 속박으로부터 인간성을 해방시키려는 인간 중심의 정신운동이었다. 그렇지만 이 운동이 추구했던 것 중 로마의 문예는 고대 그리스 문명의 모방에 지나지 않았고, 특히 라틴어 편중의 키케로주의로 전락했던 반면, 근대의 신인문주의는 그리스어를 존중하며, 그리스 문학과 예술 등의 심오한 내용에서 참다운 인간상을 재발견함으로써 근대인으로서의 고귀한 인간성을 계발시켜 나가려고 했다.[2]

훔볼트는 신인문주의 이념을 제도상으로 가장 사려 깊게 언어와 교육 분야에 응용했다는 점에서 신인문주의의 대표자로 일컬어질 수 있다. 이 단원에서는 훔볼트의 언어이념을 바탕으로 '인간존재(Menschensein)'와 인간교육의 본질이 인류학적인 관점에 따라 서술된다.

6.2. 언어와 세계

17세기 중엽에 프랑스의 철학자 데카르트는 인간이 행하는 모든 인식의 기원을 이성에서 구하고, 인간의 존재론적 가치를 사유행위에 두려고 했다. 그 이래로 인간의 존재 자체는 인간의 주관성 속에서 이해되는 근대적 사고로 태동하게 된다. 아울러서 사유행위를

---

[2] 조병규(1983: 217) 참조.

통한 '인간존재(Menschensein)'는 세계를 조망하기 위한 필연적인 조건으로 인식되었다. 이것은 모든 지식과 사고의 출발점인 '인간존재'(인식의 주체)가 이미 대상세계와 함께 사유되어 있다는 것을 의미한다. 이제 세계 자체는 인간 없이는 존재할 수 없으며, 인간을 위해 존재한다고 말할 수 있다. 따라서 인간의 유한함은 중세 스콜라철학의 경우처럼 더 이상 신과 피조물인 인간의 조화에서 드러나는 게 아니라, 인간과 세계 사이의 관계로부터 밝혀지게 된다. 의심할 여지없이 훔볼트에 있어서 인간과 세계 사이의 중개는 언어가 수행한다. 언어는 바로 인간과 세계(대상) 사이의 상호관계를 가능하게 하는 매개체이기 때문이다. 훔볼트는 일찍부터 인간과 세계 사이의 이 원천적인 중개에서 언어가 실현시키고 있는 결정적인 기능에 관해서 관심을 갖고 있었다.[3] 그에 의하면, 인간은 무엇보다도 언어가 공급하는 방식대로 대상들과 함께 생활하는데, 그것은 인간의 지각과 행동 자체가 인간이 떠올리는 표상(심상)들에 의존하기 때문이다.[4]

앞 단원에서 서술한 바와 같이 훔볼트에 있어서 언어란, 본질상 에네르게이아(활동)이며, 주체의 끊임없는 정신활동 속에서 언제나 새롭게 창조된다. 따라서 언어 속에는 정적인 것이 없으며, 모든 것은 동적인 것에 해당한다. 훔볼트는 그의 언어구상 전반에 걸쳐 언

---

3) Borsche(1990: 142) 참조.
4) Humboldt(1824~1826: 387) 참조.

어를 '정신의 활동'으로 표기했다. 이는 언어의 본질에 대한 그의 기본적인 시각을 이미 적나라하게 드러낸 것으로 인식된다. 왜냐하면 훔볼트는 정신이란, 오로지 활동 속에서만, 그리고 활동 그 자체로 사유된다고 보았기 때문이다.[5]

훔볼트에 있어서 언어는 "의사소통의 단순한 도구"라기보다는 인간이 자기 자신과 세계를 동시에 형성하는 수단이며, 인간은 언어를 매개로 세계를 자신과 분리해냄으로써 스스로를 의식하게 된다.[6] 언어는 명백히 우리 모두의 정신활동을 주관적으로 묘사하지만, 언어는 또한 사유행위(사고)의 대상으로서의 객체를 만들어내기도 한다.[7] 말하자면 언어는 인식 가능한 것에 주관적으로 대립함으로써 객관적으로 인간과 마주하게 된다. 그렇기 때문에 언어는 철저하게 내적인 존재이기도 하지만, 인간에 의존하지 않고 인간 자체에 대해 '힘'[8]을 행사하는 외적인 존재이기도 하다. 따라서 언어는 필연적으로 세계와 인간이라는 이중적인 본성을 지닐 수밖에 없다. 그렇기 때문에 훔볼트에 있어서는 언어가 묘사하는 세계와 언어를 창조하는 인간은 언어 속에서 하나로 통합되어 있는 것이다.[9]

---

5) Humboldt(1830~1835: 46) 참조.
6) Cesare(1996: 279) 참조.
7) Borsche(1990: 141 이하) 참조.
8) 인간에게 작용하는 언어의 정신활동.
9) Menze(1964: 768 이하) 참조.

그러므로 언어는 인간적인 동시에 세계적이다. 훔볼트에 있어서 언어는 바깥쪽에 현현하는 세계와, 마음 한가운데서 작용하는 세계 사이에 가로놓여 있는 참다운 세계이다. 언어는 요컨대 인간을 거쳐 비로소 경험할 수 있는 사물세계와 인간 사이에 설정된다. 말하자면 언어의 본질은 현상세계의 소재(질료)를 사상의 형식 속에 부어넣는 데에 있다. 따라서 언어의 경계는 인간세계의 경계이기도 하다. 언어는 자연 그대로의 세계를 인간의 세계로 옮겨놓는다. 그렇게 함으로써 언어는 비로소 참다운 세계로 발전된다. 세계에 대한 인간의 인식은 오로지 언어 속에서, 그리고 언어를 통해서만 가능하게 된다.[10] 그러므로 훔볼트에 있어서 "언어는 상호 의사소통을 위한 교환수단일 뿐만 아니라 정신이 그 힘의 내면적 활동을 통해 자신과 대상 사이에 설정하지 않으면 안 되는 실제의 세계인데, 만약 이런 감정이 진실로 마음속에서 생겨난다면, 바야흐로 이런 마음은 언어 속에서 점점 더 많은 것을 발견하는 동시에 더 많은 것을 언어 속에 할당하려는 실질적인 도상에 있게 된다."[11]

훔볼트에 있어서 세계인식의 과정은 외부세계의 대상이 객체

---

10) Humboldt(1820: 17) 및 Menze(1964: 769) 참조.

11) Wenn in der Seele wahrhaft das Gefühl erwacht, daß die Sprache nicht bloß ein Austauschungsmittel zu gegenseitigem Verständnis, sondern eine wahre Welt ist, welche der Geist zwischen sich und die Gegenstände durch die innere Arbeit seiner Kraft setzen muß, so ist sie dem wahren Wege, immer mehr in ihr zu finden und in sie zu legen(Humboldt, 1830~1835: 176). 레오 바이스게르버는 이것을 '정신적 중간세계' 또는 '언어적 중간세계'로 표기한 바 있다(Weisgerber, 1962: 76 참조).

(Objekt)로서 인간의 의식과 마주하는 과정이다. 이 과정에서 대상에 대한 모든 주관적인 지각방식은 언어의 형성으로 바뀌게 되고, 이를 통해 마음속에서 대상의 형상(Bild)이 그려지게 된다. 바야흐로 이 형상의 복제가 낱말인 것이다. 그러므로 훔볼트에 있어서 낱말이란, 대상 자체의 복제가 아니다. 그것은 각각 특정한 언어의 시야에 따라 실행된 대상에 대한 '직관(Anschauung)'에 해당한다. 언어는 결코 대상들을 묘사하는 것이 아니라, 언제나 언어생성에서 정신을 통해 자발적으로 형성된 개념들을 묘사한다. 왜냐하면 감각적 대상들의 명명에 있어서 낱말은 감각을 떠올리는 대상의 등가물(Äquivalent)이 아니라, 언어생성을 통한 대상의 이해에 해당하기 때문이다.[12]

훔볼트에 의하면, 대상에 대한 낱말의 직관은 언어 속에 이미 주어져 있으며, 민족 고유의 방식에 따라 규정되어 있다. 그러나 이러한 직관이 보여주는 궁극적인 최상의 개별화는 그때그때 실행되는 언어행위에서 실행된다. 그러므로 대상은 인식 속에서 순수하게 나타나는 것이 아니라, 언제나 3중으로 제한을 받는다. 즉 언어에서 필수적인 순수 직관은 아직은 「인간-세계」라고 하는 관계를 구성하지 않는다. 그러나 '수용성(Rezeptivität)'의 형식이라는 관점에서 보면, 인간의 주관성에서 나오는 특정한 방식들이 이미 언어 속에 각인되어 있는 것이다. 그로써 언어는 인간과 세계 사이의 중개자

---

[12] Schmidt(1968: 70) 및 Humboldt(1830~1835: 45 이하) 참조.

가 되고, 주관성과 객관성 사이의 중개역할을 수행한다.[13]

언어는 인간과 대상세계 사이에 설정되는 영역이다. 그러나 언어는 근본적으로 동적인 특성을 지니기 때문에 인간과 대상세계 사이를 영원히 한결같은 방식으로 중개해주는 영역이 아니며, 고정적으로 이미 주어져 있는 영역일 수도 없다. 훔볼트에 의하면, 인간은 언어행위를 통해 세계를 창조하고 있는데, 세계는 그 나름대로 다시금 인간을 규정한다. 왜냐하면 세계는 오로지 인간에 의해 창조된 언어를 통해서만이 인간에게 중개될 수 있기 때문이다.[14]

훔볼트에 있어서 언어는 인간이 실제의 세계로부터 받아들이는 '인상(Eindruck)'에 따라 자발적으로 인간에 의해 객관화된 제2의 세계이다. 이 영역은 주관적인 것을 객관적인 것으로 만들고, 객관적인 것을 주관적인 것으로 인도하는 역할을 한다. 의심할 여지없이 언어는 인간과 세계 사이의 중개자이다. 그러나 언어는 세계를 인간에게 중개하는 매개체의 역할만 하는 것은 아니다. 언어는 인간 고유의 세계 창조에도 능동적으로 관여하고 있는 것이다. 아울러서 언어는 눈앞에 나타난 대상을 통해 야기된 감정을 복제한다. 그렇기 때문에 훔볼트에 있어서 언어는 단순하게 인간과 세계 사이에 존재하고 있는 것은 아니다. 언어는 각각 말로 표현될 때마다 말을 하는 사람의 '주관성'과, 말을 하는 사람에 의해 끌어들여진 대상

---

13) Kledzik(1992: 374) 참조.
14) Humboldt(1830~1835: 60) 참조.

자체로부터 철저하게 영향을 받는다.[15]

훔볼트의 관점에서 보면, 인간은 세계를 단지 의식 속에서만 소유한다. 마찬가지로 인간은 자기의 경험을 단지 언어 속에서만 소유한다. 그렇기 때문에 세계에 대한 아무런 직접적인 시각은 존재하지 않는다. 언어에 대한 시각이 바로 세계에 대한 시각인 것이다.[16] 만약 각각의 언어가 그 자체로 하나의 세계로 인식된다면, 지상에 존재하는 언어의 수만큼이나 많은 세계들이 존재할 것이다. 보다 정확히 말하면, 개인의 고유한 언어는 동시에 개인의 고유한 세계인 것이다. 따라서 인간과 마주하고 있는 존재물에 대한 인간의 인식이 고유한 개인의 세계를 거쳐 발생한다고 한다면, 언어가 다양한 것처럼 인간이 세계를 획득해 나가는 방식이 또한 다양할 수밖에 없는 것이다.[17]

언어는 세계에 대한 일정한 관점을 자유롭게 제공한다. 언어는 또한 세계에 대한 이해가 추론되고 규정되는 유효범위를 확정짓는다. 이런 시각에서 보면 언어는 이미 세계에 대한 해석이며, 세계를 해석하기 위한 기본유형이다. 왜냐하면 언어는 말을 하는 사람의 '주관성'을 표출하는 힘으로서 오로지 사물들에 대한 관점만을 인간에게 제시할 수 있기 때문이다.[18]

---

15) Menze(1964: 770) 참조.
16) Liebrucks(1965: 366 이하) 참조.
17) Kledzik(1992: 374) 참조.
18) Menze(1964: 770) 참조.

훔볼트는 모든 언어들이 제각기 일정한 '세계관(Weltansicht)'을 지닌다고 생각했다. 그에 의하면, 인간의 '개별성(Individualität)'이야말로 '세계관'이라는 고유의 관점으로 인식될 수 있으며, '주관성' 없는 객관적인 지각은 존재하지 않는다.[19] 따라서 언어는 순수한 객관성의 표현일 수는 없다. 왜냐하면 '세계관'이란, 결국 세계를 바라보는 개별적인 관점이라는 고유한 시각인데, 이것은 '주관성'을 의미하기 때문이다. '주관성'은 상이할 수밖에 없다. 그러므로 훔볼트에 있어서 "언어의 상이성은 소리나 기호의 상이성이 아니라 '세계관' 자체의 상이성이다." 말하자면 언어가 다르다는 것은 사물을 바라보는 개개 민족의 주관적인 관점, 즉 언어의 '세계관'이 다르다는 뜻이다.[20]

그런데 서로 다른 언어의 '세계관'(주관성)들이 필연적으로 존재한다면, 인간의 객관적 인식은 요컨대 어떻게 성립될 수 있는 것인가? 물론 모든 언어는 '주관성'의 표현이다. 그러나 언어는 '이상성(Idealität)'의 총괄개념이라고 말할 수 있는 '객관성'을 그 자체 속에 포함하고 있다. 왜냐하면 인간과 세계 사이에는 진리(참)에 대한 모든 인식의 가능성들이 토대로 삼고 있는 '원천적인 일치현상(ursprüngliche Übereinstimmung)'이 존재하기 때문이다. 훔볼트는 이런 이유에서만 객관적인 것이 도출될 수 있다고 보고, 인간은 고유의 언어를 주관

---

19) Hennigfeld(1976: 437) 참조.
20) Humboldt(1820: 27) 참조.

적인 통로로 삼아 객관적인 것에 접근할 수 있다는 확신을 얻어낼 수 있었다. 그에 있어서 인식의 객관화에 대한 근거는 명백히 매개체의 역할을 하는 언어에 있으며, 객관화의 과정은 주관적인 힘의 내적인 정신활동이 객체를 형성함으로써 완성된다.[21]

훔볼트의 관점에서 보면, 객관화의 과정은 자아(나)가 자기 자신의 바깥에서 실제로 객관화된 자신의 표상(심상)을 감지할 수 있을 때 비로소 완성된다. 이 일은 오직 자신과 비슷하게 사유하는 다른 사람에게서만 가능하다.[22] 훔볼트는 주관적인 것을 구분해내고, 이로부터 가능한 순수하게 객체를 분리해내는 일은 주관성과 다른 주관성의 교류를 통해서만 가능하다고 보았다.[23]

언어의 주관성을 통해 제약을 받는 개개 인간의 인식은 점점 포괄적인 인식으로 확대되기 마련이다. 왜냐하면 어떤 세계관의 편협성은 새로운 세계로부터 유래하는 대상에 대한 시야를 통해, 즉 상이한 언어의 시야를 통해 극복되기 때문이다. 따라서 훔볼트에 있어서 객관적인 진리는 주관적인 개별성 전체의 힘으로부터 나온다. 이것은 오로지 언어와 함께 그리고 언어를 통해서만 가능하다. 언어는 인식가능한 것에는 주관적으로 대립하면서 인간에게는 객관적으로 맞서고 있는 것이다. 왜냐하면 각각의 언어는 보편적인 인간의 본질을 상기시키기 때문이다. 그리하여 인류 전체의 주관성은

---

21) Mendelsohn(1928: 7 이하) 참조.
22) Humboldt(1827: 26) 참조.
23) Humboldt (1820: 28) 참조.

그 자체로 다시금 객관적인 어떤 것으로 바뀌게 된다.[24] 훔볼트에 있어서 언어는 세계 전체를 한쪽 측면으로부터만 파악하는 개별적인 세계관으로 등장한다. 그러나 모든 언어들의 전체성이야말로 주관성에 구속된 상태로부터 언어의 세계관을 벗어나게 하여 인식의 객관성을 얻게 해준다.[25]

앞에서 언급했듯이 훔볼트에 있어서 세계는 인간의 언어에 의해 창출된 세계이다. 세계가 오로지 언어적 세계로서의 세계라면 언어의 상실은 동시에 세계의 상실을 의미한다. 따라서 언어의 상실은 언어를 통해서만 계발될 수 있는 인간으로 하여금 무교육(Unbildung) 상태[26]에 빠지게 할 것이다. 언어가 없는 상황은 비인간적인 상태로 될 수밖에 없다. 왜냐하면 인간은 언어 없이는 세계와 관련을 맺을 수 없고, 따라서 인간일 수 없기 때문이다.[27]

훔볼트의 관점에서 보면, 세계의 확대와 세계의 획득은 인간의 인식이 발전해가는 과정을 의미한다. 이 과정도 명백히 언어에 의해 수행된다. 그러나 언어를 통한 인식행위는 단순히 논리적인 방식으로 제한되어 있는 '인식'의 차원을 넘어선다. 바야흐로 훔볼트의 언어철학에서 '인식'이란, '오성'과 같은 개별적인 능력(힘)에서 나오는 행위가 아니라, 말을 하는 행위처럼 전반적으로 인간이 지

---

24) Humboldt(1820: 27) 참조.
25) Menze(1964: 771 이하) 참조.
26) 인간으로서의 도야가 이루어져 있지 않은 상태.
27) Humboldt(1800: 196) 및 Michelsen(1987: 246) 참조.

니는 모든 능력들의 표출이다. 따라서 최상의 '인식'이라 해도 그것은 필연적으로 객관성을 지향하는 주관적인 개별성 전체의 힘으로부터 나올 수밖에 없는 것이다. 그런 의미에서 보면, 모든 힘들은 근본적으로 오로지 한 개의 힘으로 간주될 수 있다.[28] 왜냐하면 이들은 개별적이어서 상이하긴 하지만, 이들의 근거가 되는 기본적인 힘 자체는 동일하기 때문이다.[29]

그러므로 인간의 '인식' 행위는 정신 전체가 활동하고 있는 것을 의미한다. 인간의 '인식' 행위는 객관적인 것을 개별성 고유의 방식으로 획득하고, 이것에 스스로를 동화시키면서 객관적인 것을 자기 것으로 만든다. 아울러서 '인식' 행위는 포괄적인 '객관성' 속에서 '주관성'과 대상적인 것이 일치하는 것을 궁극적인 목표로 삼는다. 이것은 인식이 행해질 때마다 개인의 실제적인 행동이 새롭게 규정된다는 것을 의미한다. 왜냐하면 인간의 '인식' 행위는 수용성의 형식, 즉 지각이라고 하는 '주관성'을 바꾸어 놓는 행위이기 때문이다. 그러므로 '객관성'은 단순히 그 어떤 개별성(개인)의 인식이 수행되는 과정에서 이미 주어져 있는 것이 아니라, 각각의 개별성이 수행해야 하는 과업으로 제시된다.[30]

---

[28] Humboldt(1806: 139) 및 Borsche(1981: 137) 참조.
[29] Schneider(1995: 66) 참조.
[30] Humboldt(1820: 27) 참조.

6.3. 언어와 인간

인간은 언어를 통해, 보다 정확히 말하면 언어를 구사할 수 있는 천부적 능력을 통해 다른 동물과 구별되는 존재이다. 이와 같은 사고는 전혀 새로운 사실이 아니며, 고전 철학의 시대부터 일반적으로 통용되어 왔다. 훔볼트의 언어철학에서 출발점에 놓여 있는 결정적인 단서는 인간만이 언어를 소유하며, 인간은 언제나 언어에 의해서만 존재한다고 보는 인류학적인 해석이다. 이와 같은 인식을 통해 훔볼트는 그 이전에 헤르더[31]가 그랬던 것처럼 "인간은 언어적 재능을 소유한 존재"라고 하는 거의 전통적으로 다루어온 테마에 전념하게 된다. 그에 있어서 언어는 모든 인간 활동의 근본토대였던 것이다.

훔볼트의 관점에서 언어란, 명백히 모든 정신활동(사유행위)을 주관적으로 인간의 방식에 따라 처리하는 수단으로 정의된다. 그에 따르면, 인간의 '말하기'란, 명백히 다른 사람을 대화상대방으로 삼아 실현되는 언어행위인데, 이 경우 다른 사람은 내가 '나'로서 존재하는 것이 확증되는 과정인 '자기이해(Selbstverständnis)'를 위해 필연적인 존재이다. 인간은 자신의 '말하기'를 다른 사람에게서 검증하고, 다른 사람과 공동으로 발전하면서 결국에는 명료함을 얻어내고 있기 때문이다. 또한 다른 사람에게 말을 거는 행위에 대한 응답

---

31) Herder(1772: 5~79) 참조.

행위는 '나'를 대화상대방으로 삼고 있는 '너'로부터 나온다. 이런 관점에서 인간은 자신의 말의 이해가능성을 다른 사람에게서 시험적으로 검증함으로써 스스로를 이해한다고 말할 수 있다.[32]

훔볼트의 의미에서 '이해하기'는 '말하기'에 대한 필연적인 대응개념이다. '이해하기' 또한 본질적으로는 인간 자체가 대화상대방인 '너'와 관계하고 있음을 나타낸다. 그와 동시에 '말하기'와 '이해하기'는 어떤 사물이나 상황에 대해 다른 사람과 대화하는 것을 의미하며, 동시대인이나 이웃사람들과의 관계를 직접, 간접으로 나타낸다. '인간존재'의 결정적인 구성요소로서의 언어를 통해 인간은 대화상대방인 '너'에 대해 마음을 연다. 정신적 존재인 인간은 감각적 수단인 언어를 통해서만 사유할 수 있는데, 이 경우 언어는 주체를 감성에 맡기는 것이 아니며, 주체로 하여금 생소한 외부세계를 제어할 수 있도록 도와주는 역할을 한다.[33]

바야흐로 인간만이 사물들을 이용하고 언어를 통해 자신이 명명한 사물들을 자신에게 복속시킬 수 있는 능력을 갖추었기에 다양한 세계에 관여할 수 있다. 의심할 여지없이 언어는 다른 사람을 이해하기 위해서도 결정적인 전제조건이 된다. 인간의 '이해하기'란, 언제나 공통의 언어를 전제로 한다. 이것이 없다면 상호간의 대화 대신에 전반적으로 말이 없으면서 단조로운 공존만이 있게 된다. 왜냐

---

32) Humboldt(1827~1829: 155) 및 4.4. 참조.
33) Navarro-Pérez(1993: 98) 참조.

하면 '말하기'에서 일치의 가능성이 주어져 있지 않을 때는 상대방과 조화가 이루어지지 않을 수도 있기 때문이다. 따라서 다른 사람을 이해하는 행위는, 서로 다른 개인들을 총괄하는 모국어의 세계관 속에서 다른 사람과 동시에 생활하는 것을 전제로 한다. 왜냐하면 다른 사람이 말을 걸 수 있는 가능성은 두 사람이 공유하고 있는 언어적 한계를 통해 제약을 받기 때문이다. 그러므로 언어공동체란, 동일한 언어를 사용하는 인간 집단인데, 모국어와 언어공동체는 하나의 전체를 형성하며 모국어 없는 언어공동체는 가정될 수 없다.[34]

언어는 언어공동체의 구성요건이지만, 대화가 진행될 때 한 사람이 생각하는 것은 다른 사람이 생각하는 것과 정확하게 일치하는 것은 아니다. 훔볼트는 이에 대해 다음과 같이 서술한 바 있다:

> "사람들은 사물의 기호에 실제로 몰입하거나 정확하고 완전하게 동일한 개념을 산출해내기로 상호간에 결정함으로써 소통하는 것이 아니라, 그들은 상호간에 감각적인 표상들과 내적인 개념생성이라는 연쇄적인 동일한 고리에 접하고, 각 사람에게서 동일하지는 않지만 상응하는 개념들이 튀어나오는 정신적 악기의 동일한 건반을 두드림으로써 소통한다."[35]

---

34) Weisgerber(1964: 83 이하) 참조.
35) Die Menschen verstehen einander nicht dadurch, daß sie sich Zeichen der Dinge wirklich hingeben, auch nicht dadurch, daß sie sich gegenseitig bestimmen, genau und vollständig denselben Begriff hervorzubringen, sondern dadurch, daß sie gegenseitig in einander dasselbe Glied der Kette ihrer sinnlichen Vorstellunen und inneren Begriffserzeugungen berühren, dieselbe Taste ihres geistigen Instruments anschlagen, worauf alsdann in jedem entsprechende, nicht aber dieselben Begriffe hervorspringen(Humboldt, 1830~35: 170 이하).

그러므로 모든 '이해하기'는 언제나 완벽한 이해로 보기는 어렵다. 사상과 감정에서의 모든 일치는 동시에 불일치를 수반한다고 말해야 한다. 따라서 개별적인 사람은 부득이 다른 사람의 말을 자신의 방법대로 해석할 수밖에 없다. 그런 관점에서 우리 모두는 완벽하게 동일한 사유세계에 살고 있는 것은 아니며, 그런 의미에서 각자는 고유의 세계관을 나름대로 구사하고 있다고 말할 수 있다.[36] 따라서 개인과 개인 사이의 완벽한 중개는 불가능한 것처럼 보인다. 왜냐하면 각 사람은 자신의 언어를 구사하는데, 이 언어는 완전무결하게 주관성을 나타내는 자아의 표현과 다름없기 때문이다. 그러나 바야흐로 인간은 대책 없이 고립상태를 고수하는 폐쇄적인 개별성만을 지닌 것은 아니다. 오히려 인간은 인류라는 보편적 성향에 필연적으로 관여되어 있는 것이다. 왜냐하면 전체성을 예감하고 추구하는 일은 이미 개별성 자체와 함께 설정되어 있기 때문이다.[37] 훔볼트에 있어서 개별화란, 단순히 따로따로 분리된다는 차원에 머무르는 것이 아니다. 그가 추구하는 것은 상이한 측면들의 보편적 완성이라는 소박한 목표에 맞추어져 있다. 왜냐하면 보편적인 상이성으로부터 전체 속에서의 개별성들의 통합이 유추될 수 있기 때문이다.[38]

인간이 수행하는 모든 '말하기'는 오로지 개별적으로 지각된 것

---

36) Borsche(1997: 75) 참조.
37) Menze(1965: 246) 참조.
38) Humboldt(1797~98: 118, 274) 참조.

을 인류의 공통적 본성, 즉 통일성에 연결시키는 것을 의미한다. 말하자면 인류의 공통적 본성인 '통일성'이 인간의 모든 '개별성'들과 함께 주어져 있는 것이다. '통일성'은 '이해하기'의 가능성에 대한 조건이며 동기이다. 왜냐하면 언어는 다른 사람들과 교류하면서 인류 전체에 공통적인 것과 관련을 맺고 있기 때문이다. 말하자면 '통일성'이란, 인류가 다양하게 분리되어 상이한 모습을 보이지만, 그 본질적인 측면에서는 숙명적으로 분리될 수 없는 하나의 개념이라고 하는 내적인 신념이다.[39]

그러므로 말을 하는 사람에 의해 발화된 것에 대한 이해, 즉 듣는 사람에게 동일한 사상이 형성되는 것은 '개별성'이 인간 본성의 '보편성'에 관여함으로써 가능하게 된다. 말하자면 이 경우 말을 하는 개인(개별성)은 듣는 사람과 동일한 인간적 특성(보편성)을 지닌다고 볼 수 있는데, 이것은 개인이 마음속에서 파악한 것을 폭넓게 일치하는 방식으로 재생산해낼 수 있고, 자기 것으로 획득할 수 있다는 것을 의미한다. 물론 말을 하는 사람이 그때그때 말을 할 때마다 개별적인 변화가 일어나는 것은 불가피하다. 그렇다고 듣는 사람의 이해가 불가능하게 되는 것은 아니다. 훔볼트에 있어서 개별적인 것은 직접적인 사실로 나타나지만 언제나 보다 보편적인 현상에 대한 뚜렷한 각인으로 간주된다.[40]

---

[39] Navarro-Pérez(1993: 166) 참조.
[40] Humboldt(1824~26: 394) 참조.

말을 하고 듣는 행위에서 의사소통의 '보편적 기관'으로서의 언어가 이미 전제되어 있다고 한다면, 언어는 개인과 개인을 연결하는 교량역할을 하면서 상호간의 '양해(Verständnis)'를 중재한다는 훔볼트의 주장은 설득력을 얻는다.[41] 그럼에도 불구하고 개별적인 '말하기'의 차원에서는 언제나 상호간의 '이해하기'가 일치되지 않는 부분이 남아 있다. 그런데도 말하는 사람과 듣는 사람이 차지하는 사고의 유효범위가 일치하기 때문에 의사소통의 장애는 발생하지 않는다. 인간에게는 실제로 말이 구체화되는 순간에 이와 같은 변증법적인 상호 양해가 이루어진다고 보아야 한다.[42]

훔볼트에 의하면, '이해' 행위는 말하는 이와 듣는 이의 사고방식이 정확하게 일치하면서 한 지점에서 만나는 것이 아니다. 이것은 보다 일반적인 부분은 합치하고, 보다 개별적인 부분은 어긋나고 있는 사고방식의 영역이 서로 만나는 것을 의미한다.

인간의 대화에서 개인적인 관점들이 서로 접근하는 과정은 무한하다. 이런 측면에서 보면 인간의 모든 삶은 끝없는 대화이며, 상호간에 이루어지는 조화를 얻어내기 위해 끊임없이 추구되는 노력이다. 대화에서 상대방은 어떤 것이 무조건적으로 통용되어야 한다고 주장하고, 다른 사람들에게 반론을 제기하는 것은 바람직하지 않다. 다른 사람을 고려하지 않는 독단적인 '이해' 행위는 필연적으로

---

41) Cesare(1996: 287) 참조.
42) Liebrucks(1965: 288) 참조.

대화의 종말을 고하게 될 것이다. 그렇기 때문에 순수한 인간의 삶과 인간의 인식행위는 오로지 의사소통, 즉 바람직한 대화로서만 가능하다. 따라서 대화는, 대화적 관계를 통한 인간의 성찰행위라고 말할 수 있다. 인간은 육체적, 감성적 관계를 제외한다면 단순한 사고를 위해 '나'에 상응하는 '너'를 필요로 한다. 훔볼트의 이원론에서는 순수한 '나'는 언어보다 선행하는 것은 아니며, 주체와 객체가 포함된 모든 구별들은 대화상대방과 말을 실행할 때 구체화된다.[43] 이에 대해서 훔볼트는 다음과 같이 서술한 바 있다:

> "언어의 원천적인 본질 속에는 변경할 수 없는 이원론이 자리 잡고 있다. 그리고 말을 하는 행위 자체의 가능성은 말을 거는 행위와 응답하는 행위에 의하여 제약을 받는다."[44]

의심할 여지없이 인간은 고립된 존재로서가 아니라, 모든 관점에서 공동체 위주의 사회적 존재이다. 왜냐하면 인간 자체는 무엇보다도 우선 공동체로부터 규정되기 때문이다. 언어는 선험적으로 주관성에 근거를 두고 있긴 하다. 플라톤의 표현을 사용하면 언어는 인간적 의식의 '천부적 이데아'이다. 그렇지만 언어는 구체적인 실현이라는 면에서 보면 필연적으로 말을 하는 사람들의 공동체를 전

---

43) Navarro-Pérez(1993: 103) 참조.
44) Es liegt aber in dem ursprünglichen Wesen der Sprache ein unabänderlicher Dualismus, und die Möglichkeit des Sprechens selbst wird durch Anrede und Erwiederung bedingt(Humboldt, 1827: 26).

제로 하는 대화체의 언어유희(Sprachspiel)인 것이다.[45]

이런 관점에서 훔볼트는 선험적으로 인간에 내재하는 인간의 인식능력과 언어능력을 오로지 사회적(사교적)으로만 발전될 수 있는 개념으로 보았던 것이 분명하다. 그와 동시에 훔볼트는 개별적인 연구대상으로서의 '개별성', 즉 인류학에서 제시되는 인간의 '개별성'을 주요 관심사로 등장시켰다. 그렇지만 그는 고립되어 있는 개체들을 다룬 것은 결코 아니며, 오히려 개개인의 '개별성'과 '보편적인 것'(인류) 사이의 관계를 결정적으로 중요시했던 것이다.[46]

훔볼트는 "각각의 인간이 개별적인 한 개의 언어를 가지고 있듯이, 인간 종족 전체도 오직 한 개의 언어만을 가진다"[47]고 말할 정도로 보편적 일치 속에서의 언어의 개별화를 간파하고 있었다. 그러므로 훔볼트의 언어철학과 함께 그의 교육(도야)이론에서도 인간과 인간 사이의 관계를 다루는 비교 인류학이 확고한 위치를 차지하는 근거가 명백히 제시된다.

6.4. 언어와 교육

교육과 훈련은 일반적으로 언어를 전제로 하며, 역사적으로 생성

---

45) Burkhardt(1987: 153) 및 Marlis(1974: 24) 참조.
46) Schneider(1995: 60) 참조.
47) Humboldt(1830~35: 51).

되어 계속 발전해온 모국어라는 매개체를 통해 실행된다. 따라서 대부분의 정신교육은 동시에 언어교육이기도 하다. 왜냐하면 교육과정의 구성요소가 언어적일 뿐만 아니라 가정교육이나 학교교육 및 직업훈련 등에 의해 전수되는 모든 교육내용이 전반적으로 언어에 의존하기 때문이다. 언어와 교육의 밀접한 공속성은 신인문주의 시대부터 오늘날까지도 종종 등장하는 '도야(Bildung)'[48]에 대한 개념정의에서 인식될 수 있다. '도야'는 훔볼트가 추구하는 인류학과 교육이론의 핵심적 용어에 속한다. 그에 있어서 '도야'란, 원천적으로 인간 내부에 잠재하고 있는 힘들이 조화롭고 균형 있게 점진적으로 발전해가는 것을 의미한다.[49]

훔볼트는 그의 첫 번째 사색의 시기에 이미 동시대의 신인문주의자들처럼 '도야사상'을 거듭 주장한 바 있으며, 의심할 여지없는 타당한 개념으로 인식하고 있었다. 무엇보다도 훔볼트는 언어를 통해 제약을 받는 인식의 발전과정을 토대로 도야행위 자체의 과정을 고찰했다. 훔볼트의 의미에서 바야흐로 주관성이 지니는 모든 힘들의 표출로서의 인식행위는 도야행위로 규정되는데, 이러한 규정 자체는 언어와 교육 사이에 조성되어 있는 필연적인 관계를 시사해준다. 그렇기 때문에 인간과 인간도야는 언어철학에서도 훔볼트적 사

---

48) 'Bildung'은 의미상으로 교육, 도야, 교양, 형성 등으로 번역될 수 있지만, 각각 차이점이 존재한다. 이 글에서는 그때그때의 적절성을 고려하여 교육, 도야 등으로 표현했다.
49) Luther(1967: 503) 참조.

유의 참된 대상이다.[50]

'도야'는 훔볼트의 언어철학의 출발점에서 두 가지 의미를 포함하고 있다. 이들은 상호간에 제약을 받고 있으며 서로 분리될 수 없다. 하나는, '도야'의 본질이 '세계관'의 확대라는 점에 주목해야 한다. 왜냐하면 '도야'에서는 각기 제한을 받고 있는 주관성과 관련된 '세계관'에 대한 파기가 객관성 속에서 추구되기 때문이다. 또 다른 하나는 '도야'란 개별적인 것들의 전체적인 조화 속에서 품위에 맞는 인류의 이념에 도달할 때까지 자아를 교화시키고 승격시키는 행위, 즉 자아의 완성을 위한 끊임없는 과정을 일컫는다. '도야'의 본질은 그때그때의 개별성에 구속을 받는 조망들을 포괄적인 조망으로 확대하는 것이다. 요컨대 '도야'란, 있을 수 있는 모든 조망들을 전반적으로 총괄하는 개념이 되는데, '도야'를 통해 개별적인 관점들이 주관적인 속박으로부터 벗어나서 객관성 자체로 된다.[51]

훔볼트의 관점에서 '도야'란, 오로지 끊임없이 수행되는 세계 확대의 과정이다. 도야는 궁극적으로 세계 전체를 인간으로 하여금 지속적으로 다룰 수 있게 해주고, 인간을 세계 전체로 삼게 하는 과정이다. 또한 '도야'는 끊임없이 객관화되는 과정, 즉 자아(나)에 구속된 상태로부터 분리되어 자신을 무한하게 확대시키는 것을 의미한다. 그러므로 훔볼트의 언어개념으로부터 규정된 도야개념은 언

---

50) 인간은 그 자신의 힘을 도야할 뿐 아니라, 인류를 대표함으로써 '이상적인 개별성'을 얻어낸다(Schneider, 1995: 67 참조).
51) Menze(1964: 773) 참조.

제나 세계확대일 뿐만 아니라, 자기확대의 모습을 보여준다. 그에 있어서 언어는 '주관성'으로부터 '객관성'으로, 언제나 한정되어 있는 '개별성'으로부터 모든 것을 일거에 포함시키는 '객관화된 존재'로 나아가는 통로이다.[52] 개별적인 인간 고유의 존재는 언어 속에서 언어를 통해 확대될 뿐만 아니라 고귀한 품격을 갖추게 된다. 왜냐하면 세계관의 확대는 순수한 '인간존재'의 본질을 규정하는 인격의 형성이기도 하기 때문이다. 이것은 지적·정신적 완성일 뿐만 아니라, 윤리적·도덕적 완성을 의미한다.[53]

'도야'는 계속해서 세계에 지성을 부여하면서 세계를 자기 것으로 획득할 뿐만 아니라 자기 자신을 계발하는 교화행위이기도 하다. 이러한 확대과정에서 자아는 다양한 세계를 상실하고 그 속에 잠겨버리는 것이 아니라, 자아는 언제나 새롭게 실현되고 자기 자신의 전체성을 얻는 단계로 상승한다. 바야흐로 '자기형성(Selbstgestaltung)'은 '세계형성'에 대한 판단을 근거로 계속되고, '세계형성'은 '자기형성'에 대한 판단을 근거로 계속 실행된다. 말하자면 자기의 완성은 세계를 자기 것으로 획득하는 데서 실현된다. 왜냐하면 인간은 세계의 창조를 통해 스스로를 구현시키기 때문이다. 그러기 때문에 훔볼트의 언어철학에서 기인하는 도야개념에서는 언어를 통해 중재되는 의존관계로 인하여 '나'와 '세계'는 상호간에

---

52) Humboldt(1820: 24) 참조.
53) Menze(1964: 774) 참조.

규정을 행하고 자극을 주게 된다.[54]

　개별적인 인간은 자기 스스로 완성될 수는 없다. 개개인은 주관성으로부터 객관성으로 가는 길을 혼자서 횡단할 수 없다. '도야'는 주관성의 유한함이 극복될 수 없고 객관성 속에서의 주관성의 파기도 이루어질 수 없는 무한한 과정 속에서 나타난다. 요컨대 인간이 자신의 길을 개척하면서 계속 발전하기 위해서는 다른 사람의 도움을 필요로 한다. 왜냐하면 언어는 주관성의 개별적인 능력이 아니라, 필연적으로 주관성의 본질을 규정하는 세계와의 관계로부터 생성되기 때문에 언어는 인간이 존재하는 가능성 자체의 조건이 된다. 이것은 '인간존재' 자체와 함께 다른 사람과의 의존관계가 동시에 주어져 있다는 결론에 이르게 된다. 왜냐하면 훔볼트의 의미에서 언어는 본질상 독백이 아니며, 상대방과의 대화를 통해 기능하기 때문이다. 언어도 교육도 개인에 의해 실현될 수 없으며, 오로지 사회적으로만 실현될 수 있다. 또한 인간의 존재 자체도 오로지 자신의 말의 이해가능성을 다른 사람에게서 검증함으로써 자명해진다. 어떠한 인간의 능력도 분리를 자초하는 비사교적 층위에서는 발전되지 않는다.[55]

　훔볼트의 관점에서 다른 사람을 근거로 하여 언어를 통해 해명되는 인간관계는 언어와 도야의 연관성에 대한 고찰에서 결코 배제될

---

54) Menze(1965: 259) 참조.
55) Menze(1988: 314) 및 Humboldt(1827: 26) 참조.

수 없다. 왜냐하면 '인간존재' 자체와 함께 주어져 있는 다른 사람 쪽으로의 방향설정 및 다른 사람과의 의존관계는 자기 자신에 대한 끊임없는 문제제기를 의미하며, 다른 사람과의 비교와 공존에서 행해지는 자기 자신의 세계관에 대한 확대와 도야를 의미하기 때문이다.[56]

순수한 대화와 도야적인 사교행위에서 부수적으로 나타나는 것은 개개인의 실존에 필연적인 다른 사람과의 대면을 통해 행해지는 '객관화'이다. 이것은 '자기실현'을 위한 인간의 탁월한 수단인 언어교육에서 체계적으로 추구된다. 그렇기 때문에 언어교육은 한 영역에 국한될 수는 없다. 왜냐하면 언어는 '인간존재'를 위한 필연적인 구성요소이며, 정신활동 전반의 수단이기 때문이다. 언어의 역할이 잠재적인 정신활동을 실제적인 정신활동으로 만들고, 인간에게 다양한 세계를 열어주고 있기 때문에 언어는 인간이 언제나 새롭게 '자기규정(Selbstbestimmung)'을 시도할 때에 구심점이 되는 매개물이다. 언어는 정신적 활동의 필연적인 도구로서 개별성이 지니는 정신적 힘을 조화롭게 도야한다. 이러한 규정은 언어연구와 언어교육의 필연성에 대한 두 개의 본질적인 동인들을 포괄하게 된다.[57]

먼저 언어연구의 대상으로서의 언어 속에는 '개별성'의 조화로운

---

56) Menze(1964: 775) 참조.
57) Menze(1964: 776) 참조.

도야에 필수적인 다양한 상황들이 가장 명백하게 나타난다. 언어 속에는 수없이 많은 개개인들, 바야흐로 한 민족의 사고와 감정이라는 전체성이 침전되어 있다. 이것은 또한 재생산될 때에 활성화되며, 정신적 힘에 다양한 '자기규정'의 가능성을 제공한다. 그런 점에서 언어는 보편적 상황들에 가장 근접하고 있으면서 현실적인 다양한 모습을 보여주는 가장 다면적인 대상물이다. 인간의 정신은 언어 속에서 언제나 아직 알려져 있지 않은 것을 발견하고, 인간의 감정은 언어 속에서 아직 느껴보지 못한 것을 지각할 수 있다. 그렇기 때문에 인간은 언어를 통해 지각한다고 말할 수 있을 정도이다. 인간은 언어를 통해 이미 인간에게 알려져서 언어로 고정되어 있는 것을 자기 것으로 만들려고 노력함으로써 스스로를 도야하려고 한다. 따라서 훔볼트에 있어서 '도야'란, 언제나 '자기도야(Selbstbildung)'일 수밖에 없다.[58]

훔볼트의 관점에서 보면, 각각의 언어마다 도야적 의미가 부여된다는 것은 의심할 여지가 없다. 또한 언어 중에는 그 자체로 가장 많이 세분화되고 완전하게 도야되어 있어서 스스로 최고의 다양성과 풍부한 경험을 포괄하고 있는 언어가 존재한다. 훔볼트는 이러한 언어야말로 '개별성'의 도야를 위해서는 가장 가치가 있는 언어이며, 거의 완전하게 도야가 이루어지지 않은 단순한 언어에 비해 훨씬 우월하다고 생각했다. 이런 관점에서 인도유럽어 계통의 '굴

---

[58] Michelsen(1987: 252) 참조.

절어(flektierende Sprache)'[59]가 선두에 있다는 것이 그의 기본적인 시각이었다. 왜냐하면 그는 언어의 정신이 굴절어에서 가장 뚜렷하게 나타난다고 보았기 때문이다. 또한 훔볼트는 이들 언어 중에서도 최고의 서열을 그리스어에 부여하는 동시에, '개별성'이 주로 그리스어 연구를 통해 완성될 수 있다고 말할 정도였다. 무엇보다도 그는 그리스인의 철학과 시문학에서 다양하고도 풍부한 인간의 인식을 발견할 수 있다고 생각했던 것이다.[60] 그렇지만 언어 자체에 차별적인 등급을 설정하는 듯한 훔볼트의 평가방식은 논란의 여지가 있다.

훔볼트는 '개별성'이 지닌 '힘'의 다면적인 '도야'라는 관점에서 나타나는 언어의 기능과 관련해서 '인격도야(Charakterbildung)'의 중요성을 강조했다. 왜냐하면 언어는 무엇보다도 인간을 규정하는 힘으로서 그 구조가 지니는 특이성 때문에 '인격'에 직접적으로 영향을 미칠 수 있다고 보았기 때문이다.[61] 그러나 언어는 다양한 '개별

---

59) 언어의 형태적 유형의 하나로서, 주로 낱말의 어형변화를 통해 문장 내에서의 말의 관계(성, 수, 격, 칭, 법, 때 따위)를 나타내는 언어.
60) 훔볼트는 그리스어가 가장 세련된 언어라고 평가했다. 이를테면 그리스어가 지니는 예술과 같은 복합문의 구조에서는 문법형식들 상호간의 위치가 고유하게 하나의 전체를 형성하고 있다는 것이며, 이것이 이념들의 작용을 강화시켜 주고, 대칭과 쾌적한 리듬을 향유하게 한다는 것이다(Humboldt, 1822: 294 참조).
61) 훔볼트에 있어서 '개별성'과 '인격'은 동의어가 아니다. '개별성'은 이미 인간의 원천적인 힘을 지닌다. 또한 '개별성'은 아직은 순수한 가능성의 범주에 존재하고 있으면서 개별화되어 있다. 그러나 '인격'은 이미 현실화되어 있고, 이미 힘들의 공동작용이어서 '개별성' 이상의 영역이다. 왜냐하면 '인격'은

성'들이 외적인 것을 지향하는 경향과, 내적인 지각의 전달을 통해 하나로 통합되는 중심점에 자리 잡고 있는데, 바야흐로 언어는 가장 밀접하고도 생동감 있게 '인격'과 상호작용을 하고 있다. '인격도야'의 작용은 단순히 지적인 발전의 작용보다도 훨씬 중요하다고 평가할 수 있다. 왜냐하면 '인격도야'는 대부분 한 세대가 다른 세대와 관련을 맺고 있는 신비스러운 영향들에 의존하기 때문이다. 그렇기 때문에 훔볼트에 있어서 언어교육의 목표설정은 잇달아서 전개되는 '인격'의 발달을 통해 인간정신으로 하여금 개별적인 능력이 규칙적으로 활동하고 도야할 수 있도록 유도하는 데에 있다.

언어연구와 언어교육이 모든 힘들과 능력을 조화롭게 양성하려면 주관성으로부터 객관성으로 가는 도야과정에 관여해야 한다. 이것은 고유의 '세계관'을 심화시키기 위한 과정이고, 다른 사람의 언어에서 중요한 '세계관'에 대한 조망들을 자신의 '세계관'으로 통합하기 위한 과정이다. 이를테면 훔볼트에 있어서 외국어의 습득은 어느정도 한계가 있긴 하지만 이제까지의 '세계관'에 새로운 관점을 수용하는 일일 것이다. 왜냐하면 각각의 언어는 개념들의 조직 전체이며 인류의 부분적인 사고방식이기 때문이다.[62]

외적인 상황과 내적인 힘의 공동작용에서 나오는 통합된 결과물이기 때문이다. '인격'은 바로 개별적인 인간의 의미로 사용된다. 따라서 '개별성'과 '인격'은 구별되지만 동시에 발현할 수밖에 없기에 훔볼트는 이 두 개념을 엄격하게 구별하지 않은 것 같다(Menze, 1965: 108~109 참조).
62) Menze(1964: 777) 참조.

훔볼트의 관점에서 사람들은 많든 적든 고유의 '세계관', 말하자면 고유의 언어관을 습관적으로 외국어로 옮겨놓기 때문에 그와 같은 성과가 순수하고 완벽하게 감지되지는 않는다. 인간의 힘은 자신과는 다른 언어를 스스로의 방식에 의해 자기 것으로 만든다. 물론 자기에게 익숙하지 않은 언어조차도 정신의 소유물로 바뀐다. 그러나 수동적으로 수용되어 기억 속에 보존되어 있는 것은 아니다. 이것은 언어를 배우는 사람의 정신 속에서 생성되며, 재생산될 때에는 스스로 이미 어느 정도 변형을 거치게 된다. 그렇기 때문에 훔볼트에 의하면, 아이들이 말을 배우는 것도 단순히 낱말들을 배치한다든가, 기억 속에 저장한다든가, 반복해서 입으로 따라하는 것이 아니다. 아이들이 성장하면서 연습을 거쳐 원천적인 언어능력 자체가 발아하게 되는 것이다. 언어는 본디 훈련을 통해 습득될 수 있는 것이 아니라, 오로지 마음속에서 언어라는 잠재성(언어능력)이 환기될 수 있다. 인간은 이 잠재성이 스스로 언어로 발전하도록 실마리만을 제공할 뿐이다.[63]

훔볼트에 의한 '언어의 세계관' 이론에 따르면, 한 언어로부터 다른 언어로의 정확한 번역은 불가능하다. 개개인들 및 민족들 간의 상이한 '세계이해'는 낱말들의 통용성에 심각한 문제를 야기시킬 수 있다. 훔볼트에 있어서는 그 어떠한 낱말도 서로 다른 개개인들에 의해 동일한 방식으로 관념 속에 수용되지 않는 것은 명백하다.

---

63) Humboldt(1830~1835: 40) 참조.

그렇기 때문에 서로 다른 언어의 낱말들이 동일한 개념을 표기하고 있다고 해도, 진정한 의미에서 동일한 의미를 가진 낱말로 간주될 수 없다. 말하자면 외국어의 습득을 통해 인간에게는 새로운 대상들이 눈앞에 등장하는 셈이며, 기존의 다른 대상들도 그 무한성으로 인해 언제나 새로운 측면을 보여주는 것이다. 그러므로 언어습득은 각각 상이한 언어들의 상이한 조망들로부터 어떤 대상을 바라보고 사유할 때만이, 그리고 세계파악의 새로운 양상들을 떠올리고, 이것들을 모국어의 세계관과 비교할 때만 훔볼트의 의미에서의 '도야' 의미에 어울리는 순수한 언어습득이 이루어진다.[64]

예를 들어 만년설 속에서 생활하는 에스키모인들은 세계를 대하는 작용방식에서 우리처럼 겨울에만 눈을 보는 사람들과는 다르다. 보다 정확히 말하면, 개개 민족들이 사용하는 언어가 보여주는 상이성 속에는 인간이 상호간에 겪는 경험과, 세계에 대한 관여에서 얻게 되는 경험이 반영되어 있는 것이다. 세계는 각각의 언어에서 결코 동일한 방식으로 나타나지 않는다. 오히려 세계는 세계경험과, 주체와 주체를 연관시키는 간주관적 의사소통이라는 언어적 관습 속에서 나타난다.

프로이센의 교육입안자로서 훔볼트는 한편으로는 개별적인 '인격도야'와 관련된 모든 힘들의 조화로운 양성과, 다른 한편으로는 '세계획득(Weltgewinn)'과 인식의 발전을 언어교육의 과제로 설정했

---

[64] Menze(1964: 778) 참조.

는데, 이것은 그 당시 쾨니히스베르크의 학교교육안이 지칭하고 있듯이 특정한 언어 속에서 언어 전반을 조망하는 일이었다. 이것은 그때그때 세계관 자체의 근원을 확인하는 작업과 다름없었다. 말하자면 이것은 예로부터 다양하게 변화를 겪으면서 형이상학적으로 전래된 후에 남아있는 불변적 요소(언어 전반의 순수형식)를 제시함으로써 가능한 일이었다. 훔볼트에 있어서는 세계를 전반적으로 파악하기 위한 언어범주의 습득과 함께, 세계관에 따라 세계 속에서 행동하는 것은 궁극적이고도 결정적인 언어교육의 대상이자 목표이다.[65]

의심할 여지없이 훔볼트의 관점에서 언어교육이란, 실제적으로 인간교육이어야 하며, 고전적인 문필가들을 이해하기 위한 입문이 아니다. 그에 있어서 고대의 연구 자체는 중요하지 않았다. 따라서 고대의 작가들을 그 자체로 이해하는 것도 결코 중요하지 않았다. 훔볼트의 언어연구는 언제나 그 어떤 문화학적인 사실들에 관한 지식과 확증을 얻으려는 것이 아니었다. 훔볼트의 의도는 본질적으로 인간으로 하여금 언어를 매개로 '자기이해'와 '세계이해'를 훈련시키는 데 있었다. 그런 관점에서 언어는 간주관적 기능과 세계를 중개하는 기능을 함께 가지고 있다고 보아야 한다. 그렇기 때문에 훔볼트의 교육관은 '인간도야'의 이론에 기초하고 있을 뿐만 아니라, 그의 역사적 언어개념 역시 도야이론에 바탕을 두고 있었을 것으로

---

65) Ebenda.

판단된다.[66]

훔볼트의 언어교육은 교육뿐만 아니라 도야적 생활 전반을 떠받치는 원리로 발전된다. 언어교육은 인간성 자체를 연구하기 위해 양도될 수 없는 필연적 과정이다. 훔볼트의 언어철학적 구상이 범애주의적(philanthropisch) 교육[67]에서의 언어해석과는 달리 언어교육학과 언어교육을 직접적으로 고려하여 생겨난 것은 아닐지도 모른다. 또한 아동들의 언어교육과 연관된 몇몇 예외들을 제외한다면 언어습득을 새로운 세계관의 획득으로 인식하는 것은 보충적인 해명이 필요하다는 점도 인정될 수 있다. 그렇다고 해도 그의 구상이 언어교육학적 해명에서 중요하지 않다고 말할 수는 없다. 멘체(C. Menze)가 언급한 것처럼 언어교육에 대해 훔볼트에 의해 진술된 일련의 관점들은 오늘날까지도 유효하다는 게 일반적이다.[68]

훔볼트에 의해 철저하게 고려되는 사회정책적 맥락에는 그가 일반교육과 직업훈련에 관해 언급하고 있는 모든 것이 포함된다. 훔볼트에 있어서 직업교육은 개인의 해방을 위한 보편적 인간교육을 통해 비로소 수행될 수 있다. 그렇기 때문에 그에 있어서는 인간의 사고력이 교육되어야 하며, 더 이상 단순히 인간에게 지식이나 일

---

[66] Benner(1990: 134) 참조.
[67] 18세기 중엽 독일의 이성주의적 계몽사상을 기초로 자연주의 사상을 교육실천에 옮긴 범애파의 교육으로서 인류애의 실현을 위해 종교와 민족을 초월하여 인류 전체를 사랑하며 행복을 증진시키는 것을 목표로 삼았다(임창재, 2000: 129 이하 참조).
[68] Menze(1964: 779) 참조.

시적인 사용도구들을 마련해주는 것은 의미가 없다. 교육입안자로서의 그의 정책은 더 이상 인간교육의 개별적인 부분들만을 후원하려는 것은 아니었으며, 전인교육이었다.[69] 물론 훔볼트의 언어사상은 포괄적으로 그 자신의 경험적 연구를 토대로 형성된 것이었지만 인류학적인 측면도 적지 않게 고려되었다. 그리하여 순수 언어학이 실행할 수 있는 범주를 이미 넘어섰다고 말하는 사람도 있다. 또 다른 측면에서 그의 언어관의 핵심은 '도야이론'에 바탕을 두고 있는 것 또한 분명하다. 이는 훔볼트가 자신의 교육개념을 언어에 기초하여 '나'와 '세계' 사이의 상호작용으로 해석한 데서 극명하게 드러난다.

---

69) Michelsen(1987: 251) 참조.

7. 훔볼트의 미학적 관점에서 본 '상상력'

7.1. 도입

　훔볼트는 청년시절부터 언어에 대한 고찰뿐만 아니라 미학(Ästhetik)에도 지속적으로 관심을 가지고 있었으며, 그로 인해 미학적 개념에 대해서도 조예가 상당히 깊었던 것으로 추론된다. 훔볼트는 의심할 여지없이 칸트의 '비판철학'으로부터 영향을 받았다. 또한 훔볼트는 당대의 지성으로 일컬어지던 괴테 및 쉴러 등과도 개인적인 친분관계를 맺고 있었으며, 지속적으로 주고받았던 서신 등을 통해 공동연구가 수행되었다고까지 인식될 정도로 상호 교류가 빈번했다. 아울러서 그는 헤르더와 피히테 및 헤겔의 철학적인 저술들에도 이미 심도 있게 접하고 있었을 것으로 추정된다. 이런 점들이 동시대에 훔볼트에 의해 표명되었던 철학적, 미학적 견해들의 특징을 적절하게 규명할 수 있는 결정적인 근거가 될 수 있을 것으로 추론된다. 그렇지만 칸트의 철학과 쉴러의 미학이 끼친 영향에도 불구하고 훔볼트의 견해는 그 나름대로의 독자성과 독창성을 충분히 유지하고 있었다고 보는 게 보다 일반적인 평가일 것이다.

그 당시 연구활동에 전념했던 사상가들의 견해가 대부분 그러했듯이 훔볼트의 미학은 '현실세계'와 '인간'의 미감적(ästhetisch) 관계가 맺고 있는 기본적인 특수성을 해명하는 이론이었다. 훔볼트는 오로지 인간의 정신적인 기본 능력들이 이해될 때만 미학의 근본 문제들에 대한 해답이 효과적으로 얻어질 수 있다고 생각했다. 그런 맥락에서 훔볼트가 무엇보다도 예술가의 정신세계에서 수행되는 창조의 과정에 특별하게 관심을 두게 되었던 것은 우연이 아니었을 것이다. 훔볼트의 이러한 입장은 정신적인 모든 실재(Sein)가 원칙적으로는 창조적 과정에 기인한다는 동적 예술이론의 형성에 기여했다.[1]

훔볼트에 있어서 인간의 창조적, 정신적 능력들 중의 가장 중요한 요소는 상호 모순이 되는 현상들을 연결시켜 주는 능력으로 인식되는 '생산적 상상력(produktive Einbildungskraft)'이다. 바야흐로 훔볼트는 칸트의 철학을 배경으로 하여 '전체'로서의 인간 본성을 지향하는 미감적 '상상력'의 문제에 접근하려고 했다. 결국 훔볼트의 미학적 연구에서 추구하는 중요한 가치는 '상상력'의 역할에 대한

---

[1] Heeschen(1972: 131) 참조.

분석에 있었다. 그는 이것을 통해 모든 예술의 본질을 규명하려고 했던 것이다.[2]

이 단원에서는 언어철학, 언어이론 및 교육이론 등에서 거둔 훔볼트의 탁월한 성과에 대한 후세 학자들의 연구활동에 비해 그동안 다소 소홀히 다루어져 왔던 분야인 훔볼트의 예술관을 토대로 인간 고유의 '상상력'에 대해 본질적으로 접근해 보고자 한다.

7.2. 현실세계와 상상력

훔볼트의 예술관에 따르면, "시인이 자신의 소유물로 가공하는 활동범위는 상상력이다." 언어예술가로서의 시인은 오로지 '상상력'을 마음껏 발휘하는 것만으로 진정한 의미에서의 시인이라고 일컬어질 수 있을 것이다. 본디 자연이란, 시인의 감성적인 '직관(Anschauung)'에서 보면 하나의 대상으로 제시되는 것에 불과하다. 시인은 바야흐로 자연 속에 실존하는 대상을 '상상력'의 소재(Stoff)로 개조하지 않으면 안 된다. 훔볼트는 예술에 대한 개념규정에서 '현존하는 것'(실물)을 '형상(Bild)'으로 바꾸어 놓는 것이야말로 직접적으로 모든 예술분야에 적용될 수 있는 가장 보편적인 과제에 속한다고 기술한 바 있다.[3]

---

2) Trofimova(1972: 1047) 참조.
3) Humboldt(1797~98: 126) 참조.

의심할 여지없이 훔볼트의 예술관에서 이러한 과제를 완벽하게 수행하는 것은 인간이 지니는 '상상력'이다. 예술가에 의한 창조적 행위를 '상상력'에 의한 결과물로 강조하는 것은 예술을 관조하는 훔볼트적 시각의 출발점이 된다.[4] '예술' 개념에 대한 훔볼트의 정의에서 '형상'은 우연하게 주어져 있는 것을 필연적인 관계로 엮어놓는 매개체 역할을 수행한다. 따라서 '형상'은 무질서하게 '실재하는 것'을 예술가의 상상력에 의해 대체하는 위치에 설정된다. 이제 현존하는 사물 자체는 '표상(Vorstellung)'[5]의 자리를 차지하게 되고, 현실에 대한 모든 기억은 사라져버린다.[6]

훔볼트에 있어서 '현존하는 것'이란, 일반적인 '오성(Verstand)'(분별력, 사유능력)의 법칙하에서 사물들이 확고하게 실존하고 있다는 의미에서의 '자연'이다. 그러나 훔볼트는 '예술'에 대해서는 특별히 '오성'을 통한 자연의 인식과는 다르게 정의하려고 했다. 생성적인 측면에서 보면, '예술'도 '인식'과 마찬가지로 객체들에 대한 관계이다. 하지만 예술작품은 특이하게도 자연 속의 대상과는 다른 종류의 객체이며, 예술창조(Kunstschaffen) 역시 객체들에 대한 인식행위와는 다른 방식으로 관계를 맺는다. 훔볼트에 있어서 '예술'과 '현실'은 우선 상호간에 철저하게 대립되어 있는 개념으로 전제되고 있다. 그럼에도 훔볼트는 이들의 관계를 단순히 상이한 종류의

---

4) Wohlleben(1986: 194) 참조.
5) 생각의 대상이 되어 머리에 떠올릴 수 있는 모든 것을 뜻함.
6) Zöller(1989: 41) 참조.

능력과 대상 사이에 설정된 관계로만 볼 수 없다는 인식에 도달했다. 훔볼트의 '예술' 개념을 토대로 한 상세한 논증은 이런 측면을 분명하게 각인시켜 줄 것이다.[7]

훔볼트에 있어서 '현존하는 것'은 언제나 고립된 채 홀로 존재하기 때문에 필연적으로 인간에 의한 의미부여(Sinngebung)가 야기시키는 그 어떤 연관성 속에 있지 않다. 그러나 이와는 달리 '상상력'은 끊임없이 사유될 수 있는 가능성들에 기인하는데, 이들은 본질상 상호간에 예속된 관계 속에 있다. 그러므로 어떤 대상이 현실로부터 상상력의 영역으로 넘어간다면 대상의 어떤 부분도 고립되어 있는 것이 아니며, 모든 것은 일반적인 '내적인 연관성(innerer Zusammenhang)'이라는 조건 속에 편입되지 않으면 안 된다.[8] 모든 것을 유기적으로 결합시키는 '상상력'이야말로 예술의 도구이며, 개별적인 것, 분리된 것 및 특정한 것이 '상상력'을 거쳐 예술작품 속에서 모든 것을 포괄하는 하나의 통합체(전체성)로 결합된다.[9]

일반적으로 '현존하는 것'이라는 개념 자체는 시간과 공간에 의해 제약받고 있는 사물들의 실재를 말한다. 그런 의미에서 훔볼트는 모든 현상들이 개별적으로는 각각 고립된 상태에 있다고 본 것이며, 어떠한 현상도 인과관계상으로 다른 현상들에 의존하지 않는다는 점에 특별히 주목했다. 바야흐로 훔볼트는 이렇게 고립되어

---

7) Borsche(1981: 183) 참조.
8) Schneider(1995: 83) 참조.
9) Humboldt(1797~98: 129 이하) 참조.

'현존하는 것'이 예술을 통해 하나의 '형상'으로 바뀌게 되는 것을 예술의 개념으로 정의했던 것이다. 예술에 대한 이와 같은 관점은 구체적으로 무엇을 의미하는 것인가?

'예술'에 있어서 '현실'의 영역에 존재하는 대상들이 '상상력'의 영역으로 옮겨지는 것은 필연적이다. 왜냐하면 이 과정을 통해 자연 속에 존재하는 대상들이 곧바로 '상상력' 속에 존재하는 '가능한 것(das Mögliche)'의 영역으로 바뀌게 되기 때문이다. 바야흐로 '상상력'의 영역에서 고립된 것은 아무것도 없으며, 모든 것은 오직 다른 어떤 것과의 의존관계를 통해 존재하거나, 조직화된 전체의 부분으로서만 존재한다.[10]

7.3. 상상력과 이상화

훔볼트의 관점에 따르면, 예술이란, '현존하는 것'을 '상상력'에 의해 이상화(Idealisierung)하는 것으로 정의된다. 예술은 유한한 것을 무한하게 만든다. 왜냐하면 예술작품은 그 자체로서의 의미 이상의 것을 가리키기 때문이다. 이 경우 '상상력'은 모순된 것을 끌어내어 내적인 법칙에 맞게 결합시키며, 유한한 것과 무한한 것, 감각적인 것과 지적인 것을 중재해 준다. 그렇기 때문에 상상력은 모든 개별

---

10) Borsche(1990: 129) 참조.

적인 부분들을 상호 연결시키는 동시에, 특정한 형태의 제한된 범주 안에서 보편적 성향이 철저하게 감성적으로 지각될 수 있도록 '이상적인 전체(idealisches Ganze)'를 형성할 수 있다.[11] 이것은 또한 상상력 자체를, 감관(Sinn)과 순수 오성의 통각(Apperzeption), 직관의 다양성과 순수 통각의 통일성, 감성적인 것과 지적인 것 사이를 중재하는 요소로 규정한 칸트의 견해와 궤를 같이 한다.[12]

예술작품이 포괄할 수 있는 모든 것은 더 이상 현실 자체가 아니라 이상화된 세계, 즉 지적으로 인식된 세계이다. 훔볼트에 따르면, 상상력은 감성에 쫓아 외부세계를 예술형식의 이상적 영역으로 옮겨놓는 역할을 한다. 그렇지만 이 경우 현실세계를 결코 벗어나는 것은 아니다.[13]

훔볼트의 예술관에 따르면, 실제의 대상은 현실 속에 존재함으로써 제한을 받는 반면, 실제의 대상에 대한 예술적 묘사는 이러한 제한으로부터 자유롭다. 실제의 대상에서는 기존의 가능성들이 언제나 일정한 방식으로 실현되어 있는 반면, 예술의 영역에서는 사물의 본질만이 중점적으로 제시된다. 예술은 사물의 본질을 지향함으로써 예술을 감상하는 사람으로 하여금 본질적 핵심에서 출발하여 자유롭게 상상력을 발휘할 수 있도록 유도한다. 이 경우 물론 '본질적인 것'은 초개인적인 동시에 확실한 방식으로 규정되어 있지 않

---

11) Thomasberger(1992: 601) 참조.
12) Thomasberger(1992: 600) 참조.
13) Heeschen(1972: 128) 참조.

다. 그러나 이러한 불확실성은 상상할 수 있는 여지를 주기 위해 필연적이다. 그렇기 때문에 '본질적인 것'과 '불확실한 것'은 자연스럽게 '상상력'의 영역에 속하는 반면, '한정된 것'과 '확실한 것'은 '현실'의 영역에 속하게 된다.[14]

훔볼트의 예술관에서 '본질적인 것'과 '내적인 연관성'은 '상상력'의 영역에 속한다. 그에 의하면, 전자는 명백히 후자를 통해 형성되기 때문에 예술가는 예술적 행위를 통해 이 두 가지 요소를 지향한다. 바야흐로 이러한 행위는 우연한 요소를 제거하면서 '현존하는 것'을 '상상력'의 영역으로 옮겨놓는 '이상화'의 과정에서 수행된다.[15]

예술이란, 다른 모든 정신활동과 마찬가지로 인간 정신의 모든 힘들을 관련시키는 장르에 속한다. 그리고 예술은 이 힘들을 작동시키기 위해 대상을 필요로 한다. 예술의 목표는 현상세계의 혼돈으로부터 질서정연한 하나의 세계상(Weltbild)을 창조하는 것, 즉 현존하는 것을 이상화하는 데 있다. 또한 예술의 창조과정에서 '상상력'은 정신적 차원의 다른 모든 힘들을 지배한다. 그러나 이상화된 세계상의 '전체성'은 현실세계의 모든 대상들이 묘사된다고 얻어지는 것은 아니며, 재현되는 어떤 대상이 인간의 상상력을 거쳐 중심점으로 설정되는 상황이 조성될 때 비로소 전체성이 획득된다. 이

---

14) Schneider(1995: 83) 참조.
15) Schneider(1995: 84) 참조.

경우 상상력은 자연스럽게 대상을 거점으로 삼아 가능한 모든 대상들의 전체성을 섭렵하게 된다.[16]

의심할 여지없이 '상상력'은 자신의 직관 속에 다양하게 주어져 있는 모든 것을 하나의 전체로 연관시키고 있으며, 아무것도 의도적으로 도외시되지 않는다. 예술작품의 대상물은 통일성과 전체성을 보여준다. 왜냐하면 예술작품이란, 언제나 인간의 정서가 지니는 모든 힘들의 균형 잡힌 조화에서 생겨나기 때문이다.

예술작품에 있어서 주체(Subjekt)의 본성은 따로 따로 독립되어 있는 능력들을 합쳐놓은 것이 아니라, 그 속에 있는 모든 것이 상호간에 동질적 관계를 맺고 있는 것이다. 주체의 본성은 조직체이다. 각 부분은 다른 부분과 관련을 맺고 있으며, 비록 명백성에서 정도의 차이는 있을지라도 어떤 한 부분에 접촉하면 인간 정서의 다른 모든 부분들이 조화롭게 함께 울려 퍼지게 된다.

그러므로 훔볼트에 있어서 '이상성(Idealität)'이라 함은 언제나 '전체성'과 관련되는 것을 뜻한다. 그러나 이 경우 획득되어지는 전체성은 구체적으로 헤아려지는 자료 전체를 의미하는 것은 아니다. 오로지 모든 것을 조망할 수 있도록 전체적인 느낌을 갖게 하는 것만이 중요하다. 말하자면 무수히 많은 대상들이 모두 묘사되는 것이 아니다. 개별적인 대상들은 하나의 완전한 세계상을 대상 자체에 연결시키기 위해 상상력에 자극을 주는 정도로 묘사

---

16) Mendelsohn(1928: 31) 참조.

된다.[17]

예술에 있어서 '이상적인 것'의 개념은 특별한 위치를 점하고 있다. 바야흐로 "이상적으로 묘사한다"라고 표현하는 것은 대상들을 현실세계에서 해방시키는 것을 의미하는 것이 아니라, 전체적인 질서가 개별적인 대상으로부터 전개되어 나올 수 있게 만든다는 것을 의미한다. 따라서 예술적인 변화의 영역으로 넘어가는 모든 것은 정신적으로 동화된 것을 뜻하는 '이상성' 내지는 '전체성'을 표기하는 새로운 단위로 결합된다.[18]

예술 특유의 이와 같은 '이상성'을 얻어내기 위해서는 주요 대상을 단순히 복제하는 것으로 충분한 것이 아니라, 주요 대상을 근거로 '상상력'이 작용하는 방식이 함께 묘사되어야 하는 것이다. 의심할 여지없이 자연 속의 주요 대상은 '이상화'가 실현되는 '상상력'의 영역과 조화를 이루어야 예술의 영역으로 편입될 수 있다.[19]

훔볼트에 있어서 예술이론은 두 가지 사항을 해명하는 데서 출발한다. 먼저 예술의 작용이 추구하는 영역, 즉 '상상력'의 영역이 '현실'의 영역과 가능한 한 명확하게 구분되어야 한다. 두 번째로는, 예술에 있어서 현실의 영역을 벗어나서 상상력을 요구하는 일이 무엇을 통해 가능한지가 제시되어야 한다. 이것은 훔볼트에 의

---

17) Mendelsohn(1928: 35) 참조.
18) Wohlleben(1986: 194) 참조.
19) Mendelsohn(1986: 31) 참조.

한 미학적 시도의 실마리가 된다.[20]

훔볼트에 있어서 예술의 영역은 '상상력'의 영역이며, 현실세계의 영역과는 철저하게 대립구도를 형성한다. 예술의 영역은 오직 다른 어떤 것과의 의존관계를 통해서만이 존재하는 개연성(Möglichkeit)의 영역이다. 따라서 예술의 영역 안에 있는 그 어떤 개별적인 대상들도 독자적으로 존재하지 않으며, 각각의 대상물은 그 존재 가능성을 유지시켜 주는 다른 모든 대상물들을 환기시켜 준다. 그렇기 때문에 예술의 도구는 주어져 있는 다양한 것을 분별하는 '오성'이 아니다. 오히려 분리된 것을 연결시켜주는 '상상력'이야 말로 오성의 법칙하에서 설정된 현실의 장벽을 넘어서서 현실 저편에 예술가 자신이 소유물로 가공하는 새로운 장을 열어 준다.[21]

예술에 있어서 '상상력'은 실제로 존재하는 자연을 정신적으로 자유롭게 파악할 수 있는 것으로, 달리 말하면 예술적 상상력은 직관적 창조성으로써 현실을 자유롭게 초월하면서도 현실의 소재를 개변시켜 예술적 가치를 창조한다.[22] 따라서 "예술은 상상력을 통한 자연의 묘사."[23]라고 간결하게 정의될 수 있다. 이것은 명백히 경험의 한계를 뛰어넘어 무한한 형이상학의 영역이나 초월성

---

20) Schneider(1995: 82) 참조.
21) Borsche(1981: 183) 참조.
22) 백기수(1985: 67) 참조.
23) Humboldt(1997~98: 133).

(Transzendenz)의 영역으로 들어간다는 것과 같은 의미이다.[24]

예술에 있어서 미감적 인식은 특정한 경험의 범주를 벗어나는 것이지만, 겪을 수 있는 경험 전반의 범주를 벗어나는 것은 아니다. 미감적 인식은 감각적으로 주어진 것을 토대로 하며, 이것에 대해 설정된 경계를 오로지 '오성'을 통해 넘어선다. 훔볼트는 무엇보다도 '상상력'이 그 대상을 자발적으로, 자유롭게 산출해내는 일이 결코 자의적으로 수행되어서는 안 된다는 것을 확신하고 있었다. '상상력'의 자유가 만약 감성적으로 주어진 것에서 분리되면 '상상력'은 그 존재기반을 상실할 것이고, 대상도 없이 공허한 상태로 떠돌게 될 것이다. '현실'과 '상상력'의 영역을 상호 연결시켜 주는 확고한 고리는 '직관'이다. 이것은 두 영역 모두에 관계되는 공통적 토대이다. 말하자면 두 영역은 직관을 토대로 경계가 그어지며, 두 영역 자체의 존재론적 규정이 가능하게 된다.[25]

훔볼트의 관점에 따르면, '예술'과 '현실'의 관계는 '형상'이나 '재현(Darstellung)'의 개념을 통해 한층 더 상세하게 규정된다. 예술은 현존하는 것의 '형상'을 산출해내거나 재현한다. 따라서 예술은 자연의 모방으로 간주된다. 그렇지만 훔볼트는 예술에 대한 전통적인 규정과 함께 의도되어 있는 현실과의 동일성을 수용하여 계속 사유할 의도는 없었다. 오히려 그는 두 영역 사이에 필연적으로 존

---

[24] Zöller(1989: 37) 참조.
[25] Borsche(1981: 184) 참조.

재하는 상이성을 강조하는 데에 관심을 두었다. 그에 있어서 '예술'이란, 실제로 존재하는 것과는 확연히 다르게 재현되어야 한다는 점에서, 그리고 원형과 결코 일치할 수 없다는 점에서 자연의 모방이다. 그러므로 예술에 있어서 자연의 모방은 자연의 '변형(Umwandlung)'인 셈이다. 이것은 부분적 요소들이나 혹은 조립된 부품을 바꾸는 것이 아니라, 전체를 어떤 이질적인 매개체로 옮겨놓는 작업을 통해 이루어지는 자연의 모방이다.[26]

자연 속에 주어져 있는 대상(Gegenstand)은 연속적으로 일어나는 사건들로 둘러싸여 있기 마련이다. 그러나 대상은 예술가의 포착을 통해 다양하게 실존하는 상황에서 벗어나 예술의 대상으로 뚜렷하게 부각된다. 예술가의 창조적인 안목은 이전까지는 뚜렷치 않게 나타나는 자연의 현상에 잘 짜여진 통일성을 부여하는 동시에, 현상 자체는 자유로운 '상상력'의 산물로 바뀌게 된다. 바야흐로 이렇게 개조된 산물은 자연 상태에서 멀어지며 완전히 새롭게 된 예술가의 창조물이 된다.

그러므로 '현실'로부터 '예술' 쪽으로의 이행은 인간에 의한 의미 부여로 해석될 수 있다. 왜냐하면 인간은 창조적 활동을 통해 현실 속에 있는 "엄청난 양의 방만한 개별적 현상들"을 하나의 "조직화된 전체"로 바꾸어 놓으려고 하기 때문이다. 따라서 현실이 예술로 변한다는 것은 인간으로 하여금 세계를 고립된 것이 아닌 연관성

---

[26] Humboldt(1797~98: 132) 참조.

있는 대상으로 체험할 수 있게 해준다는 것을 의미한다. 그런 점에서 훔볼트가 예술을 현실경험의 패러다임으로 보았다는 주장은 정당한 것으로 평가될 수 있을 것이다.[27]

달리 말하면 자연 속에서는 이름도 없이 존재하던 대상이 바야흐로 예술가와의 대면에서 비로소 생생하게 형상화되어 독자성을 얻게 되는데, 이것은 다시금 감상자들로 하여금 순전히 자발적으로 동일한 형태를 산출해 낼 수 있게 하는 생동적인 힘을 지니는 예술작품으로 변하게 된다.[28]

예술가는 그의 작품을 직접 '상상력'에 의해 얻어진 순수한 성과물로 제시한다. 또한 예술가는 자신의 작품을 상상력의 산물로 나타나게 할 때 비로소 이 작품의 감상자에게서도 동일한 상상력을 야기시킬 수 있다. 그러나 이와 같은 미학적 시도에도 불구하고 훔볼트는 근본적으로 "상상력을 통해 상상력을 불러일으키는 것은 예술가의 신비"에 속하는 문제라고 규정한 바 있다.[29]

미학에 관한 훔볼트의 연구에서는 '상상력'의 신비스러움에도 불구하고 그와 같은 잠재적인 힘을 좀 더 명확하게 시사해 주는 언급들이 여러 곳에서 등장하고 있다. 그러한 개념들을 정리해 보면 '상상력'이란, 대개는 현실세계의 유한한 영역으로부터 이상적인 것을

---

[27] Humboldt(1797~98: 128 이하) 및 Schneider(1995: 84) 참조.
[28] Borsche(1981: 184) 참조.
[29] Humboldt(1797~98: 127) 참조.

추구하는 무한한 영역으로 들어가게 하는 힘으로 간주된다.[30]

예술가는 자신의 방법대로 순수 상상력을 토대로 인간의 궁극적인 목적을 실현시킨다. 또한 예술가는 대상에게서 현실세계의 특성들, 이를테면 근거가 없는 것이나 우연한 것을 떼어내어 어떤 확고한 원칙에 의거하는 일반적 관계로 설정함으로써 이상화를 시도하지 않으면 안 된다. 말하자면 예술가가 지향하는 목표는 알려져 있지 않은 대상으로서의 외부세계를 가장 밀접하게 자신과 관련시키고, 이것을 자유롭게 조직화된 대상으로 수용한 다음에 재배치하려는 데에 있다. 그러나 원칙에 따르는 이와 같은 관계는 대상들을 구획하여 내용상으로 고정시키는 사고행위와는 완전히 다른 관계이다. 그러므로 예술가의 상상력은 재현되는 대상을 수동적으로 복제하는 것이 아니라, 재현되는 대상을 기점으로 삼아 하나의 완전한 세계를 독자적으로 창조하도록 자극받는다. 이와 같은 창조의 법칙은 예술작품 속에서 구현되는 일반적 특징에 속한다.[31]

훔볼트의 관점에서 '형상(Bild)'이라는 개념 속에는 '예술'과 '현실' 사이의 공통되는 부분과 대비되는 부분이 함께 내재하고 있다. '예술'과 '현실'은 '직관'을 공통적 기반으로 삼을 수밖에 없다는 점에서 양자 모두 객관적으로 실재하는 것을 대상물로 설정한다. 그러나 실존하는 것을 하나의 '형상'으로 바꾼다는 점에서 예술은

---

[30] Schneider(1995: 86) 참조.
[31] Mendelsohn(1928: 29) 및 Humboldt(1797~98: 155) 참조.

현실과 다르다. 따라서 '현실'을 하나의 '형상' 속에서 재인식할 수 있기 위해서는 예술이 필연적으로 정확하게 현실을 모방하지 않으면 안 된다. 훔볼트는 이와 같은 관계를 구체적으로 명시하기 위해 그림 속에 있는 정물을 실례로 들어 설명한 바 있다.

그에 의하면, 그림 속에서는 과일 한 개가 마치 자연 속에서 마주 대하는 것처럼 실감 있게 그려져 있을 수 있다. 이 그림에서 빠뜨리거나 추가로 덧붙여진 것은 아무것도 없다. 따라서 예술가는 과일을 완전히 다른 어떤 것으로 바꾸어 놓은 것은 아니다. 왜냐하면 예술가는 오로지 과일을 다른 영역으로 옮겨놓았을 뿐이기 때문이다.[32] 그러므로 '예술'과 '현실'의 대비는 주관적 요소에 근거한다.

'예술' 고유의 영역에 속하는 인간의 심리상태에서 주도적 역할을 하는 것은 의심할 여지없이 '상상력'이다. 상상력의 영역에서 드러나는 인간의 심리상태에 따르면, 인간은 제한을 받으면서 유한한 현실 가운데에서 생활한다. 그러나 현실은 마치 우리에게 제한되지 않은 무한한 현실처럼 느껴진다.[33] 오로지 주체에 의해 수용되는 이와 같은 느낌으로 인해 대상 자체는 존재론적 차원에서 변화를 겪게 된다. 훔볼트의 관점에서 보면, 예술 활동을 통해 상상력이라는 순수한 영역으로 인도되는 모든 것이 그러하듯이 대상 자체도 이상화를 겪을 수밖에 없는 것이다.[34]

---

32) Humboldt(1797~98: 126) 참조.
33) Humboldt(1797~98: 127) 참조.
34) Hunboldt(1797~98: 128) 및 Borsche(1981: 185) 참조.

물론 '상상력'의 순수한 영역은 현존하는 세계 내에서 아무런 실질적인 힘을 행사하지는 못한다. 그렇지만 이 영역에서는 사물들이 실현가능한 세계들과 연관될 수 있는 가능성들이 검증된다. 이 경우 미래 사회에서 있을 수 있는 법칙들도 고안된다. 그러므로 훔볼트의 예술관에서는 무엇보다도 '상상력'을 매개로 해서만이 실제로 존재하는 것을 하나의 '형상'(예술작품)으로 만들 수 있다는 것이 자명한 전제로 설정된다.[35]

훔볼트는 자연과의 주관적인 대면에 따른 예술과, 객관적인 통일성에 따른 예술을 구별함으로써 예술의 개념에 대해 두 가지 방식으로 정의한 바 있다. 훔볼트에 있어서 예술이란, 주관적으로 고찰하면 '상상력'으로 하여금 법칙에 따라 창조력을 갖게 하는 능력이다. 또한 객관적으로 고찰하면 예술은 '상상력'을 통해 자연을 재현하는 행위이다.[36] 바야흐로 이 두 가지 표현 방식의 연결고리는 '상상력'이라는 개념이다. 전자에서는 '상상력'이 주체의 또 다른 능력인 '오성'과의 구별을 통해 규정되고, 후자에서의 '상상력'은 자신의 유일한 활동영역인 '감성(Sinnlichkeit)'과의 관계를 통해 규정된다.

예로부터 '상상력'은 '감성'과 '오성'의 중간에 존재하는 인식능력으로 규정되어 왔다. 특히 데카르트 이래로 '직관'이라고 하는 수

---

[35] Behler(1988: 109) 참조.
[36] Humboldt(1797~98: 127, 133) 참조.

용적 능력으로서의 '감성'과, '개념'이라고 하는 자생적 능력으로서의 '오성' 사이가 철저하게 분리되면 분리될수록 그만큼 더 '상상력'은 모순이 되는 것을 중재하는 힘으로서 중요시된다. 왜냐하면 칸트의 주장처럼 인간의 모든 인식은 필연적으로 '감성'과 '오성'의 공동작용에서 생겨나기 때문이다.[37] 칸트는 『Kritik der reinen Vernunft(순수 이성의 비판)』(1781)의 초판에서 인식을 중재하는 '상상력'의 기능을 파악하기 위해 '감성' 및 '오성'과에 관계에 대해 다음과 같이 기술한 바 있다:

> "상상력의 종합은 비록 선험적으로 실행된다고 해도 그 자체로는 항상 감성적이다. 왜냐하면 이 상상력의 종합은 다양한 것을 오로지 직관 속에 나타나는 것처럼 결합하기 때문이다[…] 그러나 개념은 통각의 통일성과 맺고 있는 다양한 것의 관계를 통해 형성되는데, 개념들은 오성에 속하지만 오로지 상상력을 매개로 해서만이 감성적 직관과 관계할 수 있다"[38]

칸트에 의하면, '오성'이나 감성 단독으로는 인식능력을 갖추지 못한다. "오성은 아무것도 직관할 수 없으며, 감성은 아무것도 사유

---

37) Borsche(1981: 186) 참조.
38) Denn an sich selbst ist die Synthesis der Einbildungskraft, obgleich a priori ausgeübt, dennoch jederzeit sinnlich, weil sie das Mannigfaltige nur so verbindet, wie es in der Anschauung erscheint,… Durch das Verhältnis des Mannigfaltigen aber zur Einheit der Apperzeption werden Begriffe, welche dem Verstande angehören, aber nur vermittelst der Einbildungskraft in Beziehung auf die sinnliche Anschauung zustande kommen können(Kant, 1781: 178 이하) 참조.

할 수 없다".39) 말하자면 '감성' 없는 '오성'은 공허하고, '오성' 없는 '감성'은 맹목적일 수밖에 없다는 것이다. 오히려 인식의 주체인 인간이 어떤 것에 대해 인식을 행할 때마다 세 가지 인식력인 '감성', '상상력' 및 '오성'이 공동으로 작용하게 된다. 따라서 칸트의 관점에서 '상상력'은 모든 '인식'의 근간을 선험적으로 형성하고 있는 인간 심리(인간의 마음)의 기본적인 능력으로 정의될 수 있다.

칸트에 따르면, 인간은 한편으로는 '상상력'에 의해 '직관'의 다양성을 얻어내고, 또 다른 편으로는 이것을 순수한 통각작용이라는 필연적인 통일성의 조건과 연결시킨다. 말하자면 두 개의 극단적인 위치에 설정될 수 있는 '감성'과 '오성'이 필연적으로 '선험적 상상력(transzendentale Einbildungskraft)'의 기능을 매개로 하여 관련을 맺는다는 것이다.40)

칸트의 관점에 따르면, '상상력'의 본질적 과제는 '직관'에 의해 주어져 있는 다양한 것을 자발적으로 하나의 '형상'으로 옮겨놓는 일이 된다. 따라서 '상상력'은 선험적으로 종합하는 능력이기에 '생산적 상상력'41)이라고도 말한다. 그러나 앞에서 언급했듯이 상상력의 통합행위는 비록 선험적으로 이루어진다고 해도 언제나 감성적

---

39) Kant(1787: 98).
40) Kant(1781: 179) 참조.
41) 칸트는 상상력을 '생산적 상상력'과 '재생적 상상력'으로 구분한다. 전자는 경험보다 선행하여 대상을 근원적으로 제시하는 능력이고, 후자는 이미 경험했던 직관을 파생적으로 다시 제시하는 능력이다(Kant, 1781: 174 이하 참조).

이다. 왜냐하면 상상력은 다양한 것을 오로지 직관 속에서 나타나는 것처럼 결합시키기 때문이다.[42]

상상력은 끝없이 밀려오는 다양한 감각들로부터 형상들을 만들어낼 뿐만 아니라, 이것들을 분류하면서 연관시키는 일을 수행한다. 그러므로 칸트의 관점에서 모든 '직관'은 감성적이며, '상상력'만이 오로지 '오성'의 개념들에 상응하는 직관을 제공할 수 있는 주관적인 조건이기 때문에 상상력도 일단 감성에 속한다고 볼 수 있다. 물론 '상상력'이 '오성'의 개념에 '직관'을 제공한다는 점에서 보면 감성적이지만, '통각'의 통일에 따라 감각기능을 규정한다는 점에서 보면 '상상력'은 '오성'의 측면을 지니고 있기 때문에 이중성을 지닌다고 말할 수 있다.[43]

인간이 개별적인 요소들을 지각할 뿐만 아니라, 이것들을 법칙에 맞는 연관성 속에서 통괄하는 것은 오로지 '상상력'에게만 주어진 능력에 속한다. 인간은 오로지 '상상력'이 '감성'에 쫓아 '사상'(개념)으로 개조하는 것만을 인식할 수 있다.[44] 훔볼트의 관점에서도 '상상력'은 칸트의 분석과 유사하게 실제로 지각하는 행위를 하는 '감성'과 지각된 것을 규칙적으로 가공하는 '오성' 사이의 능력으로 간주된다. 바야흐로 상상력은 중간에서 이 두 가지 능력의 속성에

---

42) Kant(1781: 176, 178) 참조.
43) Kant(1787: 148, 149) 참조.
44) Heeschen(1972: 130) 참조.

모두 관여하고 있는 것이다.[45]

　인간의 모든 '인식'에는 '상상력'이 다양한 직관의 통합을 통해 형태를 구현한다는 원리가 적용된다. 바야흐로 '오성'은 "자연 상태의 인식에서 감각적으로 수용되어 '상상력'을 거쳐 형성되는 자료"에 대해 개념적인 판단을 시도한다. 이와는 달리 미학적 인식의 경우 '상상력'은 자신이 만든 형태들을 '오성'에 예속시키는 것이 아니라, '오성'을 통한 '개념' 없이 스스로의 힘으로 형태들을 성찰할 수 있다. 그러나 모든 '인식'에서는 전체적인 힘들이 동일하게 작용할 수밖에 없기 때문에 '오성'만이 배제되어 있을 수는 없다. 따라서 예술의 대상은 비록 '오성'이라는 일정한 개념들 속에 포함될 수 없을지라도 명백히 '오성'의 일반적 법칙들을 따르지 않으면 안 된다.[46]

　칸트는 그의 저서 『Kritik der Urteilskraft(판단력 비판)』(1790)에서 '상상력'과 '오성'의 자유로운 조화에 대해 상세하게 언급한 바 있다. 그에 의하면, 예술에 있어서 상상력은 자유로우면서도 스스로도 '오성'의 법칙에 따른다고 하는 이중적인 특성을 지니는 인간의 '인식'에 속한다.

　칸트에 있어서 '미(das Schöne)'란, 상상력이 오성과 객관적으로 합치하지 않고 주관적으로 합치하는 것을 의미한다. 그에 있어서

---

45) Höfner(1991: 92) 참조.
46) Borsche(1981: 187) 참조.

미에 대한 판단, 즉 '취미(Geschmack)'[47]는 순수 자연에 대한 모든 판단에서 그렇듯이 상상력(직관의 능력)과 오성(개념의 능력)의 조화를 필요로 한다. 물론 미적 판단은 주관적이며, '개념'에 기인하는 것은 아니다. 그럼에도 불구하고 미적 판단은 자유로운 '상상력'과, 법칙성(Gesetzmäßigkeit)을 지닌 '오성'이 상호간에 역동성을 불어넣음으로써 결과적으로는 '개념'에 따를 수밖에 없는 미적 감정에 의존하게 된다. 결국 칸트의 미적 판단은 자유롭게 활동하는 '상상력'의 기능으로 인해 개념에 접근하는 것이라고 정의할 수 있다.[48]

훔볼트는 '미'에 대한 규정에 있어서 '상상력'을 중요시하는 칸트의 견해를 긍정적으로 수용하여 자신의 미적 개념에 응용했다. 훔볼트에 있어서 상상력의 기능은 앞에서 언급했듯이 "상상력을 법칙에 의거하여 생산적으로 만들어 줄 수 있는 능력"으로 정의된다. 말하자면 미적 판단의 주관적인 보편성에 대한 요구는 '상상력'이 '오성'과 결합되어 있다는 '미'의 '법칙성'에 근거를 둔다. 예술가가 순수하게 자발적으로 생산해내는 '상상력'의 개별적인 산물은 '오성'의 일반적인 법칙에 따른다.

결과적으로 예술작품은 보편타당성을 이미 지니고 있는 특별한 경험적인 법칙에 따르면서 형식상으로 조화롭게 나타나기 때문에

---

47) 칸트의 용어이며, 통례적인 한국어 번역이기도 하다. 이는 미적 대상에 대한 주관적 원리로서 감정을 통해 미를 판정하는 능력이다(Kant, 1790: 279 참조).
48) Kant(1790: 324, 381) 참조.

다른 사람들의 공감을 기대할 수 있게 된다. '상상력'의 산물이 '오성'의 법칙과 자유롭게 합치하는 것만이 예술작품의 보편타당성을 보장한다. 예술작품의 '법칙성'이야말로 감상자들과 교감을 할 수 있는 필연적인 소통가능성(Verständlichkeit)이라고 말할 수 있다.[49]

7.4. 상상력의 객관화

예술작품에서 무엇보다도 예술가 특유의 객관화 방식이 제시되기 위해서는 주어진 소재(Stoff)에 대해 객관적으로 가공하는 문제에 관한 서술이 필요하다. 그리고 이 경우 일반적으로 예술창조에서의 조형적 요소에 관한 것이 다루어진다. 그것은 마치 정원사에 의해 정원의 뜰이 구획별로 재단되듯이 예술가가 나중에 감상자의 '상상력'으로 하여금 미리 선택된 길로 배회하게 하면서 영역 전체에 대한 개관을 얻을 수 있도록 소재를 배치하는 것처럼 보일 수 있다. 그러나 '상상력'은 기존하는 어떤 것을 내부에 수동적으로 각인시키는 것이 아니라, 스스로 형성물 자체를 창조해내야 한다. 아울러서 이 창조행위를 위한 합법성이 소재의 형상화에서 드러나야 한다. 하지만 이 경우 상상력이 고유의 법칙에 따라 잘 짜인 어떤 질서를 창출해 내는 것만으로 충분한 것은 아니며, 고유법칙 자체까

---

[49] Kant(1790: 321~323) 및 Borsche(1981: 189) 참조.

지도 감지될 수 있어야 한다. 그렇지 않을 경우 새로이 개편된 질서는 오로지 예술가를 위한 것이지, 예술작품의 감상자를 위한 것은 아닐 것이기 때문이다.

그러므로 감상자의 상상력도 이러한 고유법칙 자체를 스스로 야기하도록 조율되지 않으면 안 된다. 예술작품의 특징은 그 속에 순수 주관적인 어떤 것, 즉 작품을 형성하고 있는 '상상력'의 조율이 객관화되어야 한다는 데 있다. 이것은 주관과 객관, 주체와 대상의 통일을 지향하는 칸트적인 방도와 맥락이 같다.[50]

훔볼트에 의하면, 예술의 대상은 인간의 마음속에 있는 '상상력'의 영역에서만 존재한다. 그의 '예술' 개념에서는 언제나 자연, 사물 및 인간에 대한 상상력의 이상적 관계가 중요시된다. 그에 있어서 예술작품이 묘사하는 대상은 주관적이면서도 객관적 의미라고 하는 이중적 의미로 해석될 수 있다고 보아야 한다. 이는 미리 주어진 대상을 묘사하는 것이 아니라, 바야흐로 현재 상태에서 상세하게 규정될 수 있는 대상이라고 하는 예술작품의 구성에 본질적으로 부합된다.[51]

예술작품의 객관성에 대한 구도를 검토해 보면, 예술작품이 결코 객관적 대상물(객체)이 아니라는 느낌이 들 수 있다. 왜냐하면 본질적으로 예술에 속하는 것은 그 자체로 순수하게 '상상력' 속에 내재

---

50) Mendelsohn(1928: 35, 36) 참조.
51) Thomasberger(1992: 605) 참조.

해야 한다고 보기 때문이다. 따라서 훔볼트의 관점에서 볼 때 미학은 일단 '상상력'을 근거로 예술이라는 개념을 주관적으로 규정한다. 그와 동시에 필연적으로 예술에 대한 객관적 규정도 끊임없이 시도된다고 말할 수 있다.[52] 이 경우 '객관적'이라는 낱말의 의미 자체가 인간의 심성(마음) 바깥쪽에 있으며 사유행위와는 거리가 있다.

그런 반면에 나중에 훔볼트의 언어철학에서는 오로지 정신적 힘에 의해 포착되는 것뿐만 아니라 정신적 힘을 포착하는 것도 객관적인 시각으로 간주되는 것을 볼 수 있다. 훔볼트의 예술관에서 '형상'을 만들어 내는 것과 '정서(Stimmung)'를 불러일으키는 것 사이의 관계는 그의 언어관과 유사하다. 요컨대 세계를 동화시키는 수단으로서의 언어와 일정한 세계상을 만들어내는 도구로서의 언어 사이의 관계와 유사하다고 볼 수 있다. 그리고 실제로 예술에 있어서 '상상력'이 조형하는 방법을 지정해주는 것은 언어의 경우처럼 예술작품의 '내적 형식(innere Form)'이라는 게 입증된다.[53]

훔볼트에 있어서 예술과 언어는 명백히 어떤 차이점을 드러내기도 하지만 근본적으로는 동일한 기능을 지니는 것으로 인식된다. 마찬가지로 그는 인류학과 교육이론에 관한 다수의 논문들에서도 인간은 세계와의 교류를 통해서만 자신에게 주어진 힘들을 도야할

---

52) Höfner(1991: 90) 참조.
53) Mendelsohn(1928: 36) 참조.

수 있고, 그런 목적으로 정신을 세계와 결합시킬 수 있다고 기술한 바 있다.[54]

물론 훔볼트는 언어에 관한 여러 저술들에서 끊임없이 이러한 결합을 가능하게 하는 수단으로서의 언어의 역할을 지목하고 있다. 그러나 그는 이미 초기의 저서 『Ästhetische Versuche(미학적 시도)』 (1797~98)에서 인간의 내면적 자아가 예술을 통해 자연과 가장 보편적으로 조화를 이루면서 상호 작용할 수 있다고 언급함으로써 예술이 그러한 매개체 역할을 수행할 수 있다는 것을 시사한 바 있다.[55] 이것은 진리에 대한 모든 인식의 가능성이 토대로 삼고 있는 인간과 세계 사이의 근원적 일치관계가 언어뿐만 아니라 예술에도 적용되고 있음을 뜻한다.[56]

의심할 여지없이 언어의 특성은 예술의 특성과 일치한다. 말하자면 이 두 요소는 우연한 것을 제거하고 본질적인 것을 포착함으로써 현실을 개변시킨다는 점에서 유사점을 보여준다. 훔볼트는 나중에 발표한 언어연구에서 거듭 언어와 예술이 어떠한 방식으로 유사점을 보여주는가에 대한 확증을 얻은 것 같다.[57]

언어와 예술은 다 같이 대상들에 대한 해명을 주도함으로써 우리의 감각을 투명하게 해주는 정신의 활동으로 간주된다. 또한 언어

---

54) Benner(1990: 134) 참조.
55) Humboldt(1797~98: 117) 참조.
56) Humboldt(1820: 27) 참조.
57) Schneider(1995: 92) 참조.

와 예술은 '표상'(떠올리는 심상)을 전달하고, 표현하기 위한 수단이다. 그런 관점에서 보면 이들은 동일한 정신활동이 서로 다른 방식으로 전개되는 전형적인 현상형식들로 평가될 수 있다.[58]

훔볼트의 언어관에서 인식의 객관화에 대한 근거는 언어에 있으며, 언어를 매개체로 한 객관화는 '주관적인 힘', '내적인 정신활동'에 의한 객체형성에서 수행된다.[59] 이와 유사하게 그의 예술관에서도 순전히 주관적인 상상력의 작용방식이 객관화되어 예술작품에 수용되고 있는 것을 볼 수 있다. 말하자면 예술작품은 자연 속의 '소재'인 동시에 정신적 힘을 불러일으키고, 이 정신적 힘을 토대로 비로소 감상자에 의해 수용되거나 재생산된다는 것이다. 그러므로 훔볼트에 있어서 언어를 통한 주관적 인식의 객관화와 예술작품을 통한 주관적 '상상력'의 객관화가 유사한 관계라고 단정할 수 있는 근거가 마련된다. 그의 관점에서 '미적인 것'의 본질은 '주관적인 것'과 '객관적인 것'의 통합체로 인식될 수 있다. 실제로 그는 미적인 현상들 속에서 완전히 가시화될 수 있는 이러한 통합관계를 찾아내려고 노력한 바 있다.[60]

훔볼트에 따르면, 언어는 내적으로 그리고 외적으로 인간에게 영향을 미치는 자연과 인간 사이에서 작용한다. 그로써 언어는 인간과 자연 사이에 중개자가 되고 주관성과 객관성의 중개역할을 수행

---

58) Borsche(1981: 310) 참조.
59) Mendelsohn(1928: 7 이하) 참조.
60) Trofimowa(1972: 1052) 참조.

한다. 따라서 주관적인 부분과 객관적인 부분이 하나의 통합체로 결합된다. 예술과 언어는 이런 측면에서 대단히 유사하다.[61]

또한 언어와 예술은 다 같이 인간에 의한 상상력의 영역에 속한다. 앞에서 언급했듯이 상상력은 현존하는 것을 하나의 '형상'으로 바꾸어 놓는다. 따라서 양자의 구성적 배경은 명백히 '상상력'이기 때문에 렉커만(A. Reckermann)은 상징형식인 언어 자체를 이미 하나의 예술로 간주하기까지 했다.[62]

훔볼트의 관점에 따르면, 예술가는 인간을 가장 친밀하고도 가장 다양한 방법으로 자연과 결합시켜야 한다. 예술가는 이 일을 완벽하게 수행하기 위해 때로는 외부의 대상을, 때로는 내적인 정서의 조율을 더욱 뚜렷하게 관철시켜야 한다. 예술가에 의한 내적 정서의 조율은 예술작품의 고유법칙, 말하자면 '상상력'이 질서를 창출해 내는 방법과 방식을 구현해야 한다. 물론 이 고유한 법칙에 따르는 '상상력'의 창조성은 예술가의 작업이 실행되는 과정에서 직접적으로 감지될 수 있다. 바야흐로 이 감성적인 느낌(감수성)이야말로 예술작품이 감상자에 의해 수용될 때 자극하는 내적 정서의 조율이다. 그러므로 감수성은 직접적으로 야기되는 것이 아니라, 예술작품으로 재현되는 대상의 매개체 역할을 통해 야기된다.[63]

예술에 있어서 이상화를 실행하는 '상상력'은 예술 특유의 객관

---

61) Kledzik(1992: 374) 참조.
62) Reckermann(1979: 83) 참조.
63) Mendelsohn(1928: 36 이하) 참조.

성을 보증해준다. 그리하여 예술가가 자신의 작품에서 객관성을 획득하자마자 감상자에게서도 상응하는 효과가 나타나게 된다.[64] 예술작품에 대한 감상자의 '상상력'은 예술가에 의해 묘사된 것을 단순히 수동적으로 복제하는 것이 아니라, 묘사된 작품을 근거로 삼아 재현을 통해 하나의 완전한 세계가 창출될 수 있도록 자극을 받는다. 이와 같은 창조의 법칙은 예술작품에서 구현되는 특징에 속한다.

그러므로 훔볼트에 있어서 예술작품은 언제나 자연과 사물에 대한 '상상력'의 이상적 관계일 뿐이다. 바야흐로 이것은 예술작품의 순수한 객관적 특성을 형성하는 요소이다. 말하자면 이상적 관계는 주관성에서 벗어나지 않으면서 대상을 통해 '상상력'에 영향을 끼치는 요소인 것이다. 그렇지만 대상 자체는 오로지 '상상력'에만 작용해서는 안 된다. 대상은 또한 감수성도 활성화시켜야 한다. 바야흐로 대상은 필연적으로 인간의 모든 정신력을 끌어들이지 않으면 안 된다. 의심할 여지없이 정신의 모든 힘들이 작용해야 하지만, 이것들은 '상상력'을 통해 제어되어야 한다. 따라서 '상상력'이 창조해 내는 대상은 '상상력'만이 재생산할 수 있는 '상상력'의 순수한 산물임에 틀림없다.[65]

예술작품의 완전성은 예술가가 감상자의 '상상력'에 직접 호소하

---

[64] Höfner(1991: 97) 참조.
[65] Mendelsohn(1928: 38) 참조.

는 통일성 및 규정된 형식을 작품에 일관성 있게 제시하고 있느냐에 달려 있다. 말하자면 예술가는 자신의 작품을 '상상력'에서 나온 순수하고도 완전한 실제적인 작품으로 제시하는 것이 중요하다. 그러므로 예술의 객관적 기준에 해당하는 '형식'과 '통일성'은 무엇보다도 작품으로 묘사된 대상이 '상상력'을 거쳐 산출된 것이라는 점을 입증하는 본질적 요소가 된다.[66]

예술작품은 한편으로는 자연과 이상 사이의 중개자이며, 다른 편으로는 인간과 인간 사이의 중개자이다. 인간과 인간 사이의 중개는 예술작품을 통해 주관적인 '상상력'의 객관화가 규정하는 대로 수행된다. 그러므로 예술작품은 필연적으로 그 자체 속에 인간의 정신력을 자극하여 창작에 이르게 하는 특성을 지니게 된다.

---

[66] Höfner(1991: 95) 참조.

훔볼트의 연대표

1767. 6. 22. 언어철학자 빌헬름 폰 훔볼트, 포츠담에서 출생.
1769. 9. 14. 동생인 지리학자 알렉산더 폰 훔볼트, 베를린에서 출생.
1779. 1. 6. 아버지인 알렉산더 게오르그 폰 훔볼트, 베를린에서 사망.
1787. 10. 1. 훔볼트 형제, 오더강변의 프랑크푸르트-대학에서 법학을 공부.
1788~1789. 빌헬름 폰 훔볼트, 괴팅엔-대학에서 법학 및 고대 문헌학을 공부.
1789. 남부 도이칠란트, 파리 및 스위스 여행.
1790. 1. 베를린 최고 법원의 사법관 시보로 봉직.
1791. 외교 참사관의 직책에서 물러남. 에어푸르트에서 카로리네와 결혼.
1792. 논문발표: "Ideen über Staatsverfassung, durch die neue französische Konstitution veranlaßt." "Über die Gesetze der Entwicklung der menschlichen Kräfte." "Ideen zu einem Versuch, die Grenzen der Wirksamkeit des Staats zu bestimmen."
1793. 인문주의 및 교육철학에 바탕을 둔 연구활동에 몰두.
"Über das Studium des Altertums, und des griechischen insbesondere."
1793~1794. "Theorie der Bildung des Menschen"(라이츠만에 의해 제명이 부가된 유고).

1794. 예나로 이주하고, 쉴러와 교제.

1795. 테겔에 체류.

"Über den Geschlechtsunterschied und dessen Einfluß auf die organische Natur." "Über die männliche und weibliche Form."

1796. 북부 도이칠란트로 여행한 후 예나로 돌아옴.

어머니인 엘리자베트 폰 훔볼트 사망.

1794~1797. 괴테 및 쉴러와의 빈번한 교류.

"Plan einer vergleichenden Anthropologie." "Über Denken und Sprechen." "Das achtzehnte Jahrhundert." "Über den Geist der Menschheit."

1797. 비엔나 및 파리 여행.

1799. "Ästhetische Versuche, Erster Teil : Über Goethes Hermann und Dorothea." "Musée des petits Augustins."

1799~1800. 스페인 여행.

1800. "Über die gegenwärtige französische tragische Bühne." "Der Montserrat bei Barcelona."

1801. 바스크어를 연구할 목적으로 제2차 스페인 여행을 하고 귀국함.

1802~1808. 로마 교황청의 프로이센 공사로 봉직.

"Latium und Hellas oder Betrachtung über das klassische Altertum." "Geschichte des Verfalls u. des Untergangs der griechischen Freistaaten."

1809~1810. 추밀원 고문 및 내무부 산하 교육과 문화 담당의 부서장으로 봉직. 베를린-대학 설립에 결정적으로 기여함.

"Der Königsberger Schulplan." "Der Litausche Schulplan."

1811. 비엔나 공사로 봉직.

1812. "Ankündigung einer Schrift über die baskische Sprache und Nation."

1813~1816. 비엔나, 파리, 샤티용, 프랑크푸르트, 프라그 회의 등에 프로이센의 대표로서 참가.

"Über die Bedingungen, unter denen Wissenschaft und Kunst in einem Volke gedeihen." "Betrachtungen über die Weltgeschichte."

1816. 아이스킬로스의 *Agamemnon*에 대한 훔볼트의 번역이 발표됨.

1817. 런던 주재의 공사로 봉직.

1818. "Betrachtungen über die bewegenden Ursachen in der Weltgeschichte."

1819. 신분제도 담당의 각료로 봉직. 공직에서 은퇴.

1820. 이후 15년 동안은 언어철학적 연구에 전념함으로써 현대 언어사상의 중요한 이론적 기초를 세움.

"Über das vergleichende Sprachstudium in Beziehung auf die verschiedenen Epochen der Sprachentwicklung" (1820). "Über die Aufgabe des Geschichtsschreibers" (1821). "Prüfung der Untersuchungen über die Urbewohner Hispaniens vermittelst der baskischen Sprache" (1821). "Über das Entstehen der grammatischen Formen u. ihren Einfluß auf die Ideenentwicklung" (1821). "Über die allgemeinsten Grundsätze der Wortbetonung mit besondrer Rücksicht auf die Griechische Accentlehre" (1821). "Über den Nationalcharakter der Sprachen" (1822). "Inwiefern läßt sich der ehemalige Kulturzustand der eingebornen Völker Amerikas aus den Überresten ihrer Sprachen beurteilen?" (1823). "Über den Zusammenhang der Schrift mit der Sprache" (1824). "Über die Buchstabenschrift und ihren Zusammenhang mit dem Sprachbau" (1824) "Grundzüge des allgemeinen

Sprachtypus"(1826). "Über den grammatischen Bau der Chinesischen Sprache"(1826). "Über den Dualis"(1827). "Über die Verschiedenheiten des menschlichen Sprachbaues"(1827). "Von dem grammatischen Baue der Sprachen" (1827). "Über die Sprachen der Südseeinseln"(1828).

1830. 추밀원 고문직에 다시 초빙됨.

1832. *Über die Kawi-Sprache auf der Insel Java* 출간.

1835. 4. 8. 빌헬름 폰 훔볼트, 테겔에서 사망.

"Über die Verschiedenheit des menschlichen Sprachbaues und ihren Einfluß auf die geistige Entwicklung des Menschengeschlechts."(사후에 발간)

참고문헌

Arens, H.(1969): *Sprachwissenschaft. Der Gang ihrer Entwicklung von der Antike bis zur Gegenwart.* Freiburg/München.

Apel, Karl-Otto(1980): *Die Idee der Sprache in der Tradition des Humanismus vom Dante bis Vico.* 3. Aufl. Bonn.

Barba, M.(1986): "Die Humboldt-Rezeption Steinthals." In: *Humboldt-Grimm-Konferenz.* Protokollband 1. hrsg. v. A. Spreu, Berlin.

Baumann, H.-H.(1971): "Die generative Grammatik und Wilhelm von Humboldt." In: *Poetica* 4. 1-12.

Bünting, K. D.(1972): *Einführung in die Linguistik.* Frankfurt a. M.

Behler, C.(1988): "Der Einbildungskraft ein Begehren einflössen: Humboldt und die Verführug der Kunst." In: *Kodikas/Code. Ars Semiotica* 11.

Benes, B.(1958): *Wilhelm von Humboldt. Jacob Grimm, August Schleicher.* Diss. Keller-Winterthur.

Benner, D.(1990): *Wilhelm von Humboldts Bildungstheorie.* Juventa Verlag Weinheim: München.

Borsche, D.(1981): *Sprachansichten. Der Begriff der menschlichen Rede in der Sprachphilosophie Wilhelm von Humboldts.* Stuttgart.

Borsche, T.(1990): *Wilhelm von Humboldt*. München.

Borsche, T.(1997): "Denken − Sprache − Wirklichkeit." In: *Menschheit und Individualität*. hrsg. v. E. Wicke u. a. Weinheim.

Bossong, G.(1979): "Über die zweifache Unendlichkeit der Sprache.Descartes, Humboldt, Chomsky und das Problem der sprachlichen Kreativität." In: *Zeitschrift für romanische Philologie 95*.

Burkhardt, A.(1987): "Der Dialogbegriff bei Wilhelm von Humboldt." In: *Sprache und Bildung. Beiträge zum 150 Todestag Wilhelm von Humboldts*. hrsg. v. R. Hoberg, Darmstadt.

Cassirer, E.(1964): *Philosophie der symbolischen Formen*. 1. Teil, Die Sprache, Darmstadt.

Cesare, D. D.(1989): "Wilhelm von Humboldt: Die analogische Struktur der Sprache." In: *Wilhelm von Humboldts Sprachdenken*. hrsg. v. H.−W. Scharf. Essen: Hobbing.

Cesare, D. D.(1996): "Wilhelm von Humboldt." In: *Klassiker der Sprachphilosophie*. hrsg. v. T. Borsche, München.

Chomsky, N.(1964): "Current Issues in Linguistic Theory." In: *The Structure of Language*. hrsg. v. J. A. Foder, und J. J. Katz.

Chomsky, N.(1969): *Aspekte der Syntax−Theorie*(Original: Aspects of the Theory of Syntax, 1965). Frankfurt a. M.: Suhrkamp.

Chomsky, N.(1971): *Cartesianische Linguistik*. übers v. R. Kruse, Tübingen.

Christmann, H. H.(1974): *Idealistische Philologie und moderne Sprachwissenschaft*. München.

Coseriu, E.(1972): "Über die Sprachtypologie Wilhelm von Humboldts." In:

Beiträge zur vergleichenden Literaturgeschichte. Festschrift für Kurt Wais zum 65. Geburtstag. Tübingen.

Coseriu, E.(1988): "Humboldt und die moderne Sprachwissenschaft." In: *Energeia und Ergon.* J. Albrecht(hrsg.), Bd. 1: Schriften v. E. Coseriu(1965~1987), Tübingen.

Droescher, H.-M.(1980): *Grundlagenstudien zur Linguistik.* Heidelberg.

Evans, Ch. B.(1967): *Wilhelm von Humboldts Auffassung vom Ursprung der Sprache.* Diss. Ohio.

Formigari, L.(1993): "Noch einmal über Humboldt." In: *Beiträge zur Geschichte der Sprachwissenschaft 3.*

Franzen, W.(1996): "Étienne Bonnot De Condillac." In: *Klassiker der Sprachphilosophie.* a.a.O.

Freese, R.(1986): *Wilhelm von Humboldt. Sein Leben und Wirken. dargestellt in Briefen. Tagebüchern und Dokumenten seiner Zeit.* Darmstadt.

Gerhardt, M.(1974): "Wilhelm von Humboldt und die moderne Sprachtheorie." In: *Linguistik und Sprachphilosophie.* hrsg. v. M. Gerhardt. München.

Gipper, H.(1965): "Wilhelm von Humboldt als Begründer moderner Sprachforschung." In: *Wirkendes Wort 15.*

Gipper, H.(1976): "Individuelle und universelle Züge der Sprachen in der Sicht Wilhelm von Humboldts." In: *Universalismus und Wissenschaft im Werk und Wirken der Brüder Humboldt.* hrsg. v. K. Hammacher, Frankfurt a. M.

Gipper, H.(1984): "Der Inhalt des Wortes und die Gliederung des Wortschatzes." In: *Duden Grammatik der deutschen Gegenwartssprache.* Bd. 4, 3. Aufl. Mannheim.

Gipper, H.(1985): *Kinder unterwegs zur Sprache*. Düsseldorf.

Gipper, H.(1987): "Sprache und Denken in der Sicht Wilhelm von Humboldts." In: *Sprache und Bildung*. a.a.O.

Gipper, H.(1992): "Sprachphilosophie in der Romantik." In: *Sprachphilosophie. Ein internationales Handbuch zeitgenössischer Forschung*. hrsg. v. M. Dascal, D. Gerhardus, K. Lorenz und G. Meggle, 1. Halbband, Berlin.

Gipper, H./Schmitter, P.(1979): *Sprachwissenschaft und Sprachphilosophie im Zeitalter der Romantik*. Tübingen.

Hassler, G.(1984): *Sprachtheorien der Aufklärung. Zur Rolle der Sprache im Erkenntnisprozeß*. Berlin.

Hassler, G.(1986): "Die These von der Sprachrelativität des Denkens in der Aufklärung und bei Wilhelm von Humboldt." In: *Sprache—Bewußtsein—Tätigkeit*. hrsg. v. K. Welke, Berlin.

Heeschen, C.(1972): *Grundfragen der Linguistik*. Stuttgart.

Heeschen, V.(1972): *Die Sprachphilosophie Wilhelm von Humboldts*. Diss. Bochum.

Heeschen, V.(1977): "Weltansicht—Reflexionen. Über einen Begriff Wilhelm von Humboldts." In: *Historiographia Linguistica* 4, Amsterdam.

Hennigfeld, J.(1976): "Sprache als Weltansicht, Humboldt—Nietsche—Whorf." In: *Zeitschrift für philosophische Forschung* 30.

Hennigfeld, J.(1990): "Fichte und Humboldt—Zur Frage der Nationalsprache." In: *Beiträge zur Geschichte und Systematik der Transzendentalphilosophie*. Bd. 2, hrsg. v. K. Hammacher, R. Schotty, W. H. Schrader, Amsterdam.

Herder, J. G.(1960): *Sprachphilosophische Schriften.* hrsg. v. E. Heintel, Hamburg.

Herder, J. G.(1772): *Abhandlung über den Ursprung der Sprache.* hrsg. v. H. Dietrich, Irmscher, Reclam, Stuttgart(1966).

Hoberg, R.(1970): *Die Lehre vom sprachlichen Feld. Ein Beitrag zu ihrer Geschichte, Methodik und Anwendung.* Düsseldorf.

Hoberg, R.(1987): "Die sprachlichen Weltansichten gleichen sich an. Ein Begriff Wilhelm von Humboldts und die gegenwärtige Sprachentwicklung." In: *Sprache und Bildung.* a.a.O.

Höfer-Lutz, S.(1994): "Jost Trier-sein wissenschaftlicher Werdegang und die Entwicklung der Wortfeldtheorie." In: *Jost Trier. Leben-Werk-Wirkung.* hrsg. v. W. Zillig. Münster.

Höfner, G.(1991): "Kunst, Literatur und Sprache in Wilhelm von Humboldts Versuch über Goethes Herrmann und Dorothea." In: *Multum-non multa?* hrsg. v. P. Schmitter, Münster.

Humboldt, W. v.(1792): "Ideen zu einem Versuch, die Grenzen der Wirksamkeit des Staats zu bestimmen." Bd. 1. In: *Gesammelte Schriften*(Akademie-Ausgabe), hrsg v. A. Leitzmann u. a. 17 Bde (1903-36), Berlin : Behr(Nachdruck: de Gruyter 1968).

Humboldt, W. v.(1793): "Theorie der Bildung des Menschen." Bd. 1. In: *GS.* a.a.O.

Humboldt, W. v.(1795): "Plan einer vergleichenden Anthropologie." Bd. 1. In: *GS.* a.a.O.

Humboldt, W. v.(1795~1796): Über Denken und Sprechen. Bd. 7. In: *GS.* a.a.O.

Humboldt, W. v.(1796~1797): "Das achtzehnte Jahrhundert." Bd. 2. In: *GS*. a.a.O.

Humboldt, W. v.(1797): "Über den Geist der Menschheit." Bd. 2. In: *GS*. a.a.O.

Humboldt, W. v.(1797~1798): "Ästhetische Versuche. Erster Teil: Über Goethes Herrman und Dorothea." Bd. 2. In: *GS*. a.a.O.

Humboldt, W. v.(1801): "Über das Sprachstudium. Fragment." Bd. 7. In: *GS*. a.a.O.

Humboldt, W. v.(1801~1802): "Fragmente der Monographie über die Basken." Bd. 7. In: *GS*. a.a.O.

Humboldt, W. v.(1806): "Latium und Hellas oder Betrachtungen über das klassische Altertum." Bd. 3. In: *GS*. a.a.O.

Humboldt, W. v.(1809): "Der Königsberger und der Litauische Schulplan." Bd. 13. In: *GS*. a.a.O.

Humboldt, W. v.(1810~1811): "Einleitung in das gesammte Sprachstudium." Bd. 7. In: *GS*. a.a.O.

Humboldt, W. v.(1812): "Ankündigung einer Schrift über die baskische Sprache und Nation, nebst Abgabe des Gesichtspunctes und Inhalts derselben." Bd. 3. In: *GS*. a.a.O.

Humboldt, W. v.(1812~1814): "Über Sprachverwandtschaft." Bd. 7: In: *GS*. a.a.O.

Humboldt, W. v.(1820): "Über das vergleichende Sprachstudium in Beziehung auf die verschiedenen Epochen der Sprachentwicklung." Bd. 6. In: *GS*. a.a.O.

Humboldt, W. v.(1822a): "Über den Nationalcharakter der Sprachen." Bd. 4. In: *GS*. a.a.O.

Humboldt, W. v.(1822b): "Über das Entstehen der grammatischen Formen und ihren Einfluß auf die Ideenentwicklung." Bd. 4. In: *GS*. a.a.O.

Humboldt, W. v.(1823): "Inwiefern läßt sich der ehemalige Kulturzustand der eingebornen Völker Amerikas aus den Überresten ihrer Sprachen beurteilen?" Bd. 5. In: *GS*. a.a.O.

Humboldt, W. v.(1824): "Über die Buchstabenschrift und ihren Zusammenhang mit dem Sprachbau." Bd. 5. In: *GS*. a.a.O.

Humboldt, W. v.(1824~1826): "Grundzüge des allgemeinen Sprachtypus." Bd. 5. In: *GS*. a.a.O.

Humboldt, W. v.(1827): "Über den Dualis." Bd. 6. In: *GS*. a.a.O.

Humboldt, W. v.(1827~1829): "Über die Verschiedenheiten des menschlichen Sprachbaues." Bd. 6. In: *GS*. a.a.O.

Humboldt, W. v.(1830~1835): "Über die Verschiedenheit des menschlichen Sprachbaues und ihren Einfluß auf die geistige Entwicklung des Menschengeschlechts." Bd. 7. In: *GS*. a.a.O.

Humboldt, W. v.(1800): "Briefe zur Ergänzung der Abhandlungen." In: *Werke in fünf Bänden*. hrsg. v. A. Flitner und K. Giel, Bd. 5(1981), wiss. Buchgesellschaft, Darmstadt.

Hübler, M.(1910): *Die Bedeutung der Individualität in Wilhelm von Humboldts Lebensauffassung*. Dresden.

Inaki Zabaleta-Gorrotxategi, J.(1998): *Wilhelm von Humboldts Forschungen über die baskische Nation und Sprache und ihre Bedeutung für seine*

Anthropologie. Köln.

Ivić, M.(1971): *Wege der Sprachwissenschaft*. übers. v. Rammelmeyer, München.

Ivo, H.(1987): "Warum über Sprache metaphorisch reden?" In: *Sprache und Bildung*, a.a.O.

Jäger. L.(1988): "Über die Individualität von Rede und Verstehen. Aspekte einer hermeneutischen Semiologie bei W. v. Humboldt." In: *Individualität*. Frank, Manfred und Anselm Haverkamp: München: Fink. 76–94.

Jäger, L.(1989): "Aspekte der Sprachtheorie Wilhelm von Humboldts." In: *Wilhelm von Humboldts Sprachdenken*, hrsg. v. H.–W. Scharf, Essen.

Junker, K.(1986): "Zur Kritik an der Humboldt–Adaption der Neuhumboldtianer." In: *Sprache–Bewußtsein–Tätigkeit*. a.a.O.

Kant, I.(1781, 1787): *Kritik der reinen Vernunft*. Erster Teil. Bd. 3. In: *Kant Werke in 10 Bänden*, Sonderausgabe(1983), hrsg. v. W. Weischedel, Wiss. Buchgesellschaft, Darmstadt.

Kant, I.(1790): *Kritik der Urteilskraft*. Bd. 8. In: *Kant Werke*. a.a.O.

Kledzik, S. M.(1992): "Wilhelm von Humboldt(1767–1835)." In: *Sprachphilosophie*. hrsg. v. M. Dascal, u.a. 1. Halbband, Berlin.

Köller, W.(1988): *Philosophie der Grammatik*. Stuttgart.

Lechner, J.(1990): "Humboldts Sprachphilosophie und ihre subjektivitätstheoretischen Grundlagen." In: *Rationale Metaphysik*. Bd. 2. Stuttgart.

Liebrucks, B.(1965): *Sprache und Bewußtsein(2). Sprache*, Frankfurt a. M.

Luther, W.(1954): *Weltansicht und Geistesleben*. Göttingen.

Luther, W.(1967): "Der Beitrag der Sprachphilosophie zur geistigen Grundlagenbildung." In: *Das Problem der Sprache*. München.

Luther, W.(1970): *Sprachphilosophie als Grundwissenschaft.* Heidelberg.

Marlis, G.(1974): "Wilhelm von Humboldt und die moderne Sprachtheorie." In: *Linguistik und Sprachphilosophie.* hrsg. v. G. Marlis, München.

Mattson, Ph.(1972): *Die Dichtung als Medium der Sprachtheorie. Der poetologische Gehalt von Wilhelm von Humboldts Sprachphilosophie.* Diss. Wien.

Mendelsohn, A.(1928): *Die Sprachphilosophie und Ästhetik Wilhelm von Humboldts als Grundlage für die Theorie der Dichtung.* Diss. Hamburg.

Menze, C.(1963): "Sprechen, Verstehen, Antworten als anthropologische Grundphänomene in der Sprachphilosophie Wilhelm von Humboldts." In: *Pädagogische Rundschau* 42, Frankfurt.

Menze, C.(1964): "Über den Zusammenhang von Sprache und Bildung in der Sprachphilosophie Wilhelm von Humboldts." In: *Pädagogische Rundschau* 18−2, Ratingen.

Menze, C.(1965): *Wilhelm von Humboldts Lehre und Bild vom Menschen.* Düsseldorf.

Menze, C.(1976): "Die Individualität als Ausgangs−und Endpunkt des Humboldtschen Denkens." In: *Universalismus und Wissenschaft im Werk und Wirken der Brüder Humboldt.* hrsg. v. K. Hammacher, Frankfurt a. M.

Menze, C.(1978): "Sprechen, Denken, Bilden." In :*Pädagogische Rundschau* 32. Aloys Henn Verlag.

Menze, C.(1988): "Sprache als Ausgangspunkt der Bildungstheorie Wilhelm von Humboldts." In: *Pädagogische Rundschau* 42, Frankfurt a. M.

Michelsen, U. A.(1987): "Die zentrale Rolle der Sprache in der Bildungskonzeption Wilhelm von Humboldts." In: *Sprache und Bildung.* a.a.O.

Moser, H.(1955): *Deutsche Sprachgeschichte*. 2. Aufl. Stuttgart.

Müller-Sievers, H.(1993): *Epigenesis. Naturphilosophie im Sprachdenken Wilhelm von Humboldts*. Paderborn.

Müller-Vollmer, K.(1993): *Wilhelm von Humboldts Sprachwissenschaft. Ein kommentiertes Verzeichnis des sprachwissenschaftlichen Nachlaß*. Paderborn.

Navarro-Pérez, J.(1993): *Sprache und Individuum*. Wuppertal.

Nickel, G.(1985): *Einführung in die Linguistik*. Berlin 2. Aufl.

Nosbüsch, J.(1972): *Der Mensch als Wesen der Sprache*. Verlag Anton : Meisenheim a. Glan.

Nowak, E.(1983): *Sprache und Individualität. Die Bedeutung individueller Rede für die Sprachwissenschaft*. Tübingen.

Ramischwili, G.(1959): "Zum Verständnis des Begriffs der Sprachform bei W. v. Humboldt." In: *Einheit in der Vielfalt*(1988-89). *Grundfragen der Sprachtheorie im Geiste Wilhelm von Humboldts*. Bonn.

Ramischwili, G.(1960): "Grundzüge der Sprachtheorie W. v. Humboldts." In: *Einheit in der Vielfalt*. a.a.O.

Ramischwili, G.(1974): "Sprache und Denken. Über das Postulat der Laut-Sinn-Synthese." In: *Einheit in der Vielfalt*. a.a.O.

Ramischwili, G.(1979): "Die erste theoretische Arbeit Wilhelm von Humboldts und die philosophische Tradition." In: *Einheit in der Vielfalt*. a.a.O.

Ramischwili, G.(1984): "Wilhelm von Humboldt-Begründer der theoretischen Sprachwissenschaft." In: *Einheit in der Vielfalt*. a.a.O.

Ramischwili, G.(1985): "Von der vergleichenden Anthropologie zur vergleichenden

Sprachwissenschaft." In: *Einheit in der Vielfalt*. a.a.O.

Reckermann, A.(1979): *Sprache und Metaphysik. Zur Kritik der sprachlichen Vernunft bei Herder und Humboldt*. München.

Rensch, K. H.(1967): "Organismus−System−Struktur in der Sprachwissenschaft." In: *Phonetica* 16(1967).

Ricken, U.(1986): "Wilhelm von Humboldt, Jacob Grimm und das Problem des Sprachursprungs." Protokollband 1. In: *Humboldt−Grimm−Konferenz*. a.a.O.

Riedel, M.(1986): "Sprechen und Hören". Protokollband 1. In: *Humboldt−Grimm−Konferenz*. a.a.O.

Rolf, E.(1983): "Über Wilhelm von Humboldts Begriff. Innere Sprachform." In: *Münstersches Logbuch zur Linguistik* 7.

Saussure F. de(1916): *Cours de linguistique générale*. Paris(deutsche Ausgabe: *Grundfragen der allgemeinen Sprachwissenschaft*. übers. v. H. Lommel, Nachdruck : Berlin 1967).

Scharf, H.−W.(1977): *Chomskys Humboldt−Interpretation. Ein Beitrag zur Diskontinuität der Sprachtheorie in der Geschichte der neueren Linguistik*. Düsseldorf.

Scharf, H.−W.(1983): "Das Verfahren der Sprache. Ein Nachtrag zu Chomskys Humboldt−Reklamation." In: *History of Semiotics*, hrsg. v. A. Eschbach und J. Trabant, Amsterdam.

Scharf, H.−W.(1994): *Das Verfahren der Sprache. Humboldt gegen Chomsky*. Paderborn.

Scheidweiler, F.(1942): "Die Wortfeldtheorie." In: *Zeitschrift für Deutsches Altertum* und Deutsche Literatur 79.

Schlerath, B.(1982): "Wilhelm von Humboldts Ansicht von der Sprache und die Frage der Sprachentstehung." In: *Jahrbuch der Berliner Wissenschaftlichen Gesellschaft.* 88-110.

Schmitter, P.(1977): "Zeichentheoretische Erörterungen bei Wilhelm von Humboldt." In: *Sprachwissenschaft.* hrsg. v. R. Schützeichel, Heidelberg.

Schmitter, P.(1999): "Das 'allgemeine' und 'vergleichende' Sprachstudium bei W. von Humboldt." In: *Sprachdiskussion und Beschreibung von Sprachen im 17. und 18. Jahrhundert,* hrsg. v. G. Haßler und P. Schmitter. Münster.

Schmitter, P.(2000): "Zur Rolle der Semantik in Humboldts linguistischen Forschungsprogramm." In: *Language and Linguistics.* 25.

Schmidt, S. J.(1968): *Sprache und Denken als sprachphilosophisches Problem von Locke bis Wittgenstein.* Martinus/ Den Haag.

Schnebli-Schwegler, B.(1965): *Johann Gottfried Herders Abhandlung über den Ursprung der Sprache und die Goethe-Zeit.* Zürich.

Schneider, F.(1995): *Der Typus der Sprache.* Münster.

Schultz, W.(1929): "Das Erleben der Individualität bei Wilhelm von Humboldt." In: *Deutsche Vierteljahrsschrift.* 7. Jahrg.

Steinthal, H.(1851): *Der Ursprung der Sprache mit den letzten Fragen alles Wissens.* Berlin(Nachdruck: Frankfurt a. M : Minerva, 1978).

Seebaß, G.(1981): *Das Problem von Sprache und Denken.* Frankfurt a. M.

Simon, J.(1996): "Immanuel Kant." In: *Klassiker der Sprachphilosophie,* hrsg. v. T. Borsche. München.

Stetter, Ch.(1989): "Über Denken und Sprechen." In: *Wilhelm von Humboldts Sprachdenken*, a.a.O.

Thomasberger, A.(1992): "Sprachlichkeit der Kunst. Überlegungen ausgehend von Wilhelm von Humboldts ästhetischen Versuchen." In: Deutsche Vierteljahrsschrift, 66 Jahrg. Stuttgart.

Trabant, J.(1985): "Humboldt zum Ursprung der Sprache." In: *Zeitschrift für Phonetik, Sprachwissenschaft, Kommunikationsforschung* 38.

Trabant, J.(1986): *Apeliotes oder Sinn der Sprache. Wilhelm von Humboldts Sprach-Bild*. München.

Trabant, J.(1990): *Tradition Humboldts*. Frankfurt a. M.

Trabant, J.(1997): "Wilhelm von Humboldts Akademiereden über die Sprache." In: *Menschheit und Individualität*. a.a.O.

Trier, J.(1931): *Der deutsche Wortschatz im Sinnbezirk des Verstandes. Die Geschichte eines sprachlichen Feldes*. Bd. 1. Heidelberg.

Trier, J.(1934): "Das sprachliche Feld. eine Auseinandersetzung." In: *Wortfeldforschung*. hrsg. v. L. Schmidt, Darmstadt.

Trier, J.(1968): "Altes und Neues vom sprachlichen Feld." Mannheim. In: *Wortfeldforschung*. a.a.O.

Trofimowa, R. P.(1972): "Wilhelm von Humboldt und seine Lehre von der ästhetischen Wirkung der Sprache." In: *Deutsche Zeitschrift für Philosophie*, 20. Jahrg. Berlin.

Weisgerber, L.(1953): *Vom Weltbild der deutschen Sprache*. 1. Halbband, Düsseldorf.

Weisgerber, L.(1953~1954): "Zum Energeia-Begriff in Humboldts Sprachbetrachtung." In: *Wirkendes Wort* 4.

Weisgerber, L.(1962): *Grundzüge der inhaltbezogenen Grammatik.* Düsseldorf.

Weisgerber, L.(1963): *Die vier Stufen in der Erforschung der Sprachen.* Düsseldorf.

Weisgerber, L.(1964): *Das Menschheitsgesetz der Sprache als Grundlage der Sprachwissenschaft.* Heidelberg.

Weisgerber, L.(1967): *Die Gemeinschaft als Gegenstand sprachwissenschaftlicher Forschung.* Köln u. Opladen.

Welke, A.(1986a): "Zur philosophischen und sprachtheoretischen Begründung der Einheit von Sprache und Denken bei Wilhelm von Humboldt" In: *Sprache—Bewußtsein—Tätigkeit.* a.a.O.

Welke, A.(1986b): "Sprache und Denken bei Wilhelm von Humboldt." In: *Humboldt—Grimm—Konferenz.* Protokollband Ⅰ. a.a.O.

Werlen, I.(1989): *Sprache, Mensch und Welt.* Darmstadt.

Wohlfahrt, G.(1984): *Denken der Sprache. Sprache und Kunst bei Vico, Hamann, Humboldt und Hegel.* Freiburg/München.

Wohlleben, J.(1986): "Wilhelm von Humboldts ästhetische Versuche." In: *Wilhelm von Humboldt. Vortragszyklus zum 150. Todestag.* hrsg. v. B. Schlerath, Berlin.

Zöller, D. (1989): *Wilhelm von Humboldt. Einbildung und Wirklichkeit.* Münster /New York.

김광명(2006): 『칸트, 판단력비판 연구』, 철학과현실사.

김진우(2002): 『언어. 그 이론과 응용』, 탑출판사.

박영배(1978): 『심리언어학』(역), 한신문화사.

백기수(1985): 『예술의 사색』, 서울대학교 출판부.

신용국(1993): 『교육사상사』, 양서원.

이규호(1974): 『말의 힘』, 제일출판사.

임창재(2000): 『교육사철학』, 양서원.

조병규(1983): 『교육사』, 교육과학사.

최재희(1982): 『칸트의 형이상학』, 박영사.

홍성심 외 5인(2006): 『Chomsky의 언어과학』, 경진문화사.

찾아보기

인명

ㄱ
괴테(J. W. v. Goethe) • 18

ㄷ
다윈(Ch. R. Darwin) • 90
데카르트(R. Descartes) • 53, 83, 179, 227

ㄹ
라이츠만(A. Leitzmann) • 37
라이프니츠(G. W. Leibniz) • 41, 53
렉커만(A. Reckermann) • 238
로크(J. Locke) • 34, 52
루소(J. Rousseau) • 20, 24, 140

ㅁ
멘체(C. Menze) • 209
모페르튀(P. S. de Maupertuis) • 19

ㅂ
버클리(G. Berkeley) • 53
브룸필드(L. Bloomfield) • 67
뽀르·루아얄(Port·Royal) • 68

ㅅ
샤프(H−W. Scharf) • 154
슈트라이트버크(W. Streitberg) • 142
쉬나이더(F. Schneider) • 62

쉴러(F. v. Schiller) • 37

ㅇ

아리스토텔레스(Aristoteles) • 17, 102, 104, 168

ㅈ

쥐스밀히(J. P. Süßmilch) • 20

ㅊ

촘스키(N. Chomsky) • 10, 53

ㅋ

칸트(I. Kant) • 46
콩디야크(E. B. de Condillac) • 19, 21, 34, 67

ㅍ

플라톤(Platon) • 48, 72, 196
피히테(J. G. Fichte) • 211

ㅎ

하만(J. G. Hamann) • 56
하트크노흐(J. F. Hartknoch) • 21
하임(R. Haym) • 142
헤겔(G. W. F. Hegel) • 211
헤르더(J. G. Herder) • 10, 18, 20~23, 25~34, 36~39, 41~50, 53, 64, 65, 100, 120, 156, 190, 211
헤쉔(V. Heeschen) • 142
훔볼트(W. v. Humboldt) • 18, 37~41, 43~51, 53~58, 60~65, 67, 73, 75~81, 83~91, 93, 94, 96~101, 103, 105, 107~109, 111~113, 115~121, 123, 124, 126, 127, 129, 132, 135~139, 141~146, 148, 149, 151~155, 157~161~168, 171~176, 179~188, 190~193, 195, 197~201, 203~205, 207~215, 217~220, 222, 224, 226, 227, 230, 232, 234, 235,

237, 239

흄(D. Hume) • 53

용어

ㄱ

간주관적 기능 • 208
감각기관 • 24
감각론 • 55, 67
감각적 인상 • 153, 172
감관 • 217
감성 • 18, 47, 89, 99, 115, 123, 132, 147, 148, 157, 169
감성형식 • 147
개념형성 • 108, 153, 155, 166, 175
개방성 • 93
개별성 • 107, 117, 130~132, 186, 189, 193, 197, 199, 202~204
개별화 • 107, 183, 193, 197
개체발생 • 34, 43, 61, 81
객관성 • 109, 114, 184, 186, 189, 200
객관적 대상물 • 234

객관화 • 40, 124, 160, 171, 184, 187, 202, 233, 237
객체 • 26, 114, 118, 119, 123, 125, 157, 170, 182
객체형성 • 237
경험적인 언어발생 • 151
경험주의 • 47, 52, 54, 81
계통발생 • 34, 60, 149
공시태 • 78
관념 • 78, 85, 115, 206
교환수단 • 182
구조주의 • 67
굴절어 • 203
규칙체계 • 76, 87
기관 • 46, 81, 92, 104, 145
기능적 분절 • 160
기본유형 • 46, 94, 185
기원 • 44, 60, 66, 100
기호개념 • 143
기호체계 • 33, 42

ㄴ

낱말기호 • 34
낱말탐색 • 41

낱말형성 • 153

내적 사상형식 • 159

내적 언어형식 • 159, 165

내적인 연관성 • 215

내적 정서의 조율 • 238

내적 형성 • 158

내적인 형성 • 39, 166

ㄷ

대상 • 33, 41, 43, 60, 77, 102, 112, 114, 118, 153, 180, 182, 207, 218, 222, 225, 234, 238

대화적 현상 • 39, 50, 132

도구이론 • 145

도야사상 • 198

도야이론 • 208, 210

동적 언어개념 • 57

동적 예술이론 • 212

동적인 변형 • 8, 57

동적인 활동 • 77

동태성 • 78

듣기 • 44

ㅁ

말하기 • 44

매개변항 • 69~71, 84

명료화 • 147

몰이해 • 130

물리적인 소음 • 160

미감적 관계 • 212

미감적 인식 • 222

미적 판단 • 232

미학 • 161, 211, 212, 221, 224, 235

민족어 • 60, 129

ㅂ

발생적 언어개념 • 106

발성기관 • 160

발화가능성 • 109

배아상태 • 65, 86

배아적 자질 • 44

범주론 • 115, 176

범주표 • 176

법칙성 • 77, 232, 233

변이형 • 70

변증법적 관계 • 126
보상이론 • 39, 42
보편문법 • 68, 69, 81
보편성 • 49, 80, 81, 87, 107, 133, 194
본능의 자유 • 28, 44
본성 • 29, 36, 50, 82, 91, 96, 117, 123, 131, 132, 140, 160, 181, 194, 212, 219
분절 • 19, 118, 127, 143, 160, 161
분절된 언어 • 119
분절된 음성 • 101, 133, 152, 153, 155, 156, 160, 172
비교 언어연구 • 164, 165, 167
비판철학 • 7, 211

ㅅ

사고 • 10, 19, 85, 95, 96, 97, 106, 114, 116~118
사고유기체 • 80
사고의 보완 • 146
사고의 표현 • 152
사교적 성향 • 126
사상 • 122, 145, 150, 153, 160, 163, 174, 182, 193, 194
사상형성 • 108, 110
사유능력 • 65, 90, 93, 96
사유범주 • 58
상관개념 • 161
상상력 • 11, 99, 168, 171, 174, 213~218, 223, 224, 226~228, 230~232, 238, 239
상상력의 객관화 • 233
상상력의 기능 • 232
생득설 • 82
생득적인 능력 • 55
생리적인 분절 • 160
생산적 상상력 • 212, 229
생산활동 • 75, 79, 87, 104, 121, 129, 150, 167
생성규칙 • 79
생성변형문법 • 70
생성체계 • 53
선천적 언어습득 • 68
선천적인 언어자질 • 71
선험적 상상력 • 229
선험적 요소 • 90
선험적 종합 • 48

선험적 지식 • 53

선험적 형식 • 58

선험철학 • 59, 139, 173

세계상 • 218, 219, 235

세계중개적 기능 • 40, 47, 106

세계형성 • 116, 200

세계획득 • 207

소재 • 106, 151~154, 156, 157, 162, 172, 182, 213, 233, 237

소통가능성 • 233

수용성 • 183, 189

순수 분절 • 160

순수 오성개념 • 173

순수 이성의 비판 • 58, 155, 173, 176, 228

신인문주의 • 7, 178, 198

심상 • 152, 157, 180, 187, 237

쌍수 • 113

ㅇ

언어고안 • 46, 56, 59, 64, 91, 94

언어구사능력 • 35, 38, 64, 80, 88

언어기원 • 19, 20, 21

언어기원론 • 10, 18, 20, 25, 29, 31, 35, 36, 42, 47, 55, 58, 60, 61, 120

언어능력 • 49, 54, 77, 78, 80, 85, 87, 90, 94~96, 98, 133, 141, 197, 206

언어발생 • 25, 31, 34, 35, 39, 42, 44~46, 53, 54, 56, 59, 60, 66, 80, 81, 86, 119, 151, 156

언어발생론 • 19, 23, 52, 54, 55, 143

언어본질론 • 53

언어불꽃 • 45

언어성 • 35, 55, 64, 176

언어습득이론 • 53, 67

언어습득장치 • 53

언어운용 • 77

언어유형 • 44, 46, 48, 49, 51, 64, 66, 81, 84, 86, 87, 95, 175

언어유희 • 197

언어의 구조 • 54, 74, 96

언어의 상이성 • 107, 167, 186

언어의 선천성 • 28, 65

언어의 세계관 • 106, 188, 206
언어의 창조성 • 73
언어자질 • 68, 69, 71, 82, 83, 88
언어재능 • 68, 85, 88
언어적 보편개념 • 65
언어적 잠재성 • 64
언어창조 • 36, 56, 60, 79, 99, 149
에네르게이아 • 57, 78, 99, 101, 103, 105, 131, 180
에르곤 • 57, 78
영역-모델 • 26
예술작품 • 62, 161, 162, 214, 215, 216, 219, 224, 225, 232~235, 237~239
예술창조 • 214, 233
오성 • 24, 45, 53, 56, 58, 132, 156, 169, 170, 172, 174, 175, 188, 214, 221, 222, 227~231
오성의 소박한 행위 • 44, 56, 59, 60, 62
외적인 인상 • 146
원천적인 언어발생 • 151
원천적인 일치현상 • 186

원천적인 일치현상 • 186
유기체 특성 • 64
의미구성 • 43, 46
의미부여 • 215, 223
이상성 • 186, 219, 220
이상적인 개별성 • 199
이상적인 전체 • 217
이상화 • 78, 216, 218, 220, 225, 226, 238
이성 • 20, 67, 89, 98, 99, 169, 179
이원론 • 113, 125, 196
이해의 도식 • 72
인간도야 • 198, 208
인간존재 • 66, 159, 179, 180, 191, 200~202
인격도야 • 204, 207
인상 • 26, 34, 97, 116, 158, 184
인식능력 • 35, 47, 58, 98, 197, 227
인식의 주체 • 180, 229
일반 언어학 • 10, 73
일반교육 • 209

ㅈ

자기규정 • 202

자기도야 • 203

자기실현 • 33, 202

자기의식 • 98

자기이해 • 190, 208

자기형성 • 124, 200

자기활동 • 116, 129

자발성 • 77, 100, 104, 157, 175

자발적 성찰 • 116

자발적 정신운동 • 152~154, 157, 172, 175

자연어 • 24

자연유기체 • 90

자의식 • 18, 28, 29, 30, 43~45, 50, 55, 64, 116, 120, 127, 140

작용방식 • 10, 31, 90, 105, 107, 109, 110, 148, 167, 207, 237

잠재성 • 64, 102, 206

재생적 상상력 • 229

재현 • 41, 123, 134, 218, 222, 227

전달어 • 39

전인교육 • 210

전체성 • 100, 122, 188, 193, 200, 203, 218, 220

전통적인 언어관 • 145

정신구조 • 54

정신성 • 80, 84

정신의 형식 • 83, 87, 161

정신적 본성 • 160

정신적 영역 • 80, 97

정신적 자질 • 68

정신적 행동주체 • 97

정신활동 • 57, 60, 79, 85, 100, 106, 111, 112, 121~123, 143, 150, 155, 163, 166, 173, 177, 180, 187, 190, 202

정적인 체계 • 57, 77

정태성 • 78

조음행위 • 160

조작방식 • 49, 149

조직화 • 94, 216, 225

종합 • 83, 85, 111, 143, 148, 149, 152, 153, 158, 161~164, 167 ~169, 171, 172, 174

종합적인 결합 • 43, 111, 115,

161, 173
종합적인 작용방식 • 111, 149
종합행위 • 9, 153
주관성 • 97, 114, 116, 122, 131, 137, 157, 179, 183, 185, 189, 200, 201, 205, 237, 239
주관적인 개별성 • 114, 187, 189
주관적인 힘 • 114, 187, 237
주체 • 26, 60, 109, 115, 118, 122, 128, 135, 137, 143, 147, 161, 196, 207, 226, 234
중개기능 • 143
지각능력 • 108
지적 세계 • 40, 49
지적 활동 • 56, 81, 144, 145, 154, 155
지적인 본능 • 65, 89
직관 • 168, 171, 174, 183, 213, 219, 225, 227, 228, 229, 231
직관의 능력 • 232
직관의 통합 • 231
직관형식 • 40
직업교육 • 209
질료 • 78, 106, 156, 157

ㅊ

창조성 • 73, 76, 86, 93, 162, 221, 238
창조적 능력 • 76, 87
창조적 힘 • 99
천부적 자질 • 53
청자 • 78, 113, 131, 162
체계 • 57, 70, 75, 76, 84, 88, 95, 120, 155, 164
초월성 • 221
취미 • 232

ㅋ

카비어 • 41, 144
키케로주의 • 179

ㅌ

탈개별화 • 134
통각 • 171, 172, 217, 229, 230
통사론 • 68, 80
통시적 기원 • 60
통시태 • 78
통일성 • 94, 132, 168, 194, 227,

229, 240
통합관계 • 237

ㅍ

표기대상 • 46
표상 • 43, 109, 114, 115, 152, 157, 159, 162, 167~169, 171, 172, 176, 187, 214, 237
표시기능 • 143
표식어 • 33, 39, 40, 42, 43, 50
표현된 말 • 33
표현의지 • 98
플라톤의 문제 • 72, 85

ㅎ

합리주의 • 47, 52, 68, 86
현상세계 • 40, 49, 156, 182, 218
현상형식 • 77, 151, 162, 237
현실세계 • 34, 40, 93, 118, 122, 212, 213, 217, 218, 220, 224
형상 • 35, 183, 213, 216, 222,

225, 227, 229, 238
화자 • 75, 76, 77, 113, 131, 132, 161
활동성 • 100

언어 · 교육 · 예술

인쇄 2013년 12월 25일 | 발행 2013년 12월 31일

지은이 · 이성준
펴낸이 · 한봉숙
펴낸곳 · 푸른사상사
주간 · 맹문재 | 편집 · 지순이 | 교정 · 김소영, 김재호
마케팅 · 이상만

등록　제2-2876호
주소　서울시 중구 충무로 29(초동) 아시아미디어타워 502호
대표전화　02) 2268-8706~7 ｜ 팩시밀리 02) 2268-8708
이메일　prun21c@hanmail.net
홈페이지　www.prun21c.com

ⓒ 이성준, 2013

ISBN 979-11-308-0075-2　93700
　값 23,000원

☞ 저자와 합의하여 인지는 붙이지 않습니다.
　　이 책의 전부 또는 일부 내용을 재사용하려면 사전에 저작권자와 푸른사상사의
　　서면에 의한 동의를 받아야 합니다.

　　이 도서의 국립중앙도서관 출판시도서목록(CIP)은 서지정보유통지원시스템 홈페이지
　　(http://seoji.nl.go.kr)와 국가자료공동목록시스템(http://www.nl.go.kr/kolisnet)에서 이용하실
　　수 있습니다.(CIP제어번호: CIP2013028385)